E O AMOR FLORESCEU

Solicite nosso catálogo completo, com mais de 400 títulos, onde você encontra as melhores opções do bom livro espírita: literatura infantojuvenil, contos, obras biográficas e de autoajuda, mensagens espirituais, romances, estudos doutrinários, obras básicas de Allan Kardec, e mais os esclarecedores cursos e estudos para aplicação no centro espírita – iniciação, mediunidade, reuniões mediúnicas, oratória, desobsessão, fluidos e passes.

E caso não encontre os nossos livros na livraria de sua preferência, solicite o endereço de nosso distribuidor mais próximo de você.

Edição e distribuição

EDITORA EME
Caixa Postal 1820 – CEP 13360-000 – Capivari-SP
Telefones: (19) 3491-7000 | 3491-5449
Vivo (19) 9 9983-2575 ☺ | Claro (19) 9 9317-2800
vendas@editoraeme.com.br – www.editoraeme.com.br

PEDRO SANTIAGO
pelo espírito DIZZI AKIBAH

Capivari-SP | 2021

© 2021 Pedro Santiago

Os direitos autorais desta obra são de exclusividade do autor.

A Editora EME mantém o Centro Espírita "Mensagem de Esperança" e patrocina, junto com outras empresas, instituições de atendimento social de Capivari-SP.

1ª reimpressão – agosto/2021 – de 3.001 a 5.000 exemplares

CAPA | Victor Benatti
DIAGRAMAÇÃO | Victor Benatti
REVISÃO | Letícia Rodrigues de Camargo

Ficha catalográfica

Akibah, Dizzi, (Espírito)
     E o amor floresceu / pelo espírito Dizzi Akibah; [psicografado por] Pedro Santiago – 1ª reimp. ago. 2021 – Capivari, SP: Editora EME.
     288 pág.

     1ª ed. maio 2021
     ISBN 978-65-5543-052-3

1. Romance mediúnico. 2. Provas da reencarnação.
3. Lembranças de vidas passadas.
4. Reconciliação através do perdão. I. TÍTULO

CDD 133.9

SUMÁRIO

01. Rumos incertos 9
02. Consequências adversas 25
03. Degustando desventuras 35
04. Apoio fraterno 41
05. Cartas misteriosas 53
06. Reação radical 63
07. Regando a sementeira 73
08. Habilidade astuciosa 85
09. Decidindo pelo bem...93
10. Nas labaredas do ódio..107
11. Em Veneza...115
12. Descerrando a verdade 129
13. Semeando a concórdia..145
14. Novos desafios...161
15. Enfim, juntos...175
16. O desabrochar das sementes 187
17. Harmonizando a consciência 193
18. Revelação impactante...203
19. Surpresas emotivas 211
20. A grandeza do perdão..227
21. Desprendimento...243

22. A reconciliação 253
23. Ação fraterna 263
24. Uma noite feliz 271

INTRODUÇÃO

PLANTAR E COLHER. A primeira imagem que surge imediatamente à mente é a do homem do campo, lavrando e adubando a terra, tornando-a mais fértil para que as sementes nela colocadas, transformem-se em farta colheita. Entretanto, o "plantar e colher" que subtende a lei de causa e efeito, não se restringe, apenas, à produção do alimento para nutrir o corpo físico, pois, este por sua vez, existe periodicamente, em função do espírito, que o reveste através da reencarnação, ensejando oportunidade de educação moral e desenvolvimento espiritual. Considerando esta sequência de funções, podemos perceber a importância do espírito, obra divina, se comparado for com o corpo físico, mortal... Extinguível!

Ante o presente argumento, podemos imaginar o quanto o ambiente do mundo já teria mudado se com o mesmo empenho do lavrador, fosse preparado, por cada um de nós, o terreno dos corações (íntimo), como fez Jesus, o divino agricultor, para nele pôr as sementes do amor – pão da vida espiritual!

Entretanto, o que ainda se vê com mais frequência, é o plantio de sementes sem a devida seleção e, por isso mesmo, em vez da paz íntima almejada e da felicidade tão sonhada, colhe-se a dor que, com o seu aguilhão, educa moralmente e estimula o despertar da consciência. Todavia, apesar dos equívocos cometidos nas ações e dos efeitos resultantes, todos nós, ainda, caindo e levantando, sorrindo ou chorando, amando ou odiando, estamos a caminho e, durante a caminhada longa e essencial para o despertar, não estamos sozinhos, porquanto, contamos sempre com a assistência amável de Deus, o Pai da Vida e da atenção carinhosa de Jesus. Tanto que ele mesmo asseverou que nenhuma ovelha do seu aprisco ficaria fora do rebanho e que, também, ficaria conosco até o fim dos tempos.

Assim, retiremos a aridez dos corações, para que as sementes do bem, postas pelo Divino Agricultor em nossos corações, germinem e se transformem em flores do amor e frutos da paz, como exemplificam passagens da história, que compõem este novo romance, cujo conteúdo demonstra a importância do conhecimento da lei de causa e efeito (a cada um segundo as suas obras); do perdão como um ato de amor e enfim da decisão de acertar o passo e seguir Jesus como o verdadeiro caminho, pois quem procura conhecê-lo, jamais o esquecerá.

Deixo a todos, um afetuoso abraço e votos de uma boa e proveitosa leitura.

Salvador, 13 de fevereiro de 2020.

Dizzi Akibah

01

RUMOS INCERTOS

*Ante o sentimento de culpa, expressões da verdade,
tornam-se incômodas.*
Dizzi Akibah

– ORA, MENINO Mateus, você precisa adquirir senso prático. É só analisar as possibilidades e identificar o momento certo, como eu fiz, para chegar à situação que me encontro hoje.

Era Eleutério (Enrico), conhecido como o patrão rico, aconselhando o seu empregado Mateus, adolescente de dezessete anos de idade.

– Mas, o senhor, patrão, deve ter estudado e o conhecimento facilita o entendimento das coisas e das situações. Além disso, eu acho que não lhe faltou a permissão e ajuda de Deus, de acordo com seus merecimentos, porque, do contrário...

– Não há nada na minha vida que possa ser identificado como cooperação ou permissão de quem quer que seja, nem mesmo de Deus, pois, sequer acredito na Sua existência! Tudo que tenho vem do meu esforço e da minha inteligência.

Mateus olhou assustado para o seu patrão em quem, até então, mantinha certa admiração e perguntou, entre a decepção e o desalento:

– Posso fazer algumas perguntinhas?

Como Eleutério (Enrico) ficou calado, ele prosseguiu:

– Sabendo que sou um semianalfabeto, penso que o senhor não vai reparar e, por isso mesmo, fico à vontade para perguntar. O senhor afirmou não acreditar na existência de Deus, então, me diga: como os alimentos que lhe sustentam a vida chegam à sua mesa?

– Tenho dinheiro! Muito dinheiro para adquirir tudo que desejo!

Mateus pensou... Pensou e voltou a perguntar:

– Então, patrão, me responda de onde vêm os grãos e os frutos que lhe servem de alimentação?

– Pergunta boba, menino Mateus! Você sabe que são produzidos no solo pelos meus empregados, inclusive, você mesmo.

– Mas para que haja produção, antes de tudo, o primeiro passo dos seus empregados ou qualquer agricultor é pôr na terra a semente. Acho que o senhor sabe me dizer, então, o nome do cientista que criou a semente e sustenta a vida das plantas e de todos os animais, já que muitos deles, também nos fornecem alimentos.

– Ora, menino Mateus, você está se comportando como criança fazendo perguntas infantis! Não foi nenhum cientista!

– Quem foi, então, patrão?

– A natureza!

– E o que é a natureza?

– Acho que é... uma força!

Mateus, depois de pensar por instantes, insistiu:

– De onde vem essa força?

– Menino Mateus, para que saber de coisas assim que não nos trazem qualquer recompensa? Se não lhe tiram da pobreza e nem me deixam mais rico, melhor é pensar no que eu lhe disse há pouco, se quiser mudar o jeito de encarar a vida e ser um homem bem-sucedido no futuro, inclusive com poder de mando como eu, que digo a um: "faça assim como eu quero e ele faz; vá ali e ele vai; volte aqui e ele obedece". Há algo melhor do que isso?

– Mesmo soletrando, eu consegui ler no Evangelho de nosso senhor Jesus Cristo, que a verdadeira riqueza não se encontra no que pode ser roubado pelo ladrão e nem no que a ferrugem destrói. O que está fora de nós, não nos pertence, realmente, pois do contrário, *a ferrugem não destruiria e nem o ladrão roubaria*, conforme citação de Jesus. E sobre o poder, só há, verdadeiramente, o que vem de Deus, Nosso Pai e Criador de todas as coisas. Realmente, o senhor pode dizer a mim, que sou seu empregado, "faça isso e eu faço; saia daqui e eu obedeço", porque aceito em troca disso, o salário que me é pago. Entretanto, patrão, o senhor não consegue, por exemplo, mandar a chuva passar; evitar a geada que prejudica a colheita do café; parar a correnteza do rio ou as ondas do mar. Se o senhor não consegue se livrar da tristeza e da solidão que tanto lhe amargura e de muitas outras situações, qual é então, o poder de todo o seu dinheiro guardado nos cofres?

Embora, por falta de entendimento não aceitasse o que ouvia, Eleutério (Enrico) não escondia a forte impressão que sentia, não somente por causa do conteúdo expressado pelo seu empregado, mas sobretudo, como ele se expressava, porquanto, durante o diálogo, Mateus perdeu o jeito característico e bastante acentuado do camponês, como era a sua aparência e falou com a desenvoltura e a firmeza de quem sabe o que diz, o que acabou intimidando Eleutério (Enrico) que, sem argumento lógico, tratou de encerrar a conversa, fazendo a seguinte pergunta, imaginando que Mateus não saberia respondê-la:

– Você é um menino tão novo! Poderia pensar melhor na sua vida em vez de procurar o que está fora da realidade. Por exemplo, que prova você pode me dar da existência de Deus, se ninguém nunca O viu?

– A sua vida, patrão! O senhor só existe, porque Deus existe! Que homem na Terra daria origem à vida?

– Se você continuar pensando nessas coisas, não vai a lugar nenhum e eu não gosto de trabalhar com gente sem ideal! Trate de mudar o seu jeito, porque, do contrário, apesar de gostar muito de você, o caminho de volta é aquele – falou apontando para o caminho por onde chegava e saía do cafezal.

– Desculpe-me, patrão! Peço que não me tire o emprego, porque eu venho guardando uns trocadinhos para, um dia, nem sei quando, poder estudar, não para ficar rico, porque tenho muito receio de acabar assim, do jeito do senhor, que parece estar sempre aflito, triste, amargurado...

– Chega! É o mal de quem dá ousadia a empregado! Saia daqui agora, antes que eu lhe demita mesmo!

Mateus saiu da casa muito triste por ter constatado que o seu patrão não acreditava na existência de Deus e, não obstante a sua idade, os seus sentimentos em relação a ele, eram comparáveis aos de um pai para com o filho, embora fosse um adolescente e a possibilidade de ser pai, naquela existência, se encontrasse ainda no porvir. Chegando à casa, se dirigiu imediatamente à sua mãe, Celina:

– Mãe, o patrão se aborreceu comigo e me ameaçou tirar o emprego.

– Você não diz ser o único, daqui do cafezal, com quem ele gosta de conversar?

– Sim, mesmo depois disso, continuo ainda achando que, além de gostar de conversar, ele demonstra ter muita afeição por mim!

– Que conversa você teve com ele?

– Ah! Eu fiz algumas perguntas com a intenção de mostrar a ele que Deus existe. A conversa ia bem e sem qualquer alteração, mas quando eu disse a ele que não desejava ganhar muito dinheiro, porque tinha medo de viver como ele vive...

– Se um homem, naquela idade, ainda não conseguiu compreender isso, não é você, Mateus, quem vai colocar Deus na vida dele.

– É, realmente, impossível colocar Deus na vida de alguém. Mas é possível mostrar um caminho para passar a viver na vida de Deus! Acho que nem a senhora, mãe, me entendeu!

– Entendi Mateus, que você deve cuidar do seu emprego, embora não seja grande coisa tocar burros de carga até a cidade para entrega do café. Mas, pior seria sem ele! Acho melhor você seguir o exemplo do patrão, que é inteligente e sabe como ganhar muito dinheiro. Mesmo sem acreditar que Deus existe, penso que a sua vida é pura felicidade. Tem o que quer. Seus filhos, além de estudarem em bons colégios, ganham o mundo passeando durante as férias e sua mulher, Donatella, nem se fala! Há muito tempo não aparece por aqui. Deve estar aí pelo mundo afora, passeando também. Mas não poderia ser diferente, já que o patrão deve fazer todos os gostos dela. Vai me dizer, meu filho, que isso não é felicidade?

– Oh, mãe, como a gente se engana ao julgar pela aparência! Se ele fosse uma pessoa feliz, não estaria sempre de mau humor. Além disso, nunca o vejo sorrindo, mas demonstrando estar vivendo uma grande tristeza. Ele não é um homem livre, pois além do medo de perder o que tem, tornou-se escravo do dinheiro! E o pior é que lá no cafezal, exceto eu, Rafael e seu Otávio, ninguém lhe tem simpatia. Justamente por ter notado isso, foi que eu decidi falar de Deus com ele. Quanto à sua esposa, embora eu não a conheça, não creio que ela esteja tanto tempo longe dele somente pelo interesse de passear. É tudo muito estranho, mãe! Mas não devemos interferir nos problemas dele, porque não é da nossa conta. O que quis e ainda continuo querendo é que ele mude, para melhor, o sentido da sua vida.

Mateus fez uma pausa e em seguida voltou a falar:

– Felicidade, mãe, não se adquire com dinheiro, por muito que seja. Mas sim, com a consciência tranquila pelos deveres cumpridos, perante as leis de Deus e principalmente aprendendo a amar.

Foi interrompido por Beatriz, que entrou bruscamente na sala, falando quase aos gritos:

– Mãe, não perca tempo ouvindo este irmão maluco! Olha o que eu achei escondido embaixo do travesseiro dele! – falou, mostrando um livro que trazia na mão e concluiu – deve ser aqui, onde ele encontra essas ideias doidas, tanto quanto ele mesmo!

Mateus avançou na direção da irmã:

– Dê-me este livro, Beatriz! Que tem você com isso?

– Não, antes de eu ver de que se trata – interveio Celina, já tomando o livro das mãos da filha.

– *O Livro dos Espíritos*... O que é isso, Mateus?!

– O conteúdo dele é a melhor coisa que já encontrei até agora na minha vida! Dê-me, mãe, por enquanto ele não lhe interessa!

– Só agora eu compreendi o porquê de você nunca ficar em casa quando nos reunimos para o nosso culto.

– Eu não tenho nada contra. É simplesmente por coincidir com o horário de um estudo que estou fazendo e que gosto muito!

—Tome! Dê fim nele, porque se eu vê-lo novamente, o destino será o fogo, como aqueles que, em vez de buscar a salvação na Bíblia, preferem seguir o demônio e, certamente, vão penar eternamente no fogo do inferno.

– Oh, mãe, como a senhora está enganada! – falou já saindo, mas percebendo que a mãe se dirigia, novamente, a ele, parou para ouvi-la:

– Justamente como eu acabei de falar! Daqui uma hora vamos nos reunir em oração e você já está se retirando.

– Nada mal, mãe. Ore por mim, então!

Falou assim, mas baixando o tom da voz, exclamou para si mesmo:

– Não sei para que Deus me colocou nesta família de gente tão estranha!

– O que você disse, Mateus?

—Nada, mãe, sossega!

Meia hora depois, Alexandre chegava à casa, de volta do trabalho. Ele era considerado uma das poucas pessoas que desfrutavam da confiança de Eleutério, no tocante ao desempenho do trabalho, pois era o encarregado de efetuar o pagamento dos trabalhadores. Ele estava entrando na residência e a esposa Celina se aproximou toda queixosa, sem conseguir esconder o desequilíbrio emocional:

– Você precisa dar um jeito em Mateus!

– Que há com ele?

– Você nem imagina! Ele foi fazer perguntas ao seu Eleutério, tentando convencê-lo a acreditar na existência de Deus!

– Quê?! Ele não sabe que o patrão é ateu e não suporta esse tipo de conversa? Vai acabar perdendo o emprego. Eu é que não vou sustentar um homem que já vai completar dezoito anos, sem trabalhar. O patrão nem sabe que eu tenho uma religião, porque eu nada falo sobre isso. Imagine se ele soubesse que fazemos o nosso culto aqui em casa?

– Mas isso ainda não é tudo. Beatriz encontrou, escondido embaixo do travesseiro dele, um livro que é usado pelos espíritas.

– O que ele quer trazer para dentro desta casa, a maldição? O espiritismo é artimanha do demônio! Se ele insistir, vou pô-lo fora da casa. Louvado seja Deus!

—Louvado seja Deus mesmo, porque hoje foi um dos piores dias da minha vida. Nem queria te contar, mas não dá para esconder.

– Ainda tem mais novidade ruim?

– Sim. É o Marconi!

Porque ela ficou calada, Alexandre perguntou:

– O que há com ele?

– Abri a porta do quarto e encontrei-o vestido numa saia de Beatriz e dançando como se fosse uma mulher.

– Não posso acreditar! Que maldição é essa? Será que vamos ter que morrer de vergonha?

—É, Alexandre. Eu venho guardando muita amargura sem nada lhe dizer, com receio de atrapalhar o seu trabalho, já que pega em muito dinheiro do patrão para fazer os pagamentos. Mas agora é preciso você saber de tudo, porque não aguento sozinha tanto desgosto.

– Tudo o quê? Não me diga que ainda...

Parou de falar com os olhos fixos na esposa.

– Sim – respondeu ela com os olhos cheios de lágrimas e explicou: – Beatriz está de namoro com o filho da Mariene. Você sabe que ele gosta de tomar cachaça, parou de trabalhar e não faz outra coisa a não ser ficar no boteco do Osório. Ontem à tarde ela saiu e quando voltou, eu senti cheiro de bebida. Ela disse que foi apenas um pouquinho de licor que experimentou.

– Quanta desventura! Deve ser por causa do livro maldito que Mateus trouxe para cá. Certamente atraiu o demônio...

A conversa foi interrompida com alguém chamando lá fora. Era uma vizinha que participava do culto.

– Antes de mais nada acho que é o meu dever, já que somos pessoas de Deus, falar a vocês o que eu vi há poucos minutos e fiquei horrorizada.

Ela parou de falar e Alexandre, já quase em estado de choque, falou a toda voz:

– Nós já estamos cheios de coisa ruim, mas pode falar!

– Vi Mateus entrando na casa de Geisa! Dizem que aquela mulher tem o poder do demônio!

– Ele, naquela casa?!

– Sim! Ele me viu e virou o rosto, tentando não ser reconhecido.

– Como eu disse há pouco. Tudo que está acontecendo de ruim aqui em casa, é por causa dele! – exclamou Alexandre visivelmente contrariado.

A maledicência, o desrespeito ao direito de escolha, principalmente em se tratando de segmento religioso, a escassez de compreensão e a falta de amor ao próximo, de acordo com os ensinamentos do Divino Mestre, deixam a criatura humana sem rumo, caminhando na obscuridade da ignorância. Mas, apesar de tudo isso, eles se reuniram, e juntos leram trechos da Bíblia e entoaram cânticos em louvor a Deus.

Quando Mateus chegou, sentiu-se aliviado ao perceber que todos já estavam dormindo. Todavia, no dia seguinte, ao vê-lo, Alexandre foi logo falando num tom de quem determina e não aceita justificativa:

– Você atraiu o demônio para dentro desta casa e, em consequência, a desventura para todos nós.

– Pai, eu...

– Não fale nada, porque você está sob influência do maldito! Escute com atenção para nunca se esquecer: ou abandona o espiritismo ou usa a porta de saída!

Depois de alguns minutos Mateus saiu de casa levando os seus poucos pertences num caixote de madeira, com alças improvisadas de tiras de couro. Mas antes de deixar o lugar, ele foi procurar Eleutério (Enrico). Sua intenção era pedir a ele que lhe permitisse ocupar uma casinha composta de apenas quatro paredes de taipa, que ficava separada das demais, bem encostada na mata e estava desocupada. Mas em vez de entrar diretamente no assunto que lhe interessava, começou, assim, a conversar:

– Vim ter uma conversa com o senhor e, para isso, peço que me dê, pelo menos, alguns minutos da sua atenção.

– Estou atento, desde que não repita a mesma conversa da última vez que aqui esteve.

– Embora o senhor tenha idade de ser meu pai, eu que, por isso mesmo, poderia ser seu filho, sinto o contrário. Toda vez que olho para o senhor, me vem um sentimento parecido com o de um pai para com o filho e isso é tão forte que chego a perder todo receio de dizer o que sinto.

Depois de gargalhar, Eleutério falou zombeteiro:

– Não venha me dizer agora, que eu tenha que lhe atender como se fosse meu pai! Menino, vai crescer e tomar juízo! Ora, ainda bem que você me encontrou num momento de satisfação. Graças a minha habilidade, acabei de constatar que obtive um grande lucro na produção dos últimos três meses. É mais dinheiro para os meus cofres!

Mateus ficou olhando para aquele homem, aparentemente dominado pela ganância, e obtemperou:

– Sim, patrão, não poderia ser diferente, já que usa a sua habilidade para exigir dos seus empregados que trabalhem muito mais do que devem, com a finalidade de juntar mais dinheiro. Mas, em vez de agradecê-los, trata-os com menosprezo, o que impossibilita qualquer expressão de afeição. Por isso mesmo o senhor é odiado pela maioria, vive na solidão e não tem o coração pacificado.

Embora tenha percebido a mudança repentina no modo de Mateus se expressar, usando argumento e palavras que não lhe eram comuns, Eleutério (Enrico) reagiu movido pelo orgulho:

– Termina aqui e agora a concessão que eu tenho feito a você no tocante à atenção. A partir deste momento, você não terá mais acesso a esta sala, a não ser para receber ordens ou reclamações, porque você é muito ousado! Pensa que me ganha com conversas que nada têm a ver com a realidade dos meus sentimentos? E quem lhe deu o direito de censurar o meu comportamento?

– Sim, patrão, compreendi e além de pedir desculpas peço também que não guarde ressentimento, porque estou indo embora e aproveito para um adeus, sem saber se ainda nos veremos um dia.

– Vai embora?! E o seu emprego?

– Se o senhor, patrão, não confia nas palavras que expressam os meus sentimentos, pode confiar no meu trabalho? Se houver algum saldo de salário, peço que mande liberar e procure paz, por outros caminhos, que não seja o apego ao dinheiro! Os caminhos de Jesus, por exemplo.

– Menino Mateus, você parece estar perdendo o juízo. Será que não consegue entender que nunca deixo ninguém entrar aqui na minha casa para conversar, a não ser você? Mas, infelizmente, você achou que por isso, poderia falar o que não desejo ouvir e censurar o meu jeito de viver. Talvez você esteja criando confusão na mente por causa da crença que adota. Um dia fala que Deus existe, que Jesus é isso e aquilo... Agora soube que você está se juntando a Otávio e Geisa, sua mulher, que dizem por aí, que se comunicam com os mortos. Otávio, por sinal, é pessoa da minha confiança e eu não tenho nada contra a sua crença. Mas você é muito novo para compreender certas coisas que, por sinal, em nada contribuirão para o seu futuro. Está fazendo uma grande bobagem saindo do seu emprego, para ficar por aí, batendo com a cabeça, já que nem sabe ler e nem escrever corretamente.

Mateus sentiu muita vontade de falar e tinha muito o que dizer, já que as suas intenções eram boas, mas preferiu silenciar, compreendendo que, por enquanto, seria inútil. Depois de receber o pagamento equivalente aos dias trabalhados, seguiu em frente, sentindo o coração apertado, não somente por causa da incompreensão dos familiares mas sobretudo, a indiferença de Eleutério (Enrico), em relação ao bem, já que explorava os empregados, forçando-os a uma carga de trabalho, como se fossem eles, escravos. Mais na frente, ouviu alguém chamando-o e parou de caminhar. Era Cecília, filha de Esídio, também empregado de Eleutério (Enrico).

– Vai viajar, Mateus, para onde? – perguntou ela entre a surpresa e a curiosidade.

– Vou, Cecília, mas ainda não sei meu destino.

– Não vá! Eu vou sentir sua falta, porque há algo em meus sentimentos que me liga a você.

Mateus ficou calado com os olhos fixos em Cecília e ela, então, voltou a se expressar:

– Além disso, como ficará a sua família sem você? E as dezenas de trabalhadores do cafezal, que não têm voz ante o patrão? Você tem sido o porta-voz deles, já que é o único, atualmente, que desfruta da sua atenção!

– Cecília, o que eu poderia fazer pela minha família que me expulsou de casa, me deixando sem lar, simplesmente por eu estar procurando meios e condições de ajudá-la a diminuir os equívocos e as ilusões que alimenta?

Fez uma pausa, mas como Cecília não respondesse a sua pergunta, ele prosseguiu:

– Que resultado positivo teriam as minhas conversas com o patrão que, em vez de sensibilizá-lo, acabam irritando-o, inclusive quando se referem ao tratamento ruim para com os seus empregados, sem esconder o menosprezo que sente por eles?

Fez outra pausa e exclamou:

– Eu estava semeando em terreno árido!

– Não duvido! Mas, talvez, Mateus, você tenha se esquecido do hábito do homem do campo, de pôr a semente na terra seca. Mas quando chega a chuva, ela acaba germinando. Eles assim agem, por entenderem que o chão não ficará por muito tempo seco. Assim, também, é a criatura humana. Um dia o íntimo perde a aridez e as palavras como sementes férteis, também germinarão.

– Cecília, você está se expressando como um filósofo!

– Depois que li e reli um livro que uma amiga me deu de presente quando eu residia lá no Ceará, passei a ver a vida um pouco diferente de antes.

– Minha intenção é buscar as devidas condições para aprender a ser um bom semeador. O homem do campo, como você acabou de falar, coloca a semente na terra seca, mas quando há previsão de chuva. Pois, do contrário, as sementes perderiam a vitalidade... Morreriam, se durante muito tempo ficassem na terra, além de seca, fortemente aquecida pelos raios do sol.

– Mateus, eu vejo uma pessoa problemática como um doente necessitado de ajuda. As suas agressões podem ser compreendidas como um pedido de socorro. Será que o doente deve esperar tempo indefinível pelo remédio? Certamente cairá em desespero.

– Oh, Cecília! Você está me vendo bem maior do que, na realidade, eu estou. Creio que se eu estivesse do tamanho que você está me vendo, certamente pelos seus bons sentimentos, eu não estaria mais na obscuridade da ignorância. A única coisa boa que identifico em mim é o amor que eu já sinto por todas as pessoas, independente de quem seja. No mais, Cecília, sou também um dos doentes a que você se refere, experimentando o remédio quase sempre amargo, que é o sofrimento equivalente ao erro praticado. Afinal, este assunto está fácil de entender na afirmação de Jesus: *a cada um segundo as suas obras*. E, além disso, até agora eu só aprendi a ler e escrever, ainda com certa dificuldade. Estou na condição de um semianalfabeto!

– Você, Mateus, pode até se considerar um semianalfabeto, mas além de não cometer os erros mais comuns de pronúncia e concordância, se expressa com a firmeza de quem sabe o que diz e os assuntos são sempre de certa profundidade, o que me causa admiração. Onde tem aprendido todas estas coisas?

– Embora o meu jeito de caipira, nunca tive dificuldade de me expressar. E o que falo com firmeza, como você diz, se refere ao que venho aprendendo lá na casa de dona Geisa e seu Otávio.

– Naquela casa, onde dizem ser morada do demônio?

– Demônios são espíritos que viveram num corpo físico, como estamos agora e, em vez do bem, praticaram e continuam praticando o mal, mesmo já tendo passado pelo fenômeno da morte.

Depois de rir a gosto por causa do espanto que Cecília demonstrou na fisionomia, ele voltou a falar:

– Pois é, Cecília! Se Deus criasse seres maus e com poder como imaginam, para, em contrapartida, lutar contra as suas próprias leis, onde estariam o Seu amor e a Sua perfeição? Demônios com tais características não existem! São espíritos ainda ignorantes que, em vez do bem, continuam na prática do mal, mesmo depois de terem passado pela morte do corpo físico.

– Oh! Se é assim, é pena que você está indo embora, porque eu lhe pediria para me levar lá. Você sabe do problema de Mariana, não sabe?

– Sei. Ela não é uma doente mental. É Gustavo, aquele rapaz que gostava dela. Ele desapareceu de repente... Morreu, está claro! Apesar de não ter mais o corpo físico, se apegou a ela. Nem um remédio indicado por médico vai resolver porque é um problema obsessivo.

– Deve ser verdade o que você está dizendo, porque durante as crises, Mariana fala: eu não sou Mariana! Sou Gustavo! Será que Geisa ajudaria a resolver isso?

– Para saber, é preciso ir lá. Se não puder levar Mariana, você mesma vai e diz a ela, que fui eu quem lhe orientou a procurá-la.

Depois de responder várias perguntas de Cecília sobre a vida espiritual, Mateus fixou o olhar no rosto dela e disse, mudando o tom da voz:

– Agora, Cecília, eu preciso ir, não devo chegar em Apucarana à noite, além do mais, se eu perder o trem vou ter que dormir ao relento. Mas, fique sabendo que eu também me sinto ligado a você, desde o dia que lhe vi pela primeira vez.

Parou de falar, e vendo a mão de Cecília estendida para a despedida, levou-a aos lábios e, depois de beijá-la, falou:

– Embora eu esteja dizendo adeus, peço a Deus para eu nunca lhe perder de vista.

– Leve com você, então, os meus melhores sentimentos.

– Adeus, Cecília! Não estaremos distantes um do outro, porque o que une é o amor.

– Guardarei o seu carinho, não simplesmente como a semente na terra seca, mas no terreno fértil do meu coração.

Mateus seguiu arrastando um velho chinelo nos pés, levando, pendurado na mão, pelas alças de couro, o caixote, onde carregava seus poucos pertences, enquanto que, Cecília, com os olhos cheios de lágrimas, ficara no mesmo lugar, até vê-lo sumir na primeira curva do caminho.

02

CONSEQUÊNCIAS ADVERSAS

O temor da mudança é análogo ao nível da acomodação.
Dizzi Akibah

CECÍLIA RETORNOU À casa entristecida. Sua mãe, Isaura, depois de observá-la por instantes, se aproximou puxando conversa:

– O que você tem, Cecília?

– Eu tenho uma mãe maravilhosa, um pai trabalhador, uma bela irmã, o ar para respirar, a água para matar a sede, o alimento para saciar a fome e, além de tudo, Deus como pai e Jesus como guia da minha vida!

– Cecília, por que fingimento, se você deve ter entendido o sentido da minha pergunta? Eu sinto que você não está bem, porque seus olhos me demonstram isso!

– É, mãe, a senhora não está enganada. Eu fiquei muito abalada por causa de Mateus. Encontrei-o e depois de conversar muito comigo, ele disse que estava indo embora, porque fora posto fora de casa pelos pais.

– Sei o porquê. Soube que ele se juntou com aquela gente perdida, que prefere o demônio em vez de Deus. Foi muito bom ele ir embora, porque assim ele não vai mais lhe procurar.

– Mãe, demônio é uma expressão referente ao mal. Eu não sabia disso, mas agora, depois de ter conversado com Mateus, compreendi que não se trata de um ser poderoso e perverso, que tenta conduzir as pessoas para a perdição, como pensam. Acha que Deus permitiria alguém destruir a obra da Sua Criação?

– Você também com essas ideias?

– E por que, então, Mateus é uma pessoa tão boa, correta e tem um comportamento exemplar? Nunca o vi de cenho fechado e nem pronunciar qualquer palavra inconveniente, porque tem decência! Era o único que tinha coragem de falar a verdade ao patrão, para defender os companheiros de trabalho, da exploração e do mau-trato. Como pode uma pessoa assim, agir em nome do mal?

– Cala essa boca, menina! – exclamou bruscamente, Esídio, entrando na cozinha e prosseguiu na tentativa de denegrir a personalidade de Mateus – ele nunca foi o que você pensa! Era, sim, bajulador do patrão, pois, para conseguir a sua amizade e confiança, observava os colegas de trabalho, para prestar informações maldosas ao patrão. Felizmente, ele foi embora. Tomara que nunca mais retorne! – concluiu odiento.

– Não fale assim, pai, já que ele não se encontra aqui para se defender e, além disso, não devemos esquecer que Jesus nos recomendou *amar ao próximo como a nós mesmos*. Esqueceu disso?

Não achando o que responder, Esídio silenciou. Momentos depois ouviu chamá-lo lá fora e vendo quem era, falou com demonstração de satisfação:

– Oh, Rafael, que lhe traz aqui, em vez de estar descansando do trabalho?

– Eu soube de algo desagradável e estou passando aqui para conversar um pouco com você.

– Alguma coisa séria?

– Para mim sim. Mateus, que era a nossa voz junto ao patrão, foi embora. Ele falava, sem temor, das injustiças contra todos nós praticadas pelo patrão. Lamento muito!

– Que é isso, Rafael?! Você também se deixou enganar a respeito dele, pois o que eu sei...

Depois de repetir o que dissera a Cecília, concluiu:

– Tomara que desapareça de vez!

– Que absurdo, Esídio! O rapaz é de boa conduta!

– Se você veio aqui falar bem daquele moleque, trate de retornar agora por onde veio. Não quero perder tempo conversando com quem tem ideias parecidas às daquele mentiroso.

– Por que isso, Esídio, logo você que anda com a Bíblia embaixo do braço? É. Talvez seja isso! Em vez de pô-la na mente e no coração, deixa, apenas, embaixo do braço.

– Saia daqui, moleque atrevido! Você é igualzinho ao outro, que andava especulando a minha vida.

Esídio havia praticado um ato reprovável e tentava guardar segredo. Imaginava que Mateus, simplesmente por frequentar a casa de Geisa e Otávio, poderia descobrir, através dos espíritos (ou demônios como ele imaginava). E, por isso mesmo, tentava denegrir o rapaz, impondo-lhe todo tipo de defeito moral, com intuito de desmenti-lo, caso ele, Mateus, descobrisse o seu segredo. Mas se enganava, porquanto nada fica oculto à justiça divina. Tanto que, enquanto ele, lá fora, hostilizava Rafael, no interior da casa, Cecília conversava com Isaura:

– Mãe, eu acho que Mariana não é doente da cabeça como o povo daqui pensa. O caso dela tem jeito!

– Que jeito, se o médico lá em Apucarana afirmou que era doença mental?

– Nem tudo os médicos sabem, mãe! Lembra de Artur, o namorado de Beatriz, irmã de Mateus, que só vivia embriagado e no relento exalando mau cheiro, que ninguém suportava se aproximar?

– Ele morreu? Porque era só o que se esperava!

– Ele está curado, trabalhando e nem parece que viveu aquele tormento. Sabe onde ele ficou bom? Foi lá na casa de Geisa! Eu acho que os espíritas não são da parte do mal. Pois se fossem, Geisa e Otávio não ajudavam tanto aos outros, como fazem todo fim de semana, visitando os doentes, levando alimento, remédio, roupa, agasalho durante o inverno para as crianças, coisa que ninguém por aqui faz.

Porque Isaura ficou calada, refletindo o que ouvia, Cecília prosseguiu falando:

– Por que a gente não pede a eles por Mariana? Eu tenho quase certeza de que ela está com o encosto de um espírito. Toda vez que vem a crise, ela fala: eu não sou Mariana, sou Gustavo! Ora, mãe, Gustavo desapareceu há alguns meses, sem ninguém saber do seu paradeiro. Se ele não voltou para casa, certamente morreu, e como era apaixonado por Mariana, não quer sair de perto dela. O pior de tudo é que falam, por aí, que o pai mandou surrá-lo para ele não mais procurar Mariana. E foi depois disso que ele desapareceu.

– Pare com essa conversa, porque se Esídio souber que você abordou este assunto, nem sei o que será de você e de mim também.

– Sim, mãe. Não fuja do assunto, porque não podemos deixar Mariana servindo de chacota: "olha a doida"! Outros falam: "olha a maluca"! Ela sofre muito com isso.

– Nem pense que vou me prestar a isso! Misturar-me com aquela gente? Nunca!

– Em nome do amor que sinto pela minha irmã, eu enfrento meu pai se for o caso e pouco importo com as más línguas. Eu vou procurar Geisa!

– Não é nada disso, Cecília! Mariana deve falar no nome de Gustavo, porque certamente gostava dele.

– Não, mãe! Ela gostava era do filho do patrão.

– Não quero que fale o nome daquele miserável aqui em casa. Ele só apareceu para atrapalhar a vida de Mariana. Lembra que o filho do patrão havia prometido se casar com ela, e chegou a falar comigo dos seus sentimentos? Bastou o tal do Gustavo aparecer por aqui e ficar perseguindo, perseguindo... Vincenzo, o filho do patrão, se desgostou e desapareceu. Poderia agora Mariana estar casada com um doutor! Felizmente, o miserável que atrapalhou tudo, desapareceu! – falou Esídio, entrando na cozinha.

Dito isso, Mariana entrou na cozinha falando a toda voz:

– Eu não desapareci, criminoso perverso!

– Mariana, não me falte com o respeito! – gritou Esídio.

– Eu não sou Mariana, sou Gustavo! Você mandou me surrar até a morte. Mas eu continuo vivo e ninguém vai me separar de Mariana. Ela é minha! Onde ela está, eu estou. Onde ela for, eu estarei com ela! Durmo com ela, como no mesmo prato[1]... Venha, criminoso perverso, me tirar de Mariana!

Esídio saiu da cozinha e voltou rapidamente, com a Bíblia na mão:

– Demônio, eu te ordeno deixar a minha filha, em nome de Deus!

– Como pode você falar o nome de Deus?! – perguntou o espírito através de Mariana[2] –, eu vou acabar com a sua vida! Você é um criminoso e está solto porque não há justiça nessa terra. Mas pode aguardar, que a sua prisão vai ser muito pior. E não estou sozinho para isso!

Apesar da aflição, Cecília dirigiu um olhar interrogativo para Esídio e ele, então, bradou:

– Não me olhe assim. É um dever dos pais buscar o melhor para os filhos. No caso de você e Mariana, um bom casamento, por exemplo.

---

1 A alusão feita pelo espírito, em relação a 'comer no mesmo prato', diz respeito a absorção das energias dos alimentos.

2 Mediunicamente.

Esídio saiu raivoso e Cecília, então, depois de fazer uma prece a Jesus pedindo ajuda, começou a falar:

– Gustavo, eu sei que é você mesmo que está aí, embora eu não possa lhe ver. Você diz que ama Mariana, mas toda vez que você fala através dela, todos pensam que ela está louca e fazem chacota! Como pode amar uma pessoa e prejudicá-la ao mesmo tempo? Quem ama deseja o melhor para a pessoa amada. Reflita! Eu quero o melhor para ela e creio que você também, mas nós não sabemos o que fazer.

Ela parou um pouquinho de falar, tentando se lembrar da orientação dada por Mateus:

– Quero lhe convidar, para juntos, aprendermos a fazer alguma coisa que tire Mariana do ridículo, já que todos fazem gracejo dela. Posso contar com você, Gustavo?

– Vai contar comigo porque me tratava muito bem quando antes de eu morrer, eu vinha aqui. Que dia começa isso?

– Só pode ser depois de amanhã. Mas até lá, fique um pouco distante para que ela possa descansar.

* * *

DEPOIS DE OUVIR Gustavo (desencarnado) responsabilizá-lo pela sua morte, Esídio, objetivando dar outro rumo à ocorrência, resolveu ter uma conversa com Eleutério (Enrico):

– O que você quer aqui em vez de estar trabalhando?

– Patrão, eu vim ter uma conversa com o senhor.

– Fala rápido, porque tenho muito o que fazer. Não está vendo a mesa cheia de papéis?

– É sobre a minha filha que perdeu o juízo. Como o senhor deve saber, o seu filho Vincenzo pediu-me permissão para namorar com ela, prometendo que se casaria. Mas depois, ele acabou deixando-a de lado, sem cumprir a promessa que fez. Muito triste, desanimada e inconformada, logo adoeceu e, por conta disso, tenho, hoje, em casa, uma filha louca!

– E o que você quer que eu faça?

– Já que ele é seu filho, force-o a cumprir o compromisso!

– Ora veja, dá até para achar graça da pretensão! Será que você não tem capacidade de compreender? Ele era, na época, um adolescente e ela também! E, além disso, ele é filho do patrão e ela, além de ser filha de um empregado, agora é uma doente mental!

Depois de uma pequena pausa, falou autoritário:

– Agora saia da minha sala e vá trabalhar!

– Não, patrão! – replicou Esídio rangendo os dentes por causa do ódio que sentia e concluiu – eu quero justiça! Pelo menos me dê um dinheiro como reparo. Inclusive, preciso levá-la em Curitiba para tratá-la.

– Oh, sim! Vou te dar um dinheiro como reparo!

Escreveu um bilhete e disse:

– Toma! Entregue a Mário e ele resolve isso lá.

Esídio não entendeu a intenção de Eleutério.

Depois de levar o bilhete até Mário, esperou alguns minutos e este lhe entregou um documento e disse:

– Assine aqui! – falou apontando o local da assinatura.

Convicto de que a sua tentativa de tirar dinheiro do patrão, havia dado certo, Esídio assinou o documento sem ler o conteúdo.

– Aqui, o seu dinheiro! Boa sorte, Esídio, e que Deus guie, doravante, os seus passos.

Depois de contar as poucas cédulas e moedas ele perguntou:

– Mas ele mandou me entregar somente isso?

– Esídio, aí está o valor equivalente aos seus dias trabalhados, porque você, infelizmente, acabou de ser demitido.

– Então, diga ao seu patrão, que enquanto vida eu tiver, não sossegarei até vê-lo na miséria. Eu vou acabar com ele!

– O que é isso, Esídio?! A vingança é como o corrosivo que a tudo destrói por onde transita. Creio ter havido um motivo para ele demiti-lo, pois todo efeito vem de uma causa. Em vez disso, procure dar bons exemplos à sua família. Você tem duas filhas, que precisam muito de um pai equilibrado. Não cause vergonha a elas.

– Não é de você que devo receber conselhos. Afinal, você é amigo de Otávio, que anda com o demônio pendurado nas costas.

Mário respondeu sorrindo:

– Vá, meu irmão, para casa, acalme-se que logo lhe virá um novo rumo. Há muita terra abandonada circundando toda esta propriedade, onde você pode trabalhar e tirar o sustento da sua família, fazendo o seu próprio cafezal, cultivando e vendendo. Quem sabe não será melhor do que ser empregado?

Logo que Esídio se retirou, Mário foi estar com Otávio e deixou-o ciente das ameaças do ex-empregado. Otávio, então, achou por bem conscientizar Eleutério (Enrico):

– Patrão, tenha cuidado, porque o ódio tira a razão e a lucidez de quem o hospeda. Se as qualidades morais de uma pessoa não nos proporcionam meios de tê-la como amiga, pior será como inimiga!

– Otávio, acho que o seu demônio, como o povo fala por aí, é cheio de sabedoria!

Deu uma gargalhada desproporcional ao momento que, em vez disso, exigia seriedade e, em seguida, falou:

– Desculpe a brincadeira, Otávio, porque inclusive eu tenho muito respeito pela sua crença, tomando como motivação o seu comportamento e também o do menino Mateus, que foi embora e me deixou com saudades. Mas em relação ao Esídio, não se preocupe, porque se trata de explosão momentânea. Logo, logo, estará de volta, tentando se desculpar e me pedindo para readmiti-lo.

– Penso que ele não fará isso. Mas se ele voltar o senhor o atenderá?

– Acho que sim. Mas vai depender do momento. Eu não o procuraria para esse fim de forma alguma.

Eleutério (Enrico) não deu muita importância às ameaças, imaginando se tratar de ódio passageiro. Ele não imaginava que

Esídio não se tornara inimigo naquele momento, mas numa existência no pretérito e se reencontraram na presente reencarnação como oportunidade de ajuste. Entretanto, não faltou quem tentasse alertá-lo. Além de Otávio, Rafael, que ali não se encontrava como credor, mas devedor, já que numa existência passada, Eleutério (Enrico) havia livrado-o de uma situação embaraçosa. Reencontrando-o na condição de patrão, embora achasse bastante desagradável o jeito como tratava os empregados, tinha por ele certa simpatia. Sabendo do ocorrido em relação a Esídio, a exemplo de Otávio, foi alertá-lo:

– Não facilite, patrão! Sem querer julgar, mas tudo indica que Esídio anda de Bíblia embaixo do braço, tentando ocultar a sua realidade interior. Tenha todo cuidado! Acho até que, em vez de demiti-lo, o senhor poderia ter dado a ele, algum dinheiro, pois, além de ajudá-lo a cuidar da filha doente, evitaria o sentimento de vingança que ele pode alimentar por causa da demissão. Seria melhor do que ter um inimigo agindo como fantasma, já que o traiçoeiro odiento, sempre age às escondidas.

Receoso de uma reação desagradável, Rafael fez uma pausa, mas notando que o patrão continuava receptivo, prosseguiu:

– Quando Vincenzo, filho do patrão, começou a namorar Mariana, por conta disso Esídio passou a dar ordens aos colegas no cafezal, imaginando que seria sogro do filho rico do patrão, como já fazia questão de falar. Mas não acontecendo o que tanto desejava, deixou-se conduzir pela frustração e consequentemente, insatisfação.

03

DEGUSTANDO DESVENTURAS

*Ao sabor das emoções, toda ação está sempre
fadada ao arrependimento.*
Dizzi Akibah

NOS PRIMEIROS DIAS de ausência de Mateus, a mãe Celina já sentia falta do filho, mas se conformava por imaginar que a situação iria melhorar e que, certamente, ele se arrependeria e retornaria assim que tomasse consciência do engano que se deixara arrastar, conforme a sua imaginação. Alexandre também guardava a mesma esperança. Entretanto, os dias foram passando e a situação cada vez mais piorava, o que lhes deixou claro que haviam se enganado, acrescentando, assim, mais um peso para a consciência, que era o arrependimento tardio.

– Estou sentindo um vazio... Falta de alguma coisa, mas não consigo saber o que – se expressou Alexandre que acabava de chegar do trabalho, no começo da noite.

– De alguma coisa, não! Do seu filho – replicou Celina e prosseguiu falando. – Agimos errado atribuindo a ele as coisas ruins que estão acontecendo, a ponto de expulsá-lo de casa e da nossa convivência.

– Estou arrependido e com vontade de procurá-lo para trazê-lo de volta. Mas só faria isso se constatasse que ele houvesse mudado. Mas trazê-lo de volta, para ele continuar frequentando aquela casa, é preferível que esteja longe daqui!

Apesar da tentativa de justificar o que fez com o filho, era visível em seu semblante, os sinais da tristeza. Tanto que, até Eleutério (Enrico), percebeu a mudança brusca, conforme o diálogo a seguir:

– Mandou me chamar, patrão?

– Sente-se, Alexandre.

Achou estranho, porquanto, era aquela a primeira vez que o patrão oferecia-lhe uma cadeira para se sentar na sua sala de trabalho.

– Você está doente?

– Não, estou bem de saúde, mas...

– Mas... O quê? Fala homem!

– Desde que Mateus deixou a casa, eu... eu...

– Está triste ou arrependido de alguma coisa?

– Acho que as duas situações.

– Até agora não consigo compreender a razão pela qual, ao falar comigo, Mateus parecia um pai cuidando do filho. Não o demitiria por nada, já que gosto muito dele e a minha intenção era, logo que ele ganhasse mais experiência, colocá-lo do meu lado, para me ajudar a administrar a propriedade. É verdade que ele não tem estudo, mas é muito inteligente e cheio de sabedoria. Sinto muito a sua falta!

– Não é para menos, patrão, porque ele gosta muito de trabalhar!

– Sim, isso eu reconheço, mas não estou sentindo falta dele no trabalho. Mas pessoalmente! É como se eu, de repente, passasse a me sentir desprotegido, sozinho... Sei lá o que... Não entendo!

– O senhor quer que eu vá procurá-lo?

– Não! A decisão de deixar o lugar foi dele e nós devemos respeitar, mesmo porque ele já é um homem.

– Não, patrão. Infelizmente, fui eu quem mandou ele sair da casa e deixar a família. O senhor talvez não saiba, nós somos religiosos e ele foi criado dentro da nossa crença. Mas sem que nós, eu e minha mulher, soubéssemos ele deu para o lado da casa de Otávio e Geisa que, segundo ouvi falar, se comunicam com o demônio e para disfarçar usam um nome: é um tal de espiritismo.

– Você fez muito mal em pô-lo para fora por um boato bobo, pois Otávio é uma pessoa de bem! Tanto que é ele quem assina todos os contratos de venda da produção de café. Geisa, a sua mulher, embora eu a conheça apenas de vista, é uma senhora respeitável, pois, como tenho conhecimento, está sempre pronta a servir quem dela precisa. Ora, Alexandre, logo a mim, você vem falar uma bobagem dessas? Se não tenho certeza que Deus existe, não conheço bem os feitos de Jesus e não acredito em santos, vou acreditar que existem demônios do jeito que vocês pensam? De demônios, o mundo está cheio! São todos aqueles que prejudicam, ofendem, magoam e praticam uma série de desatinos.

Fez uma pequena pausa e prosseguiu explicando do seu próprio jeito:

– Mateus num caminho ruim? Qual nada! É lamentável o que você fez! Pois, mesmo que ele se encontrasse em erro, o que tenho certeza que não, não justificaria expulsá-lo da família. Os meus filhos me deram desgostos muitas vezes. Mas eu lhes quero muito bem e sofro muito por não estarem aqui comigo.

Parou de falar, olhou fixamente para o rosto de Alexandre e foi taxativo:

– É melhor você pôr a cabeça no devido lugar, como se diz por aí. E tem mais uma coisa: vários empregados vieram reclamar que receberam o pagamento faltando dinheiro. Não quero ninguém na minha porta, dizendo que estou devendo! Que isso não mais se repita. Você deverá me prestar uma informação sobre o destino do dinheiro, uma vez que lhe repassei contado e recontado. Agora vá trabalhar e não esqueça de vir prestar conta da importância que faltou.

Envergonhado consigo mesmo, depois de ouvir o patrão falar dos próprios filhos e ter reprovado a sua atitude em relação a Mateus, Alexandre começou a pensar, enquanto caminhava:

– Ora, ele não acredita em Deus, não lê a Bíblia, mas soube perdoar os filhos quando lhe deram desgostos! Eu, entretanto, que leio o livro sagrado, oro, faço o culto na minha casa, expulsei Mateus?! Ele não acredita em Deus, mas ama os filhos muito mais que eu mesmo! Como pode ser isso?

Chegou à casa e, ao vê-lo, Celina foi logo perguntando:

– O que você está fazendo aqui, hora de trabalho e com essa cara de assombro? É melhor botar a cabeça no lugar para mais uma desventura. Beatriz pegou as suas roupas e objetos de uso pessoal e disse-me: "mãe, estou indo viver com a pessoa que eu amo. Não se preocupe, porque eu estarei bem. Artur já parou de beber e quem lhe ajudou foi Geisa, a mulher que o povo diz entrar em contato com o demônio. Sabe mãe, eu acho que isso tudo deve ser mentira, porque se assim fosse, em vez do bem, Geisa e Otávio fariam o mal! Eu, além de arrependida por ter pego o livro de Mateus e mostrado à senhora, estou me sentindo culpada pela expulsão dele. Vá ver que ele está certo e nós é que, sem conhecermos, estamos julgando mal os outros". Aí então, me vendo desesperada, ela me abraçou, beijou o meu rosto e disse: "sossega, mãe, chegou o momento de eu cuidar da minha vida. Esqueceu que já completei vinte e um anos?".

– Quer dizer que, além dela sair daqui sem se casar, está do mesmo jeito que Mateus, tendendo para o lado errado?

– Melhor não julgarmos se não conhecemos. Digo isso porque depois que ela saiu, chorei, chorei... Não sabendo o que fazer para me consolar, peguei a Bíblia e abri na parte do evangelho, onde conta que Jesus não excluía ninguém, por pecador que fosse. Até criminosos, adúlteros... E falava aos apóstolos: *eu não vim curar os sãos.*

Percebendo que Alexandre demonstrava abatimento, depois de silenciar por alguns minutos, Celina voltou a falar:

– Você não me disse por que está aqui, no horário de trabalho! Já que estamos numa sequência de desventuras, é melhor pôr pra fora! Mais uma ou menos uma, que diferença nos fará a essa altura?

– Eu tive uma conversa com o patrão e saí de lá sentindo vergonha de mim mesmo, por causa...

Falou sobre a reação de Eleutério (Enrico) ao saber que Mateus fora expulso da casa e da família... Do dinheiro que faltou quando foi feito o pagamento dos trabalhadores e concluiu dizendo:

– Eu nunca me preocupei em conferir o dinheiro que ele me entrega para o pagamento dos trabalhadores, para ele não pensar que eu estava desconfiando dele, pois sempre que me entrega a quantia, ele repete a mesma coisa: o dinheiro está contado e recontado.

– Mas por que, então, em vez de avisar imediatamente, você deixou que os trabalhadores reclamassem?

– Não adiantaria, Celina, uma vez que ele já tinha dito que estava contado e recontado! E quando ele fala, quem tem coragem de contestar?

– Alexandre, por que será que estamos passando por tudo isso, se o crente, como dizia o pastor lá no Ceará, já está salvo?

– Eu acho que há uma inversão. Antes de nos salvarmos é que essas desventuras poderiam ocorrer, como testemunho para nos testar. Depois que se alcança a salvação, nada mais de ruim deve acontecer. Mas aqui, conosco, está ocorrendo o contrário! Ou será que ainda estamos longe, muito longe da salvação?

– Mas como, Alexandre, se louvamos a Deus em nosso culto toda semana?

– Vá ver, Celina, que somente isso, não basta! Agora, depois que ouvi o patrão, compreendi que ele, apesar de não acreditar na existência de Deus, é muito mais compreensivo e amável com os filhos do que nós! Acho que precisamos acabar com esse convencimento de que já estamos salvos, porque nos apegamos a isso achando que nada mais precisamos fazer e isso tem nos levado a esquecer até que Jesus nos recomendou a amarmos uns aos outros como ele mesmo havia nos amado...

– E continua, ainda agora, nos amando – interrompeu Celina.

– Acho, Alexandre, que precisamos mudar alguma coisa em nossas vidas, mas não sei o que, e nem por onde começar.

– Escuta, Celina, eu continuo achando que a coisa pior da nossa vida foi adquirir essa casa, para morar perto de Otávio e Geisa, porque não são do bem.

– Alexandre, melhor esquecermos deles e pararmos de julgar. Eu parei de ler um pouco o Velho Testamento, porque me interessei muito pelo evangelho de Jesus. E li uma parte onde diz que, quem julga, será julgado! Então...

– Então, você acha que, na qualidade de evangélicos, devemos ficar calados diante do pecado?

– Mas o pecado, se houver, é deles. Cuidemos de nós!

– Eu não penso como você. A vontade que eu tenho é de chegar lá e quebrar tudo! Acabar de vez com o maldito!

Ela, enfim, começava a despertar o dever de assumir a responsabilidade dos seus próprios atos e, em vez de pôr a culpa dos seus equívocos num suposto demônio, como era habitual, já dava demonstrações de reconhecê-los e repará-los.

04

APOIO FRATERNO

Por desagradáveis que nos pareçam,
os tropeços do caminho também levam à ascensão.
Dizzi Akibah

AFEITO À TRANQUILIDADE do lugar onde vivia há algunes anos, Mateus estranhou ao chegar em Curitiba e ver o movimento de dezenas de pessoas na estação férrea (Gare) que, como ele mesmo, chegavam e as que saíam embarcando no trem.

– Será que para viver é preciso mesmo toda essa pressa?

Perguntou-se e como não sabia o que fazer e sequer para onde ir, sentou-se num banco da estação, segurando cuidadosamente o caixote de madeira onde levava tudo que tinha de uso pessoal. Acomodado no banco, vendo tanta gente, mas sentindo-se sozinho, ele começou a pensar tentando encontrar uma ideia do que fazer de si mesmo e não demorou a sentir arrependimento de ter deixado para trás a sua família, a quem intimamente se sentia no dever de ajudar e, principalmente, Cecília, que estava sempre presente em seus melhores pensamentos.

– Oh, Jesus, estou me sentindo perdido! Será que eu nasci naquela família para algo mais importante do que poderei encontrar aqui, neste lugar?

– Parece estar sem destino certo, jovem!

Mateus olhou na direção e viu um senhor na faixa etária dos setenta anos e respondeu tímido:

– Um pouco mais do que isso, senhor, estou me sentindo perdido.

– Você está fugindo de uma situação ou à procura de outra melhor?

– Acho que as duas situações, senhor! Penso que Deus não me colocou para viver num lugar errado, mas muito difícil... problemas familiares que surgiram tentando me impedir o uso da liberdade de pensar e agir, que Deus dá a todos os Seus filhos. Mas como diz o povo, roupa suja se lava em casa...

– O que você está sentindo, de acordo com meu entendimento, não tem o simples significado das resoluções de questões de entendimento entre familiares, porquanto é mais abrangente, já que você saiu de casa, sem ter lavado a roupa e agora, está permitindo que um arrependimento precipitado lhe deixe neste estado apático. Será que pode me entender?

– Acho que sim, mas na minha condição limitada, por causa da minha falta de conhecimento, eu acho, senhor, que renasci ao lado de pessoas com quem, através da convivência, eu tenha que melhorar a educação dos meus pensamentos e sentimentos. Entretanto, não me encontro aqui, por simples vontade de fugir, já que fui posto fora de casa pelo meu pai e o pior é que a minha mãe, embora eu sinta por ela um profundo carinho, nada fez para impedir, porque também se encontrava equivocada.

– Qual o motivo real que causou tão desagradável situação?

– Descobriram a minha tendência para outro segmento religioso e, por isso, atribuíram a mim a responsabilidade das desventuras causadas pelo comportamento dos meus irmãos.

– Qual é o segmento religioso que você afirma ter tendência?

– Há muito preconceito. Se o senhor não reparar, prefiro não falar sobre isso.

– Entendi a sua dificuldade de falar, mas nem precisa, porque eu já pude compreender. Se quiser e não sentir receio, venha comigo!

– Para onde quer me levar, senhor?

– Para um lugar onde você vai se sentir muito bem.

Mateus, embora tenha estranhado o convite, segurando as alças do caixote de madeira, seguiu aquele homem que, sem ele imaginar o porquê, lhe prestava tanta atenção e demonstrava tanto interesse. Depois de caminharem aproximadamente meia hora, o homem parou e disse olhando firmemente para Mateus:

– Para você não continuar receoso, meu nome é Egídio e estou levando-lhe... Está vendo aquela casa de porta e janelas amarelas?

– Sim. Aquela onde está entrando e saindo gente. É um hospital?

— De certo modo sim.

– Então, me desculpe pela indelicadeza, mas o senhor está equivocado, porque eu não estou doente. Nunca sinto nada! Nem uma dor de cabeça.

– Se engana... Como é mesmo o seu nome?

– Mateus.

– Sim, Mateus, você, eu e a população da Terra, com raríssimas exceções, nos encontramos, sim, doentes. Todavia, a doença a que me refiro é a falta de educação moral, facilmente notada em nosso comportamento. Ações e reações... Como disse Jesus: *conhece-se a árvore pelo fruto.*

Fez uma pausa enquanto observava a reação de Mateus e prosseguiu explicando:

– Ali, naquela casa, que chamo de Hospital de Jesus, buscamos o remédio para os males morais, dentre eles, a ignorância de si mesmo.

– Ah! Então é uma casa espírita? E por que o senhor sem me conhecer direito, afirmou que eu iria me sentir bem?

– Se há algo difícil de esconder, eu afirmo que é a tendência. Por mais que se tente ocultar, não consegue. Há pouco, você não quis falar da sua tendência religiosa, por achar que há muito preconceito. Entretanto, não conseguiu ocultá-la. Agora, eu lhe pergunto, você ainda está se sentindo perdido?

Mateus respondeu sorrindo:

– Agora não mais!

– Mateus, nem um inseto que parece estar perdido na relva, se encontra sem a proteção do Divino Senhor, vez que dotou-o de instinto de preservação da vida, que o faz, ante um predador, buscar a fuga.

– Estou gostando muito da sua conversa.

– Mas vai ficar para outra oportunidade, porque já chegamos.

Mateus parou na porta e depois de olhar a roupa que estava vestindo e o caixote, disse desanimado:

– Eu não estou bem-vestido e ainda mais isso aqui – falou se referindo ao caixote.

Egídio disse sorrindo:

– Eu entendo! Troquemos, então. Eu lhe dou a minha pasta e você me dá a caixa de madeira.

Depois de olhar fixamente para Egídio, certamente compreendendo que de certa forma estava sendo vaidoso, respondeu:

– Agradeço, seu Egídio. Porque aí é que não ficaria bem. Eu com essa roupa tão simples e uma pasta tão bonita na mão. O senhor que está bem-vestido com um caixote velho na mão. Ora, Jesus se vestia simplesmente, por que eu tenho que ser vaidoso?

Egídio levou Mateus para uma sala e depois de oferecer uma cadeira para se sentar, disse-lhe:

– Eu gostaria de saber como se encontra a sua mediunidade.

– Eu não quero duvidar do senhor, mas eu acho que não sou médium como a dona Geisa lá de onde eu morava. Ela, além de emprestar a sua voz aos espíritos, via e ouvia-os. Vou sentir muita falta dela. Mas, se o senhor quiser... Bem, eu não sei fazer nada nesse sentido.

– Não vai fazer nada que ultrapasse a sua condição. No momento eu quero apenas me orientar para, no caso de você decidir seguir em frente aqui conosco na doutrina, saber por onde deverá começar. Isso, certamente, levará um tempo. Não pode haver precipitação.

– Então, se é assim, estou às ordens.

Durante o teste que Egídio propôs, um espírito, que se comunicou através da mediunidade de Mateus, falou dentre outras coisas, das razões do interesse de Mateus em ajudar Eleutério (Enrico), comentou sobre o mesmo interesse mantido por Cecília e afirmou conhecer a história de algumas existências passadas dos citados personagens e de tantos outros que trabalhavam na mesma propriedade, os quais haviam se enlaçado por sérios compromissos... Ações impensadas, cujos efeitos eram vivenciados por cada um deles, e concluiu afirmando:

—A depender do encaminhamento das situações, havendo necessidade, poderei narrar posteriormente, os fatos do passado, para servirem de orientação no presente.

Depois disso, Mateus foi conduzido à mesma sala, onde havia deixado a sua bagagem e em vez de aguardar as explicações que Egídio lhe prestaria, perguntou, cheio de curiosidade:

– O que o senhor tem a me dizer?

– Que a sua sensibilidade mediúnica está bastante aflorada. Mas, se você quiser continuar, vai precisar, como já disse, de um bom tempo de preparo: cursos e estudo em geral da doutrina, tendo como fundamento o evangelho de Jesus. Por enquanto é só o que tenho a lhe dizer.

Fez uma pausa e, em seguida, perguntou:

– Vamos, Mateus?

– Onde o senhor pretende me levar?

– Vou lhe deixar numa pensão.

– Seu Egídio, o dinheiro que eu trouxe é tão pouquinho, que só vai dar para eu comprar alguma coisa para comer, por uns dias.

– Calma, Mateus! Eu vou pagar a pensão até você começar a trabalhar.

– Eu sou quase analfabeto. E, certamente, pode demorar muito para arranjar emprego. A única coisa que aprendi a fazer foi trabalhar num cafezal, tocando as mulas carregadas de café até a cidade para fazer a entrega.

– Você vai ser empregado em algo que saiba fazer. E eu já tenho isso em mente, convicto de que vai dar certo!

– Seu Egídio, se o senhor puder, me tire uma dúvida: já que eu saí de casa, como disse, sem lavar a roupa suja com a minha família e vou me empregar e residir aqui, essa situação vai ficar pendente?

– Pelo que pude entender, levando em conta o que o espírito me disse, não há roupa suja para você lavar em casa, como se expressa, pois você renasceu naquela família com duplo objetivo: para suprir uma necessidade sua, o que mais tarde você compreenderá, e para ajudá-la. Mas isso só poderá ocorrer quando cada um dos que a compõem estiver apto a receber o que, por agora, não compreenderiam e acabaria sendo, em vez de ajuda, um incômodo. Entretanto, mesmo estando longe, você vai poder ajudá-los bem melhor do que se lá estivesse. O momento certo e a maneira que será desenvolvida essa ajuda, você será inspirado.

No dia seguinte, Egídio retornou à pensão.

– Mateus – disse ele sorridente – aqui está o endereço do seu emprego, o nome do seu empregador e uma roupa para você se apresentar melhor, já que se sente envergonhado com a que está vestido. Ah, ia esquecendo! Calce este sapato para ver se fica bem em seus pés.

– Seu Egídio, eu não me lembro se alguma vez na vida já calcei um sapato. Será que eu vou saber andar com ele?

Calçou o sapato, que ficou muito bem nos pés e depois de dar alguns passos, ele ficou olhando para Egídio e de repente lágrimas começaram a brotar nos olhos. Ele tentou enxugá-las com as mãos e disse cheio de emoção:

– Ora, seu Egídio! Enquanto o meu pai me expulsou de casa, do seio da família, o senhor me acolhe, me ampara e me apoia, mesmo não sendo nenhum parente!

Tentou mais uma vez enxugar as lágrimas e falou inibido:

– Eu queria, se o senhor não reparar, lhe dar um abraço!

– Oh, Mateus, eu também já estava sentindo a mesma vontade de lhe abraçar.

Depois do abraço semelhante ao que acontece entre pai e filho, Mateus segurou as mãos do seu benfeitor e mesmo contra vontade de Egídio, levou-a aos lábios e disse:

– Beijo as mãos que trabalham com amor pelo bem dos outros.

– Agora vá trocar essa roupa, porque eu vou lhe deixar no endereço do seu novo trabalho.

Chegando à casa, Egídio parou e disse:

– Pronto, Mateus. O resto, é com você, porque não vai, doravante, precisar de muleta. Terá que caminhar sozinho!

– O senhor não vai entrar para me apresentar?

– Você mesmo se apresenta. Seja bem-sucedido!

A porta do escritório estava aberta. Mateus chegou em frente e viu, sentado por trás de uma mesa, cheia de papéis, um homem ainda jovem e cumprimentou-o:

– Bom dia, o senhor é o doutor Vincenzo?

—Sim, o que deseja? – perguntou visivelmente desinteressado.

—Fui informado que o senhor está precisando de um empregado para varrer e limpar a casa. E eu, além de estar precisando, não gosto de ficar sem trabalhar.

– Chegue a frente e sente-se!

– Quem lhe disse que eu queria empregar alguém?

– Foi um senhor por nome Egídio. Ele me trouxe até a porta.

Eu cheguei do interior, nem roupa decente para me apresentar eu tinha. Essa que estou vestido, foi ele quem me deu.

– Sim, rapaz. Mas, embora eu esteja precisando, não falei a ninguém que tinha intenção de empregar alguém. Muito estranho isso!

—Bem, se o senhor não puder me empregar, eu agradeço pela atenção que está me dando e vou procurar em outro lugar – falou já levantando.

– Espere um pouco! Qual é a sua experiência?

– Experiência?

– Sim. O que você sabe fazer ou já fez alguma vez?

– Eu tocava as mulas carregadas até a cidade, para fazer entrega de café e de volta eu levava as cartas do pessoal, que chegavam no trem.

– Acho que você está no lugar errado!

Depois de rir à vontade achando engraçado, alguém que só sabia guiar animais de carga, procurando emprego num escritório de advocacia, falou irônico:

– Escuta rapaz, aqui, eu não trabalho com mulas e não vendo café! Eu estou precisando de alguém que, além de cuidar da limpeza da casa, faça entrega de documentos e tudo mais que signifique apoio ao escritório. Mas eu acho que você, além de não conhecer a cidade, está muito desajeitado para fazer esse trabalho externo.

Desanimado, já de pé para sair do escritório, falou entristecido:

– Então o senhor me desculpe pelo engano. Vou procurar em outro local.

– Você está em que bairro da cidade?

– Eu nem sei o que é isso que o senhor está falando!

Depois de explicar o que era um bairro, o advogado perguntou:

– Já sabe me responder?

– Sim, doutor! Eu estou numa pensão que seu Egídio está pagando para mim. Mas não é justo que eu continue lhe dando essa despesa.

– Quem é, realmente, esse homem?

– Eu ainda não sei quase nada sobre ele, porque o conheci ontem, umas duas horas depois que cheguei do interior.

– Por que, então, ele está pagando sua hospedagem?

– Eu não sei. Mas deve ser por vontade e satisfação dele.

– Acho isso estranho, porque eu havia apenas pensado em contratar alguém para trabalhar, mas tenho certeza que não falei dessa intenção a ninguém!

Mateus sentiu vontade de falar que se tratava de alguém ligado a uma casa espírita, mas preferiu silenciar por não saber qual seria a reação do advogado.

– Embora a sua chegada aqui seja, para mim, muito misteriosa, você vai ficar, por enquanto, simplesmente por curiosidade. Quero descobrir como essa pessoa soube de algo que eu intencionava fazer, mas tenho certeza de que não falei nada a ninguém! – reiterou com ênfase.

– Eu acho que... É porque, doutor, às vezes nós pensamos que só existe mesmo o que está em volta de nós. Mas pode ser verdade o que dizia dona Mariquita, uma velhinha que conheci lá no Ceará: "entre a Terra e o céu, há muita coisa que até muitos sábios não conhecem"!

Atuando como servente no escritório do doutor Vincenzo, pouco tempo depois, Mateus, conforme intenção de Vincenzo, já saía para entregar documentos, o que fazia com bastante desenvoltura, em comparação com a sua função anterior, no cafezal. Com a mesma franqueza que conversava antes, com Eleutério (Enrico), sem fugir da sua naturalidade, ele mantinha contato com funcionários do Fórum e, às vezes, autoridades, sem que isso alterasse a sua personalidade, como agem muitos, ante alguém, aparentemente, importante. Falava do mesmo jeito que conversava com todas as pessoas, pois para ele, importante mesmo era Jesus e Deus como Pai de toda criatura. E afirmava para si mesmo:

– Que importa ser ele ou ela uma autoridade ou uma pessoa rica, vista como importante? Para mim, ninguém merece mais respeito do que os meus companheiros do cafezal, pois que, somos todos irmãos, filhos de Deus.

Com o seu jeito característico, ele tratava a todos por igual, com o mesmo respeito, a mesma atenção e a mesma delicadeza. Não fingia humildade, pois esta virtude já integrava a sua personalidade, mas não se dava conta disso, porquanto, quem já cultivou essa qualidade, não a reconhece em si mesmo.

Exercitando a mediunidade na mesma casa espírita que conheceu logo ao chegar, a sensibilidade mediúnica foi se ampliando de forma tal que, de início, registrava com facilidade os pensamentos dos espíritos que se aproximavam dele e mais tarde, passou a perceber, não exatamente os pensamentos das pessoas, mas o sentido daquilo que elas pensavam. Foi assim que, certo dia, ao entrar no escritório e vendo o dr. Vincenzo sentado por trás da mesa, pensativo, disse-lhe:

– Doutor, melhor é não fazer isso, porque o resultado não vai ser nada bom.

– Isso o que, Mateus?

– Eu não sei. O senhor é quem sabe – respondeu e foi saindo.

– Mateus, volte aqui!

Depois de mandá-lo sentar-se, o advogado falou com firmeza:

– Fale com franqueza e sinceridade, o que você quis me dizer?

– Com franqueza e sinceridade, doutor, eu digo que, infelizmente, não sei. Acho que foi um simples pensamento que deixei escapar.

– Não foi um simples pensamento, porque eu estava, justamente, no momento em que você entrou na sala, prestes a tomar uma medida drástica contra uma pessoa que vem me prejudicando de várias formas e, agora, acabou me dando um grande prejuízo.

– Quem sou para opinar sobre a qualidade dos seus pensamentos? Mas peço que me permita dizer que todo revide vem do sentimento de vingança e no final, não há vencedor, pois a verdadeira vitória vem sempre de ações em prol do bem. Acho até ousadia lhe dizer estas coisas, uma vez que se trata de um homem portador de muitos conhecimentos. Mas, melhor mesmo, seria colocar essa pessoa no esquecimento. Eu penso que, quem não está bem é ela, por estar agindo mal. Quanto ao senhor, faça de conta que nada ruim está lhe acontecendo e prossiga a sua vida, na medida do possível, em paz.

Fez uma pausa e disse em seguida:

– Respeito as leis dos homens, entretanto, somente as leis de Deus são corretas, justas e imutáveis. As dos homens mudam sempre, acompanhando o desenvolvimento, principalmente, moral.

Vincenzo, impressionado com a firmeza de Mateus ao se expressar, começou a entender que Mateus não parecia aquele que ali havia chegado, com aparência de um caipira, os cabelos arrepiados e mal cortados, pedindo-lhe emprego e, sem conter a forte impressão, voltou a falar:

– Mateus, eu não estou lhe reconhecendo. Nem sei mais quem, realmente, está sentado na minha frente e o que veio fazer aqui. Se trabalhar, como imaginei até há pouco, ou desvendar a minha vida. Por isso mesmo, não vou lhe fazer um pedido. Quero, como seu empregador, que responda sem faltar com a verdade, pois do contrário, o prejuízo final será para você mesmo: você sabe, exatamente o que eu iria fazer e quem é a pessoa que eu intencionava atingir, não sabe?

– Felizmente não sei e não desejo saber de algo que não me diz respeito. Melhor para mim, melhor para o senhor!

– Não precisa me tratar de senhor. Não percebe que, embora mais velho do que você, ainda sou jovem?

– Percebo sim a sua juventude, mas esse tipo de tratamento expressa respeito. Mas se não faz questão...

– Está bem. Vá se cuidar porque está na hora de ir à escola.

Mateus saiu e Vincenzo ficou remoendo o assunto:

– Se eu notar que este rapaz tem capacidade de descobrir o sentido dos meus pensamentos, lamento, mas vou ter que afastá-lo daqui.

05

CARTAS MISTERIOSAS

Palavras certas ajudam. Todavia, para sensibilizar
um coração insensível ao bem, somente a dor.
Dizzi Akibah

DEIXEMOS MATEUS NO seu novo emprego e retornemos a Apucarana.

Eleutério, sentindo muita falta de Mateus, tentou substituí-lo por Rafael, que era também um rapaz jovem, de excelente comportamento e dado ao trabalho. Pensava que Rafael iria suprir a falta que lhe fazia as conversas com Mateus, embora às vezes lhe causassem desconforto íntimo. Mas ainda assim, admirava a sinceridade, a lealdade... Entretanto, o que ele mais lamentava era a falta da companhia de Mateus, já que amargava continuamente a solidão.

Entretanto, apesar das boas qualidades de Rafael, cada pessoa é uma individualidade à parte, com a sua própria maneira de agir. Por isso mesmo, ele prosseguia sentindo a falta de Mateus e, de quando em vez, gostava de relembrar das conversas... Das observações que ele fazia em relação ao apego ao dinheiro, como na conversa a seguir:

– Seu Eleutério, não é um mal ser rico. O que é ruim é ser um rico mau, que se apega ao dinheiro e pensa que é superior às outras pessoas, a ponto de querer comandar as suas vidas. Isso está errado, porque é desobediência a uma lei divina.

Pensou, pensou... Depois fez a si mesmo a seguinte pergunta:

– Será mesmo que vale a pena ter tanto dinheiro e viver assim desolado, nessa solidão que parece não ter fim? Talvez se eu fosse pobre e os meus filhos, em vez de ter tudo às mãos com toda facilidade, trabalhassem desde cedo ao meu lado, pela sobrevivência, me proporcionassem, agora, um pouco de atenção. E Donatella, que há tanto tempo viajou e nunca me mandou sequer uma carta? Se eu não fosse rico, não teria empregados, que parecem mais inimigos do que trabalhadores; eu não viveria com tanto medo de perder o que tenho, a ponto do menino Mateus dizer que eu sou escravo do que tenho!

Respirou fundo, pensando, "bem que eu queria acreditar na existência de Deus, que tantos falam, falam... Ter a mesma convicção do menino Mateus, mas não sei como fazer isso e, se tentasse, não saberia nem por onde começar".

Bocejou e foi para a cama. Logo que fechou os olhos do corpo físico, passou a ver em sonho, próximo do lugar onde se encontrava, a imagem de Mateus e falou cheio de alegria:

– Menino Mateus, até que enfim se lembrou de mim!

Terminou de falar e, assustado, percebeu que a aparência de Mateus havia sofrido uma rápida transmutação e, em vez dele, via um homem aparentando quarenta anos de idade, que foi se aproximando e ele então falou cheio de emoção:

– *Padre!*[3] Você não morreu?

– Oh, *figlio!*[4] Eu continuo vivo!

---

3 Pai em italiano
4 Filho em italiano

Ele percebeu que se aproximava mais alguém que, embora o tempo, foi possível relembrar e falou a toda voz:

– *Madre, ó Madre!*[5] você também morreu e está viva, como pode ser isso?

Ele voltou o olhar na direção daquela imagem com a aparência do que foi seu pai e viu Mateus sorrindo.

– Como isso pode ser, menino Mateus?! Você agora é mágico?

Voltou o olhar para quem ele chamou de mãe e viu a imagem de uma bela moça adolescente, também sorrindo.

– Não estou compreendendo nada!

– Olhe para a sua roupa! – disse-lhe Mateus.

Ele estava vestido numa roupa que era, habitualmente usada, no tempo que ele era jovem.

– Vocês estão a brincar comigo? Querem me fazer de bobo? E você menina, porque fingir ser minha mãe?

Os visitantes do sonho, se despediram com um aceno. Terminavam o encontro, motivados por lembranças do passado nem tão distante, enquanto que, Eleutério (Enrico) ficou em pé olhando até que os dois desaparecessem. Aí, então, ele despertou no corpo físico, trazendo as fortes lembranças do que denominou de sonho misterioso.

Pela manhã, na sala, local preferido para cuidar da administração dos seus bens materiais, chamou Rafael, que já aguardava lá fora:

– Às ordens, patrão!

– Rafael, eu fiz de você substituto de Mateus, mas continuo sentindo muita falta dele. Há alguma coisa sem preencher... Como algo vazio.

– Patrão, para preencher o lugar de Mateus, somente ele mesmo. O senhor me colocou para fazer o trabalho que ele fazia. Nisso eu me considero substituto. Mas, em se tratando de qualquer

---

5   Mãe em italiano

outro sentido, ele é uma pessoa, eu sou outra! Se o senhor pensar diferente disso, não vai dar certo.

– Sim, Rafael, sim! Mas sente-se aí que eu quero conversar um pouco.

Ajeitou os óculos que estavam na ponta do nariz e começou a falar:

– Essa noite eu tive um sonho misterioso com Mateus e outra pessoa que eu não conheço por aqui. Foi assim... narrou o que se lembrou e concluiu perguntando:

– Você acredita em sonho?

– Sim, acredito. Mas esse que o senhor acabou de contar, eu acho que não sei defini-lo. Parece com algo que dona Geisa falou.

– Geisa, a mulher de Otávio? A que dizem por aí, conversar com os mortos?

– Não são mortos, seu Eleutério! Se fossem mortos, como ela falaria com eles?

– O que disse ela?

– Que a gente não se encontra aqui na Terra pela primeira vez. Já vivemos antes e depois que morremos, voltamos a viver novamente aqui.

– Ora, Rafael, não percebe que isso é uma doida ilusão? Como pode alguém que já morreu, voltar para Terra? Morreu, desaparece. Finda!

– Segundo ela, o que morre é o corpo físico. A alma foi criada imortal, por Deus. E para ganhar novas experiências, se educar moralmente e progredir sempre é que ela volta ao mundo, renascendo num corpo infantil.

Rafael fez uma pequena pausa e em seguida voltou ao assunto do sonho:

– Estou me lembrando agora do que ela disse sobre sonhos: enquanto dormimos, podemos encontrar pessoas que já morreram, como parentes, amigos... E também os que estão vivos como nós. Disse, ainda, que é possível a gente se lembrar, em sonho, do passado. Quem sabe se Mateus não foi mesmo seu pai em outra existência física?

Rafael terminou de falar, enquanto que, Eleutério (Enrico) depois de fixar o olhar nele, exclamou:

– Impressionante! Acho até que isso pode ser um caminho, por onde eu me conduza a um entendimento sobre a existência ou inexistência de Deus.

Dito isso, deu por encerrada a conversa e voltou, imediatamente, ao seu jeito característico de mando:

– Agora chega de conversa! Ao trabalho! Quando eu precisar, mando lhe chamar.

Paralelo ao anseio de acumular fortuna, Eleutério (Enrico) experimentava desgosto e desânimo para com a vida. Não poderia ser diferente, porquanto, a solidão se torna intolerável por quem não conta com qualquer suporte que enseje um alento, por simples que seja, como era a sua situação. Por isso mesmo, logo que ele sentiu a ausência de Mateus, tentou substituí-lo por Rafael, contudo, notou que um era diferente do outro. Ainda assim, preferiu mantê-lo próximo de si, por entender que, sem ele, pior seria, já que era Rafael, naquele momento, um dos poucos que não mantinham aversão a ele.

* * *

ERA QUINTA-FEIRA, DIA da semana sempre aguardado com muita ansiedade por Eleutério (Enrico), esperançoso que lhe chegasse às mãos, correspondência dos filhos ou de Donatella, a esposa, cujo silêncio já se tornava para ele um suplício. Vendo Rafael com uma maleta não mão, embora se encontrasse contrariado e discutindo com alguns trabalhadores que se queixavam do frio, pois se encontravam em pleno inverno e não tinham qualquer tipo de agasalho, mudou rapidamente a contrariedade pela expectativa ansiosa de amenizar a dor moral resultante da sensação de abandono.

– Muitas cartas hoje?

—Sim, patrão. Tem do Rio Grande do Norte, de Alagoas, Pernambuco, Ceará, Bahia...

—Estas não me interessam. Veio alguma de Curitiba, São Paulo ou da Itália?

—Vou ver.

Depois de reunir os trabalhadores em volta, Rafael começou a chamá-los, nominalmente, para a entrega das correspondências. Eleutério (Enrico), impaciente, resmungava:

– Anda logo com isso! – falou a toda voz e em seguida, ordenou – separe as minhas e me despache, porque não tenho toda essa paciência. Afinal, tenho direito, já que sou o dono de tudo isso aqui! O patrão de todos vocês.

Depois de procurar minuciosamente, Rafael encontrou apenas duas cartas.

– Pronto, patrão, aqui estão! – falou estendendo a mão para entregá-las.

– Somente duas?

Sentado numa pedra e balançando nervosamente as pernas, ao constatar o remetente de uma das cartas, ele sorriu e falou para si mesmo:

– Até que enfim!

Era da sua filha Giulia, que estava estudando em São Paulo. Todavia, a sua fisionomia mudou, rapidamente, ao começar a leitura do conteúdo da carta:

"Pai, eu estou precisando muito de dinheiro. A quantia que você tem me disponibilizado dá apenas para suprir as minhas necessidades. Entretanto, eu preciso me divertir, aproveitando feriados e férias para viajar, como fazem meus amigos, todos eles, filhos de famílias abastadas e por isso mesmo, têm tudo que desejam. Eu, entretanto, fico parecendo, entre eles, uma pobrezinha, o que me deixa envergonhada! Isso é urgente, pai!"

A carta que antes gerara euforia por ele imaginar que traria palavras carinhosas, sem qualquer outro interesse a não ser a atenção que ansiosamente aguardava, acabou piorando a situação íntima de Eleutério (Enrico), que deixou o local reagindo negativamente, sem se dar conta de que se encontrava diante dos empregados:

– São ingratos todos eles! Só me procuram para pedir dinheiro, dinheiro e mais dinheiro, sem se importarem quanto custa ganhá-lo!

– Algum problema, patrão? – perguntou Rafael assustado, depois de interromper o que estava fazendo.

– Prossiga nos seus deveres! São coisas que dizem respeito somente a mim mesmo.

– Se eu puder ajudá-lo...

– Não, não pode. Ninguém pode! – falou já saindo.

Antes de chegar à casa se deu conta de que não olhara a outra carta que havia colocado no bolso da roupa. Parou de caminhar, pegou-a, olhou o remetente e estranhou já que, em vez do nome de alguém como remetente, estava escrito: "sob a luz do amor". Contrariado, embolou o papel na mão, falando:

– Não tenho tempo para brincadeira.

Jogou-o no chão e o vento foi levando, levando-o entre os pés de café, até ser encontrado por Rafael, que saía do local, depois de ter cumprido a sua tarefa. Curioso, desamassou o papel e começou a ler: "a solidão resulta do menosprezo imposto aos outros. O remédio para este tipo de dor moral, não provém do mundo exterior. Por isso mesmo não é encontrado em farmácias, mas sim, no mundo íntimo da criatura humana. Ele se chama amor. Experimente-o na condição de atenção aos mais necessitados, não somente de agasalho, medicamento ou pão. Mas, sobretudo, de atenção e fraternidade carinhosa, nascidas no profundo do coração".

– Que estranho! – exclamou Rafael – acho que o patrão não leu isso. Seria, talvez, um alerta para ele.

Falou e seguiu na direção da casa, intencionado a entregar a carta misteriosa, como acabou denominando-a.

– Patrão, eu encontrei isso no meio do cafezal e achei que poderia lhe interessar.

Eleutério (Enrico) pegou o papel, leu, releu e falou a meia voz:

– Onde foi mesmo que você encontrou isso?

– Acho que foi o senhor que jogou fora, sem ter lido.

– É verdade! Pensei se tratar de uma brincadeira, mas agora percebo que há, evidentemente, uma coincidência.

– Precisa de mim para mais alguma coisa ainda hoje?

– Não, Rafael! Pode ir descansar.

Saindo dali, embora o seu relacionamento com Esídio, pai de Cecília, estivesse bastante estremecido, ele foi procurá-la. Ao vê-lo se aproximando da casa, ela assim se expressou:

– Oh, Rafael, vendo-o agora eu acabei lembrando-me de Mateus, que prometeu mandar notícias mas, até hoje, não escreveu sequer uma carta.

– Falar em carta, eu vim aqui lhe trazer uma. Mas nem fique muito alegre, porque não é dele que vem. Olhe o remetente!

– "Sob a luz do amor"? Que será isto?

– Para saber, só lendo – falou já saindo, enquanto que, Cecília, curiosa, começou a ler:

"Nas leis divinas há remédio para amenizar qualquer situação, mesmo as consideradas de difícil solução. Afinal, o Pai criador não nos deixaria órfãos da sua amorosa e misericordiosa assistência. Entretanto, há muitos que mesmo obtendo a indicação do caminho, como nos indicou Jesus Cristo por amor a todos nós, prosseguem nos ais da dor, chorando e se lamentando, sem sequer uma esperança, simplesmente por não se proporem às necessárias mudanças que certamente melhorariam as causas e, em consequência, minorariam os efeitos. Estas palavras podem servir de indicação para o primeiro passo a ser dado."

Terminou a leitura da carta e curiosa, verificou novamente o remetente, "sob a luz do amor".

– Quem teria essa ideia e por que teria vindo justamente para mim, essa mensagem tão bela e significativa?

Lembrou-se de Mateus, por causa da última conversa que tivera com ele, no dia da despedida, mas descartou a possibilidade da carta ter vindo dele. Pois, se fosse – pensou ela – "ele não esconderia o seu nome".

06

REAÇÃO RADICAL

O sol clareia e aquece a vida, mas somente o amor ilumina
o interior da criatura humana.
Dizzi Akibah

ALEXANDRE, O PAI de Mateus, depois de tê-lo posto fora da casa e experimentado as consequentes observações feitas por Eleutério (Enrico), tentando se eximir da responsabilidade dos seus próprios atos, passou a culpar o casal Geisa e Otávio, atribuindo-lhes a causa do remorso que experimentava. Foi assim que, no auge do desespero, resolveu apedrejar o anexo da residência do referido casal, onde eram desenvolvidas, semanalmente, atividades espirituais. Saiu raivoso do local e seguiu direto à casa do patrão Eleutério (Enrico).

– O que você quer aqui na minha casa em horário de trabalho, Alexandre?

– Pedir, encarecidamente, que retire de perto de mim, Otávio e Geisa. Eles são responsáveis pelas desventuras que eu estou passando, inclusive a expulsão de Mateus.

– Afastá-los de lá, como?

– Mandando-os para junto da mata. Tem uma casa lá, desocupada.

– Otávio é um dos poucos trabalhadores em que posso confiar, pois se trata de uma pessoa de boas qualidades. Ele é correto e honesto. Não é à toa que o tornei o meu representante junto aos compradores. Geisa, a sua mulher, pelo que ouço falar, é uma pessoa de bom coração, pois está sempre presente quando alguém precisa da sua ajuda. São qualidades que se eu mesmo tentasse adquirir, certamente não conseguiria. Portanto, seria uma injustiça atender o seu pedido, mesmo porque, a casa onde a família reside é própria. Seria muito mais fácil remover você, já que a casa que você mora me pertence.

Alexandre perguntou entre a decepção e a contrariedade:

– E, então, como é que vou ficar, patrão?

– Você quer ser removido de lá?

– Para me livrar dos demônios, sim, patrão! É o que eu mais desejo.

Depois de alguns minutos, estendeu a mão na direção de Alexandre:

– Entregue este bilhete ao encarregado Mário. Ele vai resolver isso. Agora desapareça daqui, porque eu não quero perder tempo com suas querelas religiosas.

Depois de ler o bilhete e tomar conhecimento da ordem que recebia do patrão, o encarregado disse reticencioso:

– Espere! Eu... eu vou preparar tudo, conforme a vontade dele.

Meia hora depois, estava de volta, com o mesmo envelope na mão:

– Toma, Alexandre, e assine aqui, por favor – falou indicando no documento que acabara de preparar, o local da assinatura.

Depois de ter assinado o documento, Alexandre, percebendo que o envelope continha algo, além de uma folha de papel, abriu-o e vendo que se tratava de dinheiro, falou:

– O patrão foi generoso comigo! Em vez de afastar Geisa e Otávio, acho que ele preferiu me oferecer uma nova morada. Isso aqui, Mário, é o dinheiro para a minha mudança?

– Você acha mesmo que ele lhe daria dinheiro para essa finalidade? Isso aí é o pagamento referente aos seus dias trabalhados!

– Ele fez isso comigo?

– Ele disse no bilhete que você pediu para ser removido da casa! A casa é dele!

– E para onde vou?

– Alexandre, você com suas questões religiosas vem incomodando as pessoas, inclusive ele, o patrão! Onde já se viu procurar Deus com intrigas, se Jesus nos recomendou que devemos amar uns aos outros? É melhor ficar bem quietinho, porque, além de você ter pago a menos a quinzena de alguns trabalhadores, sumiu dinheiro lá na casa do patrão, coincidentemente, num dia em que você esteve lá. Se cuide, porque ele está apurando.

Alexandre chegou à casa onde residia apavorado:

– O patrão me demitiu e está me acusando de roubo! Precisamos fugir daqui, hoje à noite!

– Você é culpado, Alexandre? – perguntou Celina, bastante chocada.

– Como vou provar a minha inocência, se no final é a palavra dele que prevalece?

No dia seguinte, ninguém sabia o paradeiro de Alexandre e da família, criando com essa decisão, mais uma dificuldade para Mateus, porque mesmo de longe, ele procurava ajudá-los de uma forma característica conforme o seu interesse e, enquanto isso, aguardava uma oportunidade mais apropriada para a reconciliação.

Essa, portanto, foi mais uma atitude incompreensível para os trabalhadores do cafezal, pois viam em Eleutério (Enrico), um homem estranho, que não alongava conversa desde quando o assunto se referisse à religiões, tampouco sobre as razões pelas quais havia deixado Veneza – Itália, a sua terra natal, para uma vida isolada, sozinho numa casa que, embora de grandes proporções e provida de móveis confortáveis, não havia água encanada, nem luz elétrica e era ocupada apenas por um morador, ele mesmo.

Quem seria realmente aquele homem, que demonstrava na fisionomia constante estado de amargura? Estaria ele, ali, se sujeitando àquela condição de vida, simplesmente pela ambição de acumular fortuna ou forçado por uma situação, que fazia questão de ocultar? Perguntas que eram feitas pela maioria dos trabalhadores, exceto Rafael que, apesar de tudo, via com esperança e muita satisfação o resultado positivo das cartas denominadas "misteriosas", porquanto àquela altura, os que sabiam ler, faziam a leitura, um de cada vez, em voz alta para que todas as mensagens, que eram individuais, tomassem sentido de coletividade e todos pudessem aproveitar os ensinamentos.

Mas, embora Rafael considerasse isso positivo, não lhe passava despercebida a tristeza no semblante do patrão, como havia ocorrido numa quinta-feira, depois de mais uma esperança frustrada de receber correspondência dos seus familiares, que acabou retornando à casa, completamente desanimado. Em lá chegando, sentou-se na mesma cadeira que usava para as suas atividades, fechou os olhos e, embora desse crédito a ideia de que chorar era uma prova de fraqueza, percebeu que lágrimas começavam a fluir. Enxugou-as usando um lenço e se esforçou até onde pôde para se recompor, mas não conseguiu já que, momentos depois, o rosto daquele homem, aparentemente insensível, estava molhado de lágrimas. Nesse estado emocional, ele começou a monologar:

– Por quê? Por que será que fiz tudo pelos meus filhos e hoje me sinto abandonado, sozinho? E Donatella, minha adorável Donatella, que virou as costas deixando-me no amargor dessa solidão que parece não ter fim?!

Fez uma pausa e prosseguiu desabafando:

– Se Deus existe, como tantos acreditam, desconfio que Ele não seja tão bom como pensam e tão justo como falam por aí, pois se assim fosse, Ele amaria a todos... A mim também. Mas o que me ocorre parece um castigo vindo de uma força mais poderosa do que a minha capacidade de reagir...

Foi interrompido pela voz de Rafael que, habitualmente, antes de deixar o local no fim de mais uma jornada de trabalho, passava na casa de Eleutério (Enrico):

– Patrão, o senhor precisa de alguma coisa?

Ele respondeu lá de dentro:

– Vá pra casa, Rafael!

Rafael estranhou, pois toda vez que o chamava ele chegava à janela para atendê-lo, porém, preferiu não insistir. Já Eleutério (Enrico), por sua vez, pegou a "carta misteriosa," abriu-a e começou a ler:

"Não se rompe fronteiras, sem que se deixe conduzir pela luz do amor. Se não se sente amado por aqueles de quem aguarda um gesto de carinho, há certamente um motivo, porquanto, todo efeito vem de uma causa. O dinheiro, embora necessário à vida material, nulo se torna o seu valor em se tratando da conquista de um coração, pois somente o cultivo do amor atrai as criaturas, unem-nas em nome da amizade, da solidariedade e da cooperação, como a assistência aos mais necessitados de amparo moral, que pode ser um simples sorriso ou um aperto de mão, gestos considerados simples, mas que, a depender do momento, podem se tornar de grande importância para quem os recebe. Se ao invés disso, cultivar a indiferença, o menosprezo, a humilhação, traça-se, sem se dar conta, a rota para situações desagradáveis como o ódio e a vingança, geradas pela antipatia."

Depois de parar, por instantes, a leitura, tentando entender o assunto, ele voltou as vistas ao conteúdo da carta:

"Como o pavio de um explosivo prestes a ser aceso, o caminho já se encontra, praticamente delineado para uma grande e desagradável surpresa. Entretanto, ainda é possível evitar buscando compreensão e reconciliação entre os que lhe ajudam a acumular riqueza, pois, embora as dificuldades de sobrevivência, a carência de atenção e de compreensão, ao receberem na sensibilidade o toque da fraternidade, poderão mudar o rumo dos seus sentimentos. Se encontrar dificuldade, curve-se ante a grandeza do Universo, mire o espaço pontilhado de corpos celestiais; medite sobre o movimento dos planetas em torno das estrelas que, por sua vez, compõem enormes galáxias e compreenderá que somente alguém, além, muito além de nós, contaria com poder e sabedoria para criar tudo isso e o que ainda sequer passa pela nossa imaginação. Ele não é apenas o Criador do Universo, o equilíbrio de todos os movimentos vigentes do micro ao macro! É o Pai de todo ser vivo, da planta aos animais, destes ao homem e do homem ao anjo. Busque-o! Não sabe aonde? Procure-o na beleza das pétalas da flor, no canto do pássaro, no vento que saúda a árvore acariciando a sua folhagem e, enfim, em você mesmo, já que a vida é um dom que somente a Ele pertence."

Terminou a leitura da carta misteriosa, recostou-se numa poltrona, onde permaneceu durante um bom tempo, tentando compreender o que acabara de ler, mas sentiu sono e mesmo sem ter se banhado e ingerido algum alimento, ali mesmo adormeceu. Tão logo fechou os olhos, em desdobramento natural causado pelo sono do corpo físico, viu alguém se aproximando do local onde ele se encontrava e, não obstante os ensinamentos do conteúdo da carta que leu aparentemente interessado, falou a si mesmo:

— Deve ser algum bajulador, interessado em meu dinheiro...

Parou de falar, ao perceber a presença agradável do visitante do sonho, que foi logo entrando no assunto que lhe interessava, já que era essa a finalidade da sua visita:

– Vim te dizer que os dissabores experimentados por você, até este momento, não significam castigos conforme o seu pensamento, mas uma necessidade de superar a carência de educação moral e espiritual, cujo objetivo é se harmonizar com a divina lei, levando em consideração o ensinamento de Jesus, a luz do mundo: *a cada um, segundo as suas obras.*

Depois de rápida pausa, o visitante do sonho voltou a explicar:

– Entretanto, no que pesam os desgostos e as desventuras que você vem experimentando, os constantes conflitos emocionais com os seus empregados, a quem trata com menosprezo, as inconformações e o arrependimento tardio – colheita da sua própria sementeira – não justifica a infeliz ideia da prática do suicídio, pois, a morte que você vem desejando se daria tão somente no corpo físico e não o liberaria dos seus tormentos até o culminar do necessário entendimento, já que, ante as leis divinas, nada fica impune. Por isso mesmo, se quiser amenizar o peso do fardo que carrega, busque os supostos inimigos e se reconcilie com eles, perdoando-os e também lhes pedindo perdão enquanto estão a caminho, conforme ensinamento de Jesus. Do contrário, a fatalidade assumirá o seu destino, repercutindo, não somente na sua vida, mas também na daqueles que lhe servem na qualidade de empregados e que vivem tão perto, fisicamente, mas ainda separados, simplesmente, pela falta de reconciliação.

O visitante espiritual fez nova pausa e exclamou:

– Acorda, Enrico Fellipo, enquanto há tempo!

Dito isso, usando o fenômeno da ideoplastia, o espírito criou imagens assustadoras de um incêndio, cuja intenção era apenas um alerta e deixou o local. Eleutério (Enrico), imaginando que as labaredas fossem verdadeiras, lembrou-se da casa e dos cofres abarrotados de dinheiro e retornou bruscamente para o corpo físico, que repousava na poltrona vestido numa roupa poeirenta e suada, já que não havia se banhado por simples desleixo proveniente da falta de autoestima. Em vez de se levantar normalmente da poltrona, deu um pulo e, aos gritos, saiu cambaleando até a mesa, onde se chocou e acabou se machucando:

– Que horror este sonho estranho! Acho que eu estou ficando louco, louco! Ora, se eu nunca falei a ninguém da minha intenção de acabar de vez com a vida, como pode até num sonho alguém me falar sobre isso?

Lá fora, via-se os primeiros raios dourados do sol, que acabavam de surgir na linha imaginária do horizonte. Abriu a janela da sala e ficou por instantes, observando o sempre belo espetáculo da chegada de um novo dia. Uma brisa suave perpassava, trazendo o odor das flores silvestres e os pássaros misturavam a sonoridade dos variados cantos, saudando o novo dia. Poderia ele se integrar à natureza, sentir a harmonia divina que perpassava como ondas de amor e perceber que tudo em volta era a manifestação do Criador, como já lhe dissera, anteriormente, Mateus, mas em vez disso, deixou-se, mais uma vez, dominar, equivocadamente, pelo ideal do acúmulo de riqueza. Todavia, não foi em vão a presença do visitante do sonho, pois logo que os trabalhadores chegaram para mais um dia de duro trabalho, ele tomou a direção do cafezal e não vendo Rafael, dirigiu-se a Tiago, um dos poucos que não viravam o rosto ao vê-lo e ordenou:

– O seu trabalho neste turno é percorrer todo cafezal e avisar a todos que os quero, dentro de uma a duas horas, na área da casa, formando uma fila.

Assim foi que, mesmo desconfiados, eles foram chegando e logo uma grande fila estava formada. Eleutério (Enrico) se aproximou levando uma cadeira, sentou-se e ficou olhando fixamente para o primeiro da fila, que se chamava Augusto. Percebendo o olhar insistente do patrão, o empregado abaixou a cabeça e desviou o olhar.

– Aproximem-se! – disse ele e prosseguiu falando em bom tom – Chamei-os aqui, para termos, individualmente, uma conversa, pois tenho notado que a maioria de vocês demonstra insatisfação e eu preciso saber qual é a queixa de cada um. Por isso mesmo peço sinceridade e garanto que ninguém será demitido por não gostar de mim ou simplesmente por não me simpatizar. Entretanto, se eu notar alguém mentindo ou sendo falso no que disser, este sim, será demitido e expulso dessa comunidade.

Olhou novamente para Augusto que estava bem em sua frente e disse:

– Fale o que sente, homem!

– Senhor, eu não tenho nada a dizer.

– Então você está satisfeito com o salário, com o meu jeito de lidar com todos...

– Já que o senhor não vai me demitir, acho melhor falar a verdade. Eu não gosto quando o senhor grita comigo. Quanto ao salário, nem penso em melhoria, porque isso nunca acontecerá.

— Muito bem, foi sincero. Pode se retirar.

E assim, depois de ouvir mais de cinquenta pessoas que trabalhavam no cafezal, embora não houvesse identificado alguém com disposição de causar um sinistro, conforme vira no sonho, ficou impactado, por notar que a maioria lhe demonstrava aversão. Isso fê-lo mudar de ideia, pois, embora houvesse afirmado que não demitiria ninguém, os trabalhadores ainda estavam saindo do local e ele já traçava plano para agir completamente ao contrário:

– Tenho que mudar alguma coisa. Talvez substituir todas essas pessoas que não gostam de mim. É mais fácil pôr no meu jeito os que chegam, do que esses que aqui já estão.

Embora os esclarecimentos que já havia recebido, ele continuava achando que todos estavam errados e somente ele, certo, sem suspeitar que as causas, em parte, se encontravam no pretérito e tantas outras no seu modo de agir e reagir, no presente. No dia seguinte, ao ver Rafael, foi logo expondo a sua intenção de substituição dos empregados.

Depois de ouvi-lo, Rafael se expressou assustado:

– Desculpe a minha sinceridade, mas o senhor não estaria sendo justo, já que somos todos nós, responsáveis pela grande produção do cafezal. Como demitir quem vem contribuindo com a sua prosperidade?

– Eu lhe faço outra pergunta: como trabalhar com gente que não gosta de mim? Quem não gosta, odeia! Quem odeia, trai, prejudica... Lidar diariamente com inimigos?

– Patrão, não pense que todos são inimigos, porque já pude notar que a revolta é muito mais por causa do salário, pois, sequer dá para suprir as necessidades mais urgentes como alimentação, sem falar na preservação da saúde que é um direito de qualquer cidadão. E outra coisa: o senhor não deve revidar com menosprezo, porque piora a situação! Afinal, patrão, se não houvesse mão de obra, este cafezal existiria? Faria o que sozinho? Quase nada, não é mesmo?

Depois de silenciar por instantes, Eleutério (Enrico) prosseguiu o diálogo:

– Não deixa de ser vergonhoso um homem da minha idade sendo aconselhado por um jovem como você e pior ainda é não ter argumento para contrapor! Você acha, por exemplo, que se eu der um aumento de salário eles passarão a gostar de mim?

– Não posso garantir, porque cada pessoa age segundo os seus sentimentos. Certamente vai melhorar, mas isso não basta! Amizade se consegue, patrão, com atenção e de cara aberta. Quando fechamos o cenho, as pessoas pensam que não gostamos delas.

– Está bem, Rafael. O seu trabalho, hoje, é avisar a todos, de um a um, que vou aumentar os salários.

Rafael saiu, ávido, para transmitir a alegre notícia aos companheiros de trabalho que, realmente, nunca imaginavam que isso um dia, chegasse a ocorrer.

07

REGANDO A SEMENTEIRA

Uma vez despertado, o amor perdura para sempre,
rompendo fronteiras de tempo e espaço.
Dizzi Akibah

– QUEM ME chama? – perguntou Eleutério lá de dentro da casa.

– Meu nome é Cecília!

Depois de botar a cabeça para fora pela janela, ele perguntou:

– O que deseja?

– Se não for incômodo, a sua atenção por alguns minutos!

Ele não era afeito a visitas, porque quem ele desejava ao seu lado, que eram os filhos e a esposa, há muito tempo não os via. Com raríssimas exceções, quem chegasse à sua casa, era visto por ele, como incômodo. Por isso mesmo, até chegar à janela para ver quem era a visitante, ele se sentia contrariado. Mas logo que a viu, mudou de atitude e mandou-a entrar e se sentar. Afinal, Cecília, além de agradável fisionomia, seu sorriso era encantador, o que despertava, instantaneamente, bem-estar.

– Você não trabalha no cafezal ou não mora por aqui. Estou certo? – perguntou, puxando conversa.

– Embora resida aqui, não trabalho no cafezal. Eu sou filha de Esídio.

– Quê?! Você também vem me cobrar reparo, como ele fez? Se veio para isso, nenhuma palavra a mais e a porta já está aberta! Entendeu?

– Além de outras motivações, vim pedir desculpas pelo meu pai, por achar que ele não deveria, por interesse em dinheiro, se aproveitar da situação difícil da filha Mariana.

– Certamente, você está interessada que eu volte atrás e readmita-o.

—Não tive e nem tenho esta intenção.

– Então, por que somente agora, depois de tanto tempo, você resolveu vir aqui para este fim?

– Eu estava esperando amadurecer a ideia de conseguir uma oportunidade de conversar um pouco com o senhor, conhecê-lo de perto, para tentar descobrir a verdade entre o que ouço falar por aí e o que ouvi de uma pessoa que sempre deu demonstrações de consideração a seu respeito.

– E tem por acaso, aqui neste lugar, alguém que pense bem de mim?

– Sim! Tanto que, baseada na sinceridade com que me foi transmitido isso, mesmo distanciada, eu já acreditava que o senhor tinha e tem bons sentimentos. Só que parece fazer questão de não externá-los. E para ser sincera, há muito sinto vontade de me aproximar do senhor...

– Moça, – interrompeu-a com demonstrações de impaciência e prosseguiu se expressando – eu sempre desconfio de quem se aproxima de mim com palavras agradáveis porque isso me faz crer que se trata de interesse, por falarem por aí que sou rico.

– Nunca lhe pediria qualquer coisa nesse sentido, a não ser que me permita ajudá-lo a ser mais querido pelos moradores deste lugar. Não sei se o senhor consegue me entender, mas afirmo que me sinto neste dever, como a mãe que tenta orientar um filho, mesmo quando ele demonstra rebeldia.

– Você também?! – perguntou admirado e depois de uma gargalhada estridente, concluiu – não é tão ruim a sua visita, porque pelo menos encontrei motivo de gargalhar, coisa que não me acontece há muito tempo! Não chega o Mateus, que queria me tratar como se fosse meu pai? Menina, vá cuidar da sua vida! A essa altura, com tantas desilusões, tristezas e a solidão que me matam a cada dia, eu não tenho mais jeito!

– É possível superar fazendo uso de bons sentimentos.

– Você é mesmo filha de Esídio?! Nem dá para acreditar!

– Somos uma família pequena. Meus pais, eu e a minha irmã Mariana.

– A que está doente?

– Já está totalmente recuperada!

– Mas como, se não há médico por aqui e mesmo se houvesse, vocês não teriam condições de pagar?

– Seu Eleutério, entre o céu e a Terra há muita coisa que a maioria ainda desconhece. Ela foi curada pelos espíritos.

– Curada por espíritos? Oh, que ilusão! Espíritos não existem! Morreu, acabou a história!

Disse isso, apesar de ainda se lembrar do sonho que tivera, há dias, justamente com um espírito.

– A morte não extermina a vida, pois ela prossegue além do túmulo. Jesus, que é o nosso guia maior, permitiu e os espíritos que atuam pelo bem da humanidade curaram Mariana que, embora os aparentes sintomas de loucura, não portava nenhuma doença. Doente, moralmente falando, se encontrava alguém que, embora já houvesse passado pela morte, causava-lhe o mal-estar.

Depois de ficar em silêncio e com o olhar fixo em Cecília, ele se expressou de modo desagradável:

– Acho que vou pedir, mesmo contra a minha vontade, que você vá embora. Do contrário eu vou acabar confundindo a minha mente. Ora, moça! De cada lado aparece um! Antes, era Mateus, logo depois, cartas misteriosas toda semana! Além de sonhos estranhos, Rafael badalando em meu ouvido, como sino de igreja. E como se não me bastasse, agora chega você? Quem eu queria que aparecesse aqui, nunca vem!

– Seu Eleutério, o problema é que, aos filhos, muitos pais que têm condições dão, equivocadamente, tudo que eles pedem, mas não dão o que eles não pedem, mesmo se tratando do que mais precisam!

– O que, por exemplo?

– O "não-limite" no tempo certo.

Depois de instantes de silêncio, Cecília, demonstrando serenidade na fisionomia, voltou a falar:

– Era uma vez um pai muito rico. Tão rico, que tudo que os filhos pediam, dava sem pestanejar, sentindo-se alegre e até mesmo orgulhoso quando ouvia deles: você é o melhor pai do mundo! Só que o tempo foi passando, eles foram ficando adultos e, de um a um, como é normal, foram deixando o lar para a aquisição das experiências que a vida pede para o seu próprio desenvolvimento. Lá fora, entretanto, ao se defrontarem com os primeiros desafios, em vez da disposição de enfrentá-los, lembraram-se do pai doador e a ele recorreram, como se crianças ainda fossem.

Ela fez, propositadamente, uma pausa, tempo suficiente para a desejada assimilação e, a seguir, prosseguiu no mesmo tom brando que havia iniciado a narração:

– Entretanto, aquele homem, embora continuasse detentor de uma vultosa fortuna que lhe facilitava satisfazer todos os gostos e caprichos de cada um dos filhos, sentiu-se incomodado, pois, já estando adultos, haviam estudado nos melhores colégios do país e, por isso, achava que eles deveriam caminhar com as próprias pernas, tomando assim, a decisão tardia, de usar o "não" como limite. Assim foi que, aquele pai, que era por eles considerado o melhor do mundo, passou a ser menosprezado e esquecido.

Ela fez mais uma pausa e, em seguida, concluiu:

– Como a falta de uma simples palavra pode influenciar negativamente os rumos da criatura humana!

– Eu posso ter me equivocado, mas, ainda assim, eu fui um bom pai! – replicou Eleutério (Enrico).

– Ser bom pai, seu Eleutério, não é dar tudo que os filhos pedem. Mas, pelo menos, despertar o sentimento de fraternidade e prepará-los para agir com responsabilidade, cumprindo os seus deveres e respeitando o direito dos outros.

– Como é mesmo o seu nome, que depois de tanta conversa, eu acabei me esquecendo?

– Cecília! Um nome popular e simples.

– Eu acho que deixa de ser simples, quando pertence a uma admirável pessoa como você. Ainda mais por ser filha de Esídio. Isso é incompreensível! Como pode Esídio, que eu não considero de boa reputação, ter uma filha assim, bondosa, educada e cheia de conhecimentos?

– O que eu sei sequer dá para educar as minhas próprias qualidades morais para me tornar um pouco melhor! Em relação ao conceito que o senhor faz do meu pai, considerando-o de má reputação, penso ser um pouco exagerado, porque se assim fosse, ele não teria proporcionado a mim e a Mariana uma boa orientação para a vida, pois em vez de satisfazer os nossos caprichos, usou o "não" para nos mostrar, que toda aquisição pede esforço, como tem sido a vida de todos nós da família. Há pouco, no começo da nossa conversa, eu disse que não trabalhava no cafezal. Entretanto, eu e a minha irmã Mariana, não vivemos, exclusivamente, sob o esforço do meu pai. Se assim fosse, estaríamos agora passando privações, por causa da sua demissão. Penso que o senhor não sabe de onde vem as cestas usadas pelos trabalhadores para colheita do café, apesar de comprá-las para este fim.

– Não tive a curiosidade de perguntar.

– Pois, então, saiba agora, que somos nós, eu, Mariana e a minha mãe que confeccionamos. Aprendemos desde cedo que o trabalho proporciona dignidade ao ser humano e mantém-nos bem distante da possibilidade de viver, exclusivamente, às custas de alguém.

– Bem, se eu considerar o que acabei de ouvir, chego à conclusão de que errei e, agora, pago caro por isso. Seria um castigo? Será que esse Deus, que tanto vocês acreditam, estaria me castigando? Por que logo eu?!

– Seu Eleutério, a minha conversa com o senhor não tem o objetivo de apontar ou de julgar seus possíveis erros, porque quem sabe mesmo é a sua própria consciência. Em relação à crença em Deus, é muito bom para quem ainda nega a Sua existência, mas isso, apenas, não basta, porquanto é preciso chegar à certeza da Sua existência e, isso se consegue, conhecendo as Suas leis, que são, ao mesmo tempo, justas e perfeitas. Em vez de castigo, como muitos pensam, a justiça divina corrige e educa. Para resumir, lembremos do ensinamento de Jesus: *a cada um, segundo as suas obras.*

Era raro o que ocorria naquele momento, pois nem mesmo Mateus, a quem Eleutério (Enrico) tanto estimava, conseguia prender a sua atenção, a ponto de alongar uma conversa, mesmo se o assunto lhe fosse agradável. Ele agia como alguém que demonstra receio em revelar algo que faz questão de ocultar. Todavia, ali estava ele visivelmente interessado no que ouvia. Certamente, as boas intenções e vibrações amorosas de Cecília desarmaram-no e sem que ele notasse, acabou se despojando da autodefesa e da desconfiança que mantinha nas pessoas, por julgá-las interessadas no seu dinheiro. E assim, desarmado, ele prosseguiu o diálogo:

– Eu acho que a minha dificuldade de crer nessas coisas vem desde o tempo da minha infância.

– Sua mãe não lhe falava sobre isso?

– Creio que sim, mas foi durante tão pouco tempo que sequer me lembro. Não tive a felicidade de viver ao seu lado, até ficar adulto. Quando ela morreu eu era um adolescente de dezessete anos de idade. Meus irmãos ainda mais novos do que eu.

– E o seu pai? Acreditava em Deus?

– Meu pai me incentivava a progredir, para ser rico... Ter muito dinheiro! Mas, infelizmente, também morreu cedo. Ele e ela, foram vítimas da guerra. Eles nos deixaram muitos bens que, na época, foram confiscados pelo governo, por dívidas de impostos, mas logo que fiquei adulto, recorri à justiça e depois de muito tempo, nem sei se felizmente ou infelizmente, recuperei os bens materiais.

Fez uma rápida pausa e, em seguida, demonstrando na fisionomia sinais de irritação, voltou a falar, contudo, num tom de voz tão desagradável, que acabou assustando Cecília:

– Este é um assunto que não quero e não devo tratar! Deixei-me envolver com a sua conversa e acabei falando o que não deveria!

Vendo Cecília se levantando para sair, ele tentou justificar a expressão desagradável:

– Embora eu tenha gostado de você, prefiro não continuar conversando. Pois, se eu prosseguir ouvindo-a, acho que vou acabar confundindo a minha mente e me traindo! Ainda assim, já que você me deixou curioso, dia desses aí pela frente, far-lhe-ei um convite para, dentre outras coisas, me explicar sobre a cura da sua irmã, assunto que me despertou interesse. Acho muito estranho mortos voltarem para ajudar os vivos, mesmo porque não tenho bases para acreditar que continue havendo vida depois da morte.

– Eu diria, os vivos retornando para ajudar os aparentemente mortos, que somos todos nós, vivendo no corpo físico. Mas pode me avisar, que atenderei com satisfação o seu convite e farei todo esforço, não apenas no sentido de satisfazer a sua curiosidade, mas sobretudo, para o melhor esclarecimento que estiver ao meu alcance.

Cecília saiu da casa de Eleutério (Enrico) imaginando que ele não a convidaria para retornar ali, por causa do tom da conversa, mas se enganou, pois oito dias depois, recebeu um recado dele, através de Rafael, pedindo que fosse à sua casa:

– O senhor mandou me chamar e estou aqui para atendê-lo.

Depois de mandá-la entrar e se sentar, ele começou a conversar:

– Aqui neste lugar, com tanta gente residindo e trabalhando, somente quatro pessoas me inspiram confiança. Mateus, Otávio, Rafael e agora você.

Fez uma pausa e, a seguir, prosseguiu falando:

– Mandei lhe chamar, dentre outras coisas, por causa de umas cartas, para mim misteriosas, pois não sei quem as envia, que vêm me alertando para coisas que nunca antes passaram pela minha mente. Leio-as e tento compreender por achar que é bom para a minha mente, principalmente à noite, para não dormir pensando somente em ganhar dinheiro, por que isso não faz vir a mim, o que mais desejo, que é o amor da minha família. A última que recebi, por exemplo, falava com profundidade sobre a existência de Deus, o que me despertou a vontade de ouvir você falar mais um pouco sobre alguns assuntos que tratamos no dia em que você esteve aqui. Por exemplo, você afirmou, com muita convicção, que Deus existe e juntei isso à afirmação de Mateus de que há muitas coisas que existem e não foram criadas pelo homem. Venho, desde o dia em que você esteve aqui, tentando formar a primeira ideia da existência de alguém superior, no caso Deus. E Jesus, quem é? O próprio Deus como já ouvi falar?

– Deus é o Criador supremo, o Pai de todos. Jesus é filho de Deus, como todos nós, entretanto, muito acima das nossas condições, em sabedoria, pureza, iluminação... Puro amor... Ele é tão grande e nós ainda tão pequenos que não sabemos defini-Lo. A Sua bondade para conosco ultrapassa a nossa capacidade de compreensão, citando como exemplo a sua vinda à Terra para nos ensinar a viver dentro dos ditames das leis divinas, despertando o amor e clareando os caminhos da vida que levam a Deus. Jesus é puro amor! – reiterou.

– Você acredita e confia mesmo n'Ele?

– De mente e coração.

– O que lhe traz essa crença e toda essa confiança?

– A possibilidade de amar toda criatura humana, sentindo-a irmã, pertencente à grande família de Deus. Embora a confiança e a certeza da possibilidade de poder contar com Jesus, para me fortificar no momento de superação das dificuldades e a aquisição do bem, sou eu mesma que devo buscar a paz, a felicidade e a alegria de viver, já que são bens intransferíveis, cultivados por cada um de nós. Seria um engano pedir a Jesus para fazer por mim o que é estritamente o meu dever, pois cada um cria o seu próprio mundo interior, cultivando e desenvolvendo qualidades positivas, como o respeito, a lealdade, a compaixão... Mas isso não significa que pensemos somente em nós mesmos, porque enquanto nos depararmos com pessoas em estado de sofrimento, mesmo conhecendo e compreendendo a lei de causa e efeito, não desfrutaremos de alegria.

Ela fez uma pausa, dando ensejo à assimilação do assunto e disse em seguida:

– Neste momento em que estamos aqui conversando, há alguém chorando sem ninguém para consolar; com fome, sem perspectiva de satisfazer o estômago; doente, sem o remédio para aliviar a dor; triste, sem uma palavra de conforto; desesperado, sem o apoio que lhe gere esperança; caído sem que alguém lhe estenda a mão amiga como apoio e muitas outras situações que, sequer, imaginamos. Servindo em nome do amor, é que cultivamos a paz, a felicidade e a alegria de viver, conforme já citado.

Eleutério (Enrico), que ouvia atenciosamente a jovem, cheio de admiração por se tratar de uma adolescente, perguntou:

– Você acha, por exemplo, que diante de todo esforço que faço, diariamente, para adquirir o que desejo, eu distribuiria de graça com alguém que chegasse aqui dizendo que está doente, faminto ou desesperado? Não! Isso não está certo!

– Só achamos que não está certo enquanto não despertamos o *amai-vos uns aos outros*, conforme indicou Jesus.

Depois de ter levado a irmã Mariana à casa de Geisa, onde foi submetida a uma desobsessão e perceber, no final do tratamento, que Mariana voltara à normalidade da sua vida como antes, Cecília, mais uma vez, acompanhando a irmã Mariana que foi aconselhada por Geisa a educar a mediunidade, mesmo contra a vontade da mãe e as constantes reclamações do pai Esídio, se juntou ao pequeno grupo, se aprofundou no estudo do evangelho sob a ótica da doutrina espírita, dando assim, novos rumos a sua vida.

– Bem, menina Cecília, a conversa foi tão boa que acabei me esquecendo de pedir para você falar sobre a cura da sua irmã, pelos espíritos. Mas é bom mesmo ficar para outra oportunidade, porque eu acho que ainda não estou em condições de compreender isso.

Cecília silenciou e Eleutério (Enrico), depois de ficar pensativo por instantes, deu outro sentido à conversa:

– É estranho o que sinto diante de você. Tenho a sensação de que já lhe conhecia desde a primeira vez que você esteve aqui, embora não consiga me lembrar de onde e nem de quando. Com Mateus, além de ter essa mesma impressão, sinto como se fosse um dever, acatar com respeito as suas observações. Não cheguei a dizer isso a ele, mas a você, entretanto, revelo a impressão para mim estranha, de estar diante da minha saudosa e inesquecível mãe, por causa do jeito de se expressar... Ah, é muito parecido! É também muito curioso, pois, considerando a sua idade, você poderia ser minha filha mais nova.

Depois de uma breve pausa, concluiu o encontro:

– Agradeço por você ter atendido o meu convite e, se precisar de mim, não tenha receio e nem se sinta envergonhada de falar.

– Nada desejo já que me sinto compensada por ter me ouvido com atenção. Mas se eu decidisse lhe pedir alguma coisa, seria a sua reconciliação com os seus empregados.

– Não creio que você esteja me dizendo isso, interessada que eu readmita seu pai!

– Jamais pediria isso, por entender que não daria certo!

Falou e levantou-se da cadeira onde estava sentada para sair e, vendo Eleutério com a mão estendida, fez o mesmo gesto. Mas ao tocar na mão dele, sentiu que havia algo. Percebendo que se tratava de uma cédula de dinheiro, ela reagiu de tal maneira que acabou deixando-o sem jeito:

– Guarde-a, por favor! Se insistir me sentirei impedida de atender o seu próximo chamado. O dinheiro, que para mim tem o devido valor, é o que recebo como pagamento pela confecção das cestas, conforme já mencionei. Disse e reafirmo que o meu único interesse é a sua reconciliação com aqueles que contribuem no dia a dia, para aumentar a sua riqueza material que, na verdade, não é realmente sua, já que tudo pertence, originalmente, a Deus!

Cecília saiu, Eleutério (Enrico) passou a sentir um vazio no íntimo e começou falar a si mesmo:

– Que é isso? Parece que não dá mais para ficar longe dessa menina! Em vez de interesseira, como cheguei a pensar, ela me proporciona bem-estar e até um pouco de alegria, coisa rara na minha vida!

Chegou até a janela e chamou-a com toda potência da voz:

– Cecília, volte aqui, por favor!

– Em que posso ajudar, seu Eleutério? – perguntou se aproximando.

– Além de me sentir muito bem com a sua presença, estou precisando de alguém para arrumar a casa, que parece sombria e sem vida! Quer trabalhar para mim? Pago-lhe um bom salário!

– Agradeço pela proposta, mas não posso!

– Mas, por que não?

– Além de eu não achar certo estar aqui somente com o senhor, meu pai que afirma ser seu inimigo, jamais aceitaria!

– Então, o convite passa a ser também para sua irmã e, em vez de uma, emprego as duas! Há muito o que fazer, porque a casa é grande e está toda descuidada!

– Vou falar com a minha mãe. Se ela conseguir dobrar a natureza difícil do meu pai...

– Fico aguardando, mas não demore para dar uma resposta. Penso que se der certo, vou ter a sensação que estou novamente em família, embora você não seja minha filha ou minha neta, esta casa ganhará nova vida!

Dias depois, a casa estava totalmente mudada. Limpa, arrumada, com flores enfeitando e perfumando o ambiente. Mesmo sem que ele exigisse, elas tomaram conta de tudo: cozinhavam, lavavam as roupas e logo o toque feminino, dado ao ambiente da residência, passou a influenciar psicologicamente Eleutério (Enrico), que se mostrava mais calmo e, às vezes, surpreendia com um sorriso expressando o bem-estar que sentia, o que não lhe ocorria há muito tempo.

08

HABILIDADE ASTUCIOSA

*Assim como o fruto identifica a árvore,
as palavras expressam a sua origem.*
Dizzi Akibah

AS BOAS INTENÇÕES, além de por si mesmas serem pacificadoras, são também, no geral, prenúncio do bem. Se não, vejamos o efeito causado pela decisão de Eleutério (Enrico), de aumentar os salários dos seus empregados. Como já foi narrado anteriormente, a maioria deles, ao vê-lo, virava o rosto. Era por assim dizer, ao mesmo tempo, odiado e antipatizado. Mas assim que receberam, através de Rafael, a notícia de que ele resolvera aumentar os salários, as consciências, mesmo enegrecidas pela aversão, passaram a se clarear e o raciocínio se tornar mais lúcido, como exemplifica, os diálogos a seguir entre trabalhadores do cafezal:

– Manoel!

– Fala, Euclides!

– Eu saí de casa hoje e vim pensando pelo caminho, de falar uma coisa para você. Sabe, somente agora pude compreender que o patrão não é tão ruim como a gente pensa. Espero que, daqui para frente, a gente consiga querer bem a ele.

– Por causa do aumento que ele prometeu dar? Ora, Euclides, isso é obrigação dele. Eu não acho que devo mudar nada! Não gosto dele e pronto! – falou impaciente.

– Bem, Manoel, eu não posso mudar o seu pensamento. Eu li, na última "carta misteriosa", que o sentimento ruim faz mal. Melhor mesmo é aproveitar esta oportunidade para fazer as pazes com ele. Veja bem! Já que as decisões estão nas mãos dele, se quisesse, nem pensaria em melhorar salário de ninguém. Mas, se resolveu fazer, para mim é algo positivo, mesmo porque, não há ninguém totalmente bom e nem totalmente ruim. Isso, também, eu li na carta.

– Ah, isso é verdade! Eu não tinha pensado nisso. Pior seria se ele não tomasse essa decisão. Vou tentar não pensar mais nele com raiva.

Mais adiante, enquanto colhiam o café, mais dois trabalhadores conversavam:

– Sabe, Donato, eu estive pensando, se nós continuarmos com raiva do patrão, vai ser muito pior, porque até a nossa consciência vai doer, pois mesmo ele sabendo que não gostamos dele, resolveu melhorar os salários. Será que a gente no lugar dele faria isso?

– Eu, quando não gosto da pessoa, se não faço o mal, também nada faço a seu favor.

– Então se fosse você, não daria esse aumento, não é mesmo?

– Não daria.

—Então, amigo, daqui para frente, se não puder vê-lo com bons olhos, também não fale mal, porque você não está nada melhor do que ele. E no dia de receber o dinheiro, seja sincero e diga a ele que não quer o aumento! Ora, se você no lugar dele não daria o aumento, como receber?

Depois de ficar por instantes com o olhar fixo no companheiro, Donato, que demonstrava sentir ódio do patrão, se deu por vencido:

– E não é mesmo?! Eu nunca tinha pensado nisso! Já que sou eu que não gosto do jeito dele, tenho então que mudar alguma coisa em mim para ficar diferente dele.

– Tentar ficar diferente não resolve, porque diferentes todos nós já somos uns dos outros. E se isso fosse possível, não resolveria, porque você poderia ficar diferente dele, em vez de melhorando, piorando! Você tem que ficar diferente de você mesmo, a cada dia que amanhece, rapaz! Hoje, melhor do que ontem. Eu entendi isso lendo as cartas misteriosas. Você já recebeu alguma delas?

– Eu tenho em casa umas nove ou dez guardadas, mas nem tive a curiosidade de abrir para ler!

– Você não imagina o que está perdendo! Abra, de uma a uma e leia com toda atenção.

– Como dizia a minha mãe: um bom conselho não se despreza. Vou fazer isso a partir de hoje.

A expectativa de algo melhor para as suas vidas, juntamente com as mensagens das "cartas misteriosas", estavam suavizando o ambiente. Afinal, o bem faz bem!

Oito dias depois, eles formavam uma fila para receber os envelopes, ávidos para saberem quanto ganhariam a mais, a partir de então. O primeiro da fila era Francisco, que gostava muito de ser o primeiro. Ao receber o envelope, foi logo abrindo-o e ao constatar que havia a mais, apenas algumas moedas equivalentes a alguns centavos, atirou-as ao chão, falando odiento e quase aos gritos:

– Chega de nos enganar! Chega desse salário miserável!

Eleutério (Enrico) pegou um lápis e anotou o nome de Francisco e de todos cujas reações revelavam ódio. O último a receber o pagamento foi Otávio que falou em bom tom, para que todos ouvissem:

– Agradeço a Deus por estes centavos a mais no meu salário, pois tudo que nos vem de acréscimo para o nosso bem, merece a nossa gratidão.

Logo que Otávio terminou de falar, Eleutério (Enrico) ficou em pé e se expressou a toda voz:

– Na verdade, os centavos que eu coloquei a mais no salário não diz respeito ao aumento que planejei dar a todos vocês. Quis apenas descobrir com quem estou lidando, quem trabalha com a devida responsabilidade valorizando o que faz, quem trabalha contra a vontade somente para não passar fome e, por último, saber quem são os odientos, que não me toleram, mas que são covardes, pois não têm coragem de me dizer isso, cara a cara. Em vez de serem honestos consigo mesmos, deixando o emprego, continuam assim mesmo insatisfeitos e odientos.

Fez uma pausa, enquanto observava as reações e, em seguida voltou a falar:

– Temos aqui cinquenta e um trabalhadores. Entre todos, infelizmente, apenas vinte e um, que daqui a pouco vou chamá-los pelos nomes, porque demonstraram ser bons trabalhadores, pois, embora a decepção de receberem como aumento apenas algumas moedas, não demonstraram contrariedade, nem ódio e por isso, merecem receber o aumento. Os demais, se quiserem continuar trabalhando no cafezal, terão que se esforçar, até compreenderem o valor do trabalho para a vida. Procurem, então, dar mais atenção aos ensinamentos das "cartas misteriosas", que eu também tenho recebido. Embora não saiba de onde elas vêm, não posso negar que, pelo menos as intenções de quem as escreve são boas. Se tiverem dificuldade para entender, procurem Rafael ou Cecília, a filha de Esídio e eles, que têm um bom entendimento sobre a vida, não se negarão a ajudá-los. Entretanto, os que não quiserem, não são obrigados a trabalhar conosco. Podem deixar o lugar para outro ocupar. Não faltará quem queira!

Logo que ele terminou de falar, Rafael se aproximou e disse-lhe:

– Desculpe-me, patrão, mas com todo respeito, digo que o senhor acabou de criar uma situação perigosa! Estes homens cheios de revolta, que estão aí bem em nossa frente, se deixaram dominar pelo ódio e nunca podemos imaginar até a onde a vingança pode chegar.

– Acha, por acaso, que devo pagar o que eles não merecem? Querem ter um salário bom, mas não gostam do que fazem. Se eles recebessem sem merecer, logo, logo, estariam reclamando e querendo mais. Se me basear no que me disse Cecília, sobre um ensinamento de Jesus, embora eu não tenha qualquer conhecimento sobre ele, eu estou agindo certo: *a cada um segundo as suas obras*. Eu acho que você já ouviu falar nisso!

– Sim, patrão, li no evangelho. Mas o sentido pode atingir também o senhor, porque acabou de fazer algo cujo resultado poderá não ser nada bom!

– Gosto de você, mas não esqueça que também é meu subalterno. Não se meta em decisões que cabem somente a mim mesmo!

– Peço desculpas, patrão.

Momentos depois, Eleutério (Enrico) entrou na casa, fechou portas e janelas, enquanto que os trabalhadores que não foram beneficiados pelo aumento de salário, retornaram ao cafezal dispostos a boicotar a produção, para se vingarem do patrão.

– Ninguém deve fazer nada hoje – falou Casimiro, que mantinha laços de amizade com Esídio e, talvez por isso, era o mais revoltado e odiento, pois falava sempre:

– O gringo forasteiro não perde por esperar!

O pavio da destruição estava prestes a ser aceso, alerta do espírito que avisara em sonho, mas Eleutério (Enrico), que não acreditava no prosseguimento da vida depois da morte, também não deu crédito ao aviso, achando que teria sido apenas um sonho bobo, ilusão da sua mente.

Rafael ficou entristecido com a reação de Eleutério (Enrico) e somente depois de oito dias resolveu procurá-lo:

– Oh! Ficou também com raiva de mim, Rafael?

– De jeito nenhum.

– E por que sumiu?

– Para evitar me meter em assuntos que não me dizem respeito, mas sim somente ao senhor. Entretanto, eu resolvi desobedecer a mim mesmo e vim aqui, para pedir que o senhor reconsidere e libere o aumento para todos, porque descobri que há olhos e ouvidos por todos os lados, espreitando. O senhor está sozinho, rodeado de inimigos odientos. Não será surpresa se um deles decidir provocar algo para lhe prejudicar.

– Eles sabem que sem mim ficarão sem emprego. Antes de tudo, eles precisam saber que para ter uma vida melhor é preciso empreender esforço. Não dou nada de graça a quem quer que seja!

Rafael deixou a casa e vendo os animais já carregados, rumou para Apucarana, já que era dia de entrega de café. Mais tarde ele retornou, como sempre, com a maleta contendo as correspondências, provenientes de várias partes do país, onde residiam os parentes dos que ali trabalhavam. Logo que chegou à casa de Eleutério (Enrico), ele começou a tirar as cartas, uma a uma, para separar as do patrão, que já demonstrava a mesma expectativa de receber notícias dos filhos ou de Donatella, o que mais uma vez não ocorreu. Entretanto, apesar da clara descrença que mantinha de existir algo, além do mundo material, ao ver mais uma das "cartas misteriosas", se interessou, falando a si mesmo:

– Vou ver o que vem nesta!

Abriu o envelope e começou a ler: "têm condições de despertar bons princípios nos outros, aqueles que já os têm. Como corrigir alguém, sem qualquer noção dos princípios contidos nas leis de Deus? Não seria um cego guiando outro cego, conforme o ensinamento de Jesus? Como conseguir afetos através da indiferença para com quem ajuda-o a satisfazer a ansiedade pela riqueza? Como viver em paz, provocando ódio e antipatia? Ora, tudo que precisamos para o desenvolvimento do bem, não se encontra fora, mas dentro de nós mesmos. O caminho da felicidade não é aplainado pelo que temos mas, sobretudo, pelo que já conseguimos ser. A grande riqueza da criatura se encontra nela mesma, pois, não há nada mais valoroso do que se sentir filho de Deus. Por isso mesmo, é de bom proveito despertar para o bem, antes que o mal assuma as rédeas e a dor chegue na qualidade de arrependimento tardio ou amargo remorso...".

Parou de ler e disse:

– Chega de previsões ruins!

09

DECIDINDO PELO BEM

Ações provindas do amor, ultrapassam fronteiras
de tempo e de espaço.
Dizzi Akibah

DESDE O DIA em que Mateus recomendara a Vincenzo, não pôr em prática o que estava pensando, o advogado passou a se sentir desconfortável na sua presença e propenso a demiti-lo se isso voltasse a ocorrer. Mateus, entretanto, não dando muita importância às reações de Vincenzo, logo se esqueceu do fato e já que a intuição lhe chegava espontaneamente sem que ele esperasse, quando percebia já havia falado. Assim foi que, chegando ao escritório depois de ter saído para fazer entrega de alguns documentos, vendo o doutor Vincenzo, que estava no seu costumeiro local de trabalho e com a mesa cheia de papéis, disse-lhe taxativo:

– Doutor, eu acho que o seu pai está precisando muito da sua presença e da sua ajuda.

– Você está querendo me confundir?

– De jeito nenhum!

– Por acaso você sabe quem é o meu pai?

– Gostaria de saber e estimaria muito conhecê-lo!

– Você está procurando brincadeira comigo e tentando me impressionar. Saiba de uma vez por todas que eu não estou nada satisfeito com o seu comportamento em relação a isso. Ou para, ou estará, em breve, bem longe da minha presença! Compreendeu ou preciso repetir?

– Desculpe-me, doutor! São pensamentos que surgem totalmente desconectados do meu modo normal de pensar.

– Então, cale-se, já que as suas desconexões mentais não me dizem respeito! Agora me deixe trabalhar, por favor!

Em vez de sair da sala, Mateus continuou de pé em frente a mesa. Percebendo, Vincenzo perguntou visivelmente contrariado:

– O que você quer, ainda plantado aí, olhando para mim?

– Pedir que me deixe falar pela última vez o que está vindo à minha mente agora!

Vincenzo, mesmo contrariado, não deixou de se impressionar com a insistência do empregado e aquiesceu:

– Sim! Mas que seja realmente a última!

– Ele, o seu pai, está caminhando, sem perceber, para um precipício.

– Então, você conhece-o!

– Já disse que estimaria conhecê-lo!

Percebendo que Vincenzo parecia estar aflito, Mateus voltou a falar:

– Desculpe-me, mas eu não tive condições de silenciar porque, é assim: quando me dou conta, já falei e, aí, não tem mais jeito! Em relação ao seu pai, acredite! Não sei de quem se trata, onde reside, o que faz... Como saber, se você, doutor, nunca me disse nada sobre ele?

– Antes de chegar a Curitiba, onde você residia?

– Lá pelo sertão do Ceará. Morando em uma casinha bem pobre e trabalhando a terra com a enxada, plantando e nem sempre colhendo, por causa da seca.

– Eu não estou perguntando onde você residia, antes de chegar ao Estado do Paraná. Mas antes de chegar aqui, na cidade.

– Vou explicar: eu e a minha família saímos do Ceará por causa de uma seca. Meu pai tomou essa decisão com esperança de arranjar emprego, o que aconteceu logo que chegamos.

– Onde?

– Num lugar encravado numa mata, onde, além do pessoal que lá trabalha, só se vê bichos! O caminho para chegar lá é cheio de pedra, buraco e a mata é tão fechada que nem se vê direito os raios do sol.

– Mateus, não me interessa estes detalhes. Quero saber o nome do lugar!

– O patrão disse que fica a mais ou menos quinze quilômetros de Apucarana. É muito longe! Por esse caminho eu tocava, toda semana, de vinte e cinco a trinta mulas carregadas de café para entregar na estação do trem.

– Como é o nome do proprietário do cafezal?

– Ele é conhecido por lá, como Eleutério. É um homem sisudo, nervoso e por isso a maioria dos trabalhadores não gosta dele. Apenas umas quatro pessoas, incluindo eu, porque desde que me conheceu, ele demonstrou gostar de mim.

Ouvindo isso, Vincenzo falou, mudando o tom da voz:

– Mateus, olhe para mim e preste toda atenção para nunca se esquecer o que vou lhe dizer agora.

Depois de rápida pausa ele voltou a falar:

– A partir deste momento, você tem apenas dois caminhos para optar por qual deles seguir: o primeiro é nunca mais falar sobre o lugar onde você trabalhou, inclusive, seu ex-patrão, porque este assunto não me interessa e ouvir o que não interessa é intolerável aborrecimento. Isso, além de lhe garantir o emprego aqui, no escritório, contará com o meu total apoio para prosseguir estudando até concluir um curso de nível superior. Você me disse que tinha vontade de ser médico para ajudar as pessoas pobres, inclusive as crianças. Então, a possibilidade agora, está na sua decisão.

Depois de breve pausa, ele voltou a explicar:

– O outro caminho, caso você não aceite o que eu acabo de lhe propor, é você ser forçado por uma situação, não boa, a se calar!

Mateus, sem suspeitar o real motivo daquela reação, sentindo-se ameaçado, respondeu assustado:

– Aceito a primeira condição e sou muito grato pela sua generosidade, pois estudar, desde que eu morava lá na roça no Ceará, já era o meu sonho.

Poucos dias depois, antevendo a realização do seu sonho de ser médico, Mateus acabou minimizando a exigência do advogado, achando se tratar apenas de uma reação momentânea. Afinal, até então, ele não sabia quem era o pai de Vincenzo. Se prestasse mais atenção, descobriria o porquê da reação enérgica do doutor Vincenzo, mesmo porque, já havia descoberto o verdadeiro nome do ex-patrão e para ter certeza, bastava verificar o sobrenome do advogado, que era Fellipo, o mesmo de Enrico.

Assim foi que, numa sexta-feira, saiu para entrega de alguns documentos na secretaria do fórum da cidade, e somente depois de tanto tempo, teve a ideia de verificar a assinatura, por extenso, do advogado e percebeu que coincidia com o nome do seu ex-patrão que, em vez de Eleutério, chamava-se Enrico Fellipo; relembrou que Eleutério, como era conhecido no cafezal, não assinava os contratos com as empresas compradoras de café, delegando essa responsabilidade ao empregado Otávio e disse a si mesmo:

– Há algo errado na vida dessa família!

Depois de fazer entrega dos documentos e ir à faculdade, ele estava de volta ao escritório. Vendo o doutor Vincenzo, como sempre, no seu local de trabalho, entrou na sala e ficou em pé, bem diante dele, em silêncio. Vendo-o assim calado, o que não era comum, já que Mateus gostava muito de conversar, perguntou:

– O que houve que lhe fez emudecer?

– Embora eu esteja proibido de abordar determinado assunto, eu gostaria de lhe fazer uma pergunta:

– O que você quer saber, Mateus?

– Seu pai chama-se Enrico Fellipo?

– Você deve ter esquecido das condições que lhe expus de ficar calado para preservar o emprego e continuar estudando! Mas já que insiste no mesmo assunto, considere-se demitido e consequentemente, sem qualquer tipo de apoio da minha parte. Embora a afeição que cultivei na convivência do dia a dia, você parece ter um objetivo bem diferente do que imaginei. Sugiro, então, que retorne ao cafezal e volte a tocar mulas, como fazia antes, para entregar café. Parece que é lá o seu lugar.

– Muito bem, doutor! Estou demitido, fora da faculdade, sem a sua afeição, mas me diga, pelo menos, que mal lhe fez esta pergunta, que se refere ao seu pai? Fi-la com muita satisfação, por ter por ele uma grande estima e muito respeito, por causa da confiança e da atenção que ele me dispensava quando eu era seu empregado. Ele, inclusive, está correndo um grande perigo, porque alguém que o odeia, traça planos que ameaçam a sua vida e a destruição dos seus bens materiais, como a casa, os cofres onde guarda a sua riqueza em dinheiro e o próprio cafezal.

– Mateus, você está querendo me impressionar com essa conversa! Estando ele a centenas de quilômetros daqui, não há como você saber o que por lá acontece, a não ser que tenha recebido alguma carta ou se encontrado com alguém de lá. Mas ainda assim, não há condição de receber isso como verdade, sem que tenha feito uma investigação.

– Nem a primeira e nem a segunda hipótese. Se trata de algo não muito fácil de ser aceito, principalmente por quem não conhece: eu sou médium e os espíritos se comunicam comigo e através de mim.

Embora aborrecido, o advogado soltou uma gargalhada zombeteira e logo em seguida, disse desdenhoso:

– Então você é um daqueles que fazem previsões enganosas, tentando, com mentiras, impressionar os outros? Não sou tão ingênuo para acreditar nisso!

– Não! Eu não faço adivinhações e por isso mesmo não propago a minha sensibilidade mediúnica para outro fim que não seja servir em nome daquele que é a luz do mundo, já que a doutrina espírita tem como fundamento, o evangelho de Jesus.

Ouvindo isso, o advogado que se encontrava com o cenho fechado, por causa da contrariedade, passou a demonstrar a fisionomia mais branda. Mas, apesar disso, mesmo estando um em frente ao outro, ficaram calados, provocando um silêncio incomodativo que, somente depois de mais ou menos cinco minutos, foi interrompido por Mateus:

– Não estou magoado e nem levo comigo qualquer ressentimento, pois entendo as razões pelas quais você não consegue compreender. Mas nem tudo é tão ruim como, às vezes, a gente pensa, pois até de situações desagradáveis como esta que estou experimentando, podemos tirar bom proveito.

Fez uma pausa, mas já que o advogado permaneceu calado, ele prosseguiu falando:

– Já que estou livre, acato a sua sugestão de retornar ao cafezal, não para tocar mulas carregadas de café, pois a essa altura não faria sentido, porque já disponho de melhores condições para outros tipos de atividades, mas para salvar a vida de um homem infeliz e angustiado, que está sempre remoendo a esperança frustrada de receber uma simples carta dos seus filhos, o que nunca ocorre. Além de tudo isso, ele continua amargando a solidão, a ponto de tentar esconder gotas de lágrimas provindas da profunda tristeza que lhe abate, tirando-lhe o equilíbrio emocional e por isso, tornando-se cada vez mais áspero no trato com os seus empregados, o que gera uma situação perigosa, inclusive para a sua integridade física.

Parou de falar e percebendo que Vincenzo estava de cabeça erguida, mas com o olhar perdido, concluiu o diálogo que provocou, em poucos momentos, uma situação inesperada:

– Dê-me licença, porque eu preciso arrumar os meus pertences! – falou já saindo, mas parou ao ouvir Vincenzo.

– Volte aqui, por favor!

Mateus parou novamente em frente a ele e ficou aguardando:

– Bem, diante da sua manifestação de pura gratidão e consideração ao meu pai, reconsidero. Você prossegue aqui, a não ser que não queira!

– Sou muito grato e aceito a sua reconsideração. Entretanto, eu preciso de quinze dias para ir ao cafezal, já que se trata de uma situação entre vida e morte!

– Mateus, tudo isso é ilusão da sua cabeça! Espíritos não falam, porque são almas dos mortos.

– Perdoe-me a sinceridade, doutor, mas eu não desejo discutir este assunto, porque não seria de bom proveito, já que o doutor ainda não o conhece! O que me interessa, agora, é saber se eu vou ficar ou não de licença!

– Vá. Mas se você, ao retornar, não puder me trazer provas concretas, mesmo que tenha livrado o meu pai do perigo, nem volte aqui! Mas me dando certeza disso, terá de mim, doravante, um tratamento familiar e tudo que for necessário para um futuro promissor. E mais, sendo verdade o que você afirma tão seguro de si, eu passarei a estudar essa doutrina, com bastante atenção.

– É um desafio, doutor?

– Sim, é um sério desafio!

– Proponho-lhe outro desafio: que venha comigo, pois, além de ter as provas ao vivo, a sua presença vai alegrar um coração há muito tempo cheio de desespero e amargura!

– Não posso! Em outra oportunidade far-lhe-ei uma surpresa! Vá, mas ao estar com ele, não se refira a mim, pois do contrário, a surpresa perderia o efeito desejado.

* * *

DIAS DEPOIS, MATEUS chega, com o coração em pulos, ao cafezal. Afinal, já haviam se passado oito anos desde que deixara
o lugar. Não tendo onde ficar, pois havia saído dali, banido da
casa da família, lembrou-se de Cecília e foi procurá-la. Ao vê-lo se
aproximando, Isaura, a mãe de Cecília, ficou em pé, na frente da
casa, cheia de curiosidades, perguntando a si mesma:

– Quem será esse moço, tão bem-vestido e caminhando cheio
de elegância, que está vindo para cá? Coisa rara aqui!

Mateus se aproximou, já de mão estendida para cumprimentá-la. Ela, que antes demonstrava não gostar dele por causa do
preconceito religioso, comprovando que havia mudado o conceito em relação a isso, também estendeu a mão e falou com demonstrações de afetividade:

– Sua presença não deixa de ser uma alegre surpresa para mim!

– Ouvir isto da senhora é motivo de muita alegria para o
meu coração!

– Como você está bonito, forte, cheio de saúde e muito elegante! Nem parece aquele que saiu daqui. Isso me faz crer que você
está muito feliz, onde vive agora!

– A vida sempre nos pede mudanças, para uma melhor qua-
lificação. Mas a felicidade, propriamente dita, é muito difícil, por
causa da nossa obscuridade. Acho que felicidade como ainda so-
nhamos, não é deste mundo, embora possamos experimentá-la
em raríssimos momentos. Mas, certamente, ainda vai ser.

– Uma grande coincidência! Ainda hoje Cecília falou seu
nome. Ela nunca o esqueceu!

– Ela se encontra?

Em vez de responder a pergunta, Isaura, ávida para contar o
que achava ser novidade, foi direto ao que lhe interessava:

– Olha, Mateus, depois que você saiu daqui, muitas coisas
aconteceram, umas boas, outras...

Falou da recuperação de Mariana, lá na casa de Geisa e Otávio, da demissão de Esídio e concluiu:

– Mas diante de tudo isso, graças a Deus e seu Eleutério, Cecília e Mariana estão trabalhando. São elas que sustentam, agora, a casa. Além disso, elas conversam muito com ele, falando de coisas boas e parece que ele vem melhorando o jeito de tratar os empregados. Mas, infelizmente, o trabalho delas na casa do patrão aumentou o ódio que Esídio já vinha demonstrando desde a demissão, porque não se conforma em ver as filhas trabalhando junto a quem considera inimigo. Tanto que só anda falando em vingança!

– Sossegue o seu coração, dona Isaura! Confie em Deus e não pense em nada ruim. Agora eu já vou.

Despediu-se de Isaura e seguiu em direção à casa do ex-patrão.

– Quem é? – perguntou Mariana ouvindo alguém chamando lá fora.

– Um amigo! – respondeu Mateus, intencionado a fazer uma surpresa.

Mariana abriu a porta e, mesmo sem cumprimentá-lo, retornou ao interior da casa:

– Cecília, tem um rapaz aí fora. Perguntei quem era, disse que era um amigo.

– É gente desconhecida?

– Eu nem olhei direito, mas acho que sim, porque se ele me conhecesse, falaria o meu nome!

Cecília foi se aproximando, mas parou de caminhar e ficou olhando, olhando...

– Cecília, não me diga que você também não está me reconhecendo?!

– Mateus?! Ó meu Deus! Até que enfim você se lembrou da gente!

– Acredite. Nunca esqueci, principalmente de você, que continua morando em meu coração! Algumas circunstâncias me obrigaram a agir silenciosamente.

A euforia do reencontro chamou atenção de Eleutério (Enrico), que perguntou lá da sala, onde se encontrava:

– O que está acontecendo aí?

Mateus foi se aproximando, mas parou na porta e ficou olhando para Eleutério (Enrico) que o vendo, ajeitou os óculos e provando que não o estava reconhecendo, perguntou:

– Vem em nome de quem, moço?

– Venho em nome da consideração, do respeito e da amizade que mantenho pelo senhor. Será que se esqueceu do menino abusado que queria dar conselhos, como se fosse seu pai?

– Menino Mateus?! Mas você parece outro!

– Outro, somente na aparência, já que continuo sendo a mesma pessoa e ainda com o mesmo sentimento!

– Oh, menino ingrato, nunca me enviou uma carta, dizendo ao menos onde foi morar! Senti muito a sua falta. O que você está fazendo? Se está voltando para cá, vou lhe propor tomar conta de tudo aqui, com um excelente salário. Faço isso por dois motivos: o primeiro é que estou muito cansado e sem motivação. O segundo, porque confio na sua capacidade e muito mais na honestidade. Deu-me provas disso, muitas vezes!

– Agradeço muito e me confesso emocionado com o seu conceito ao meu respeito, mas é pena, que eu não vim para ficar, por que...

Ele falou do trabalho no escritório de um advogado, do curso de medicina que estava tentando prosseguir e finalizou dizendo:

– Estou aqui por uma causa muito importante!

– Causa importante, aqui? Ligada a que ou a quem?

– Ao senhor.

– Não entendi!

– O senhor está sendo espreitado por olhos e ouvidos ocultos cujo objetivo é tentar contra a sua vida.

– Vem você, Mateus, depois de tanto tempo com as mesmas conversas misteriosas! Quem ousaria contra mim?

– Por enquanto não posso responder.

Depois de silenciar por instantes, Eleutério (Enrico), acabou acatando o alerta de Mateus:

– De certa forma acho que não devo desconsiderar a sua informação, porque ultimamente me tem ocorrido muitos pesadelos. Basta fechar os olhos para dormir, começo a ver pessoas, aparentemente odientas, ameaçando-me e acabo acordando com o coração acelerado, as mãos frias e trêmulas. Pela manhã, quando me levanto, sinto muita fraqueza no corpo. Se antes eu já era impaciente, agora estou muito pior, pois meus nervos estão a flor da pele. Durante o dia, as presenças de Cecília e Mariana têm sido muito importantes para mim, mas à noite, é sempre um suplício!

Depois dos queixumes, fez uma rápida pausa, mas já que Mateus ficou calado, ele voltou a falar:

– Mudando o assunto, onde você vai ficar? Seus pais não residem mais aqui. Alexandre parece ter perdido o raciocínio depois que pôs você fora de casa...

Falou do dinheiro que tinha entregue a Alexandre e ele havia pago a menos aos trabalhadores, dos problemas criados com Geisa e Otávio por causa de preconceito religioso e concluiu:

– Como a casa está fechada e sem ninguém, fique aqui comigo! A sua presença vai me fazer bem, principalmente à noite, quando eu sinto muito mais a solidão.

A informação de que a sua família não residia mais ali abalou muito Mateus, porque ele havia assumido um compromisso com ele próprio, de buscar a reconciliação e de ajudá-la a mudar os conceitos equivocados que fazia sobre a vida e o modo de viver. Mas, apesar disso, o resto da tarde foi muito agradável já que passou ao lado de Cecília e Mariana, conversando. A noite, entretanto, ele percebeu, através da sensibilidade mediúnica, que havia algo desagradável na casa, mas não contando com a mediunidade de vidência para ver o que ocorria, fez uma prece e se deitou para dormir. Momentos depois, semidesligado do corpo físico, saiu do quarto e, ao chegar à sala, viu alguns espíritos sentados à vontade, nas poltronas, conversando animadamente e dando fortes gargalhadas. Mateus aguçou a audição perispiritual e passou a ouvir comentários sobre os planos traçados por Esídio, que, ao alimentar o sentimento de vingança, acabou sintonizando com espíritos que mantinham sentimentos semelhantes.

A euforia prosseguia, mas um deles interrompeu-a e no tom de quem ordena, disse:

– Você e também você, — falou apontando com o dedo — tratem de buscar o cara, para fechar o acerto com ele, pois já estou cansado de esperar para ver isso aqui virar uma só labareda! Aí, então, adeus gringo ganancioso, perverso e maldoso! Ora, como pode ele ser tão ruim a ponto desempregar um pai de família?

Momentos depois, os que haviam saído voltaram trazendo alguém. Mateus logo percebeu que se tratava de um encarnado, por causa do cordão fluídico que, embora estivesse entre pardo e escuro sem emitir qualquer luminosidade, deu para reconhecer Esídio. Muito à vontade, sem imaginarem que havia alguém ouvindo-os, eles falaram com detalhes o que pretendiam fazer e no final da conversa, o mesmo que havia dado ordens aos companheiros, falou olhando na direção de Esídio:

– Se você fizer tudo direito e der certo, nós vamos botar o filho dele para cumprir o que prometeu à moça, sua filha. Mas se você falhar e o gringo não morrer queimado, já que não me dou bem com covardes, você morrerá no lugar dele! Então, faça tudo direito.

– Não vou falhar, tenho quase cem litros de querosene para encharcar tudo, desde a casa, que é o ponto principal, até o cafezal – respondeu Esídio.

Ouvindo isso, Mateus, sentindo compaixão daqueles espíritos equivocados, fez uma sentida prece a Jesus, pedindo por eles. Quando terminou, olhou novamente para a sala e não viu mais ninguém. Esídio, entretanto, tentou seguir os companheiros, mas percebendo que eles haviam desaparecido rapidamente, atordoado, procurou um local para se esconder, mas não encontrando nenhum canto escuro, já que a casa estava toda clara, por causa da prece de Mateus, retornou ao corpo físico e nele despertou, ainda amedrontado.

No dia seguinte, Mateus acordou tarde. Ao vê-lo, Eleutério (Enrico) comentou:

– Mas como dorme!

– E o senhor, dormiu bem?

– Ah, fazia tempo que não tinha uma noite de sono igual! Até os pesadelos não aconteceram. Sua presença está me fazendo muito bem, menino Mateus!

Durante aqueles dias, Mateus permaneceu sempre junto ao ex-patrão falando dos ensinamentos de Jesus, focando o perdão, explicando sobre a verdadeira riqueza e tantos outros assuntos, tentando suprir as suas necessidades de conhecimento e objetivando o seu equilíbrio emocional, embora continuasse atento às ameaças dos espíritos. Mas tendo conhecimento dos planos maliciosos, procurava, paralelamente, um meio de evitá-los, mesmo sabendo que àquela altura não seria fácil, pois os espíritos haviam se retirado da casa, mas não desistiram dos planos perversos conforme foram traçados. Mas para Mateus, preservar a integridade física de Eleutério (Enrico), já seria uma vitória.

10

NAS LABAREDAS DO ÓDIO

A primeira vítima do ódio é sempre aquele que o hospeda no íntimo.
Dizzi Akibah

MESMO SABENDO QUE era odiado pela maioria dos seus empregados e tendo sido alertado anteriormente, Eleutério (Enrico) achava que ninguém teria coragem de atentar contra a sua vida. Entretanto, no sábado daquela mesma semana, logo que se deitou e adormeceu, Mateus passou, em perispírito, a percorrer os compartimentos da casa. Percebendo que tudo estava bem, foi olhar em volta da casa e viu Esídio se aproximando com uma lata de querosene aberta e derramando o líquido por onde ia passando. Chegando à casa, ele derramou o líquido inflamável nas janelas da frente da casa e por baixo da porta de entrada. Percebendo que Esídio se dirigia para o outro lado da casa, provavelmente, com a intenção de interditar as saídas com fogo, Mateus retornou imediatamente ao corpo físico. Em seguida, saiu do quarto, fez um forte ruído para assustar Esídio e passou a bater na porta do quarto do ex-patrão:

– Seu Eleutério, acorda!

– Ainda é noite, menino Mateus! Está tudo escuro! Vá dormir!

– Seu Eleutério (Enrico) saia do quarto! É questão de vida ou morte!

Ele chegou à sala aturdido:

– Que afobação é essa?

– Vamos sair daqui, sem demora!

– Eu estou de pijama. Deixe eu trocar a minha roupa!

– Não há tempo! Alguém provocou um incêndio e o fogo já está vindo do cafezal destruindo tudo!

Lá fora, vendo o que antes não acreditava que ocorreria, Eleutério (Enrico) falou apavorado:

– Não posso deixar que anos e mais anos de trabalho sejam destruídos em minutos pelo fogo! Vou salvar os cofres!

Mateus tentou segurá-lo pelo braço, mas ele empurrou-o. Lá dentro, começou remover um dos cofres, mas ouviu Mateus gritando lá fora:

– Enrico Fellipo, pule a janela, o fogo chegou à casa e o senhor vai morrer se ficar aí!

– Ele se assustou ouvindo Mateus pronunciar o seu verdadeiro nome, pulou a janela, mas não conseguiu se livrar de algumas queimaduras, nos pés, braços e mãos.

– Oh, o senhor se queimou, por causa do apego ao dinheiro!

Mesmo sentindo muitas dores, ele falou:

– Não fosse você, eu teria morrido queimado. Mas por que você me chamou de Enrico Fellipo? Em vez de Eleutério?

– Achei que falando o seu verdadeiro nome chamaria a sua atenção.

– Foi o que aconteceu, menino Mateus! Mas como você descobriu que é este o meu verdadeiro nome?

– Eu contarei depois. Não é hora de tratar desse assunto, precisamos sair daqui até que acabe toda essa fumaça. Saíram do local e, percebendo que Enrico Fellipo sentia muitas dores, Mateus colocou-o sentado numa pedra e disse-lhe:

– Agora, tenha paciência! O dia já está amanhecendo.

– Menino Mateus, eu estou sentindo pingos de chuva! Vem ó chuva abençoada, apague o fogo e poupe o meu dinheiro da destruição!

Meia hora de chuva foi o suficiente para debelar totalmente o incêndio.

– Graças à chuva a casa foi atingida apenas parcialmente. Creio que o seu quarto e o compartimento onde estão os cofres ficaram ilesos. Se o senhor tivesse um pouco mais de paciência, não estaria agora sentindo tantas dores. Aguenta caminhar?

– Vou tentar, menino Mateus.

– Eu lhe carrego.

– Não sei se você vai aguentar. Mas como ultimamente eu venho emagrecendo, acho que meu corpo não está tão pesado.

Ali estava o patrão rico, como era conhecido no lugar. Sim, era rico, tinha muito dinheiro para adquirir o que quisesse, exceto a amizade sincera e o apoio afetuoso dos braços de um amigo para carregá-lo, o que, certamente, nunca havia antes imaginado.

Mateus acomodou-o na cama e foi buscar Cecília e Mariana. Deixou-as tomando conta dele e foi à cidade comprar medicamentos.

Na dor, o patrão rico, como era conhecido, passou a repensar a vida. Começava a compreender que o dinheiro não era o mais importante do que a presença amiga e amável de um ente querido. Por isso mesmo, desejava mais do que nunca naquele momento, a palavra encorajadora de Donatella ou o carinho dos filhos! Entretanto, mesmo sem a presença deles, não lhe faltava atenção, cuidado e expressões carinhosas, ora de Mariana, ora de Cecília e Mateus que, enquanto fazia o curativo dos ferimentos, falava-lhe de Jesus, que tanto havia feito por amor em prol da humanidade, mas que, ainda assim, havia deixado o mundo cravejado e pendurado numa cruz.

Assim os dias foram passando e a cada momento ele mais se afeiçoava àquele trio: Mateus, Cecília e Mariana. Tanto que, estando os três jovens em volta da cama, ele ficou por instantes olhando um a um e logo depois começou a falar visivelmente emocionado:

– Vocês são os filhos que eu gostaria de ter. Por isso adoto-os a partir deste instante como filhos do meu coração. Doravante, farei não o que vocês por acaso me peçam, mas sim, o que for melhor para cada um, como amparo, estudo, compreensão, amizade... Se como pai fracassei ante os meus filhos, tentarei acertar com filhos de outros, que os tomo agora pelo coração.

Mateus sorria cheio de contentamento, não simplesmente pelo fato de estar sendo adotado como filho pelo coração, mas sobretudo pelo amor que estava sendo despertado naquele coração, há tanto tempo maltratado pela amargura da solidão. Cecília e Mariana, entretanto, não continham as lágrimas provindas da emoção.

Depois de silenciar por alguns momentos, ele voltou a falar:

– Logo que eu ficar bom, teremos muito o que conversar, planejar e realizar. Tenho certeza de que vocês vão ficar na história da minha vida, como faço questão de estar, doravante, na história da vida de cada um de vocês.

Ele fez uma pausa e então Mariana e Cecília saíram do quarto e foram cuidar dos afazeres domésticos. Ficando a sós com Mateus, ele voltou a falar:

– Eu havia perdido a confiança em todas as pessoas, inclusive em Donatella, por ter afirmado que a viagem à Itália seria por poucos dias, o suficiente para rever os seus pais, irmãos... Mas até hoje não retornou e nem me enviou qualquer notícia. Agora, entretanto, depois de ter ouvido frequentemente as meninas Cecília e Mariana, eu tenho bases para acreditar que deve haver realmente alguém dirigindo, conservando e conduzindo a vida de cada um de nós para algo que ainda não posso imaginar. Assim sendo, eu não me sinto mais no direito de duvidar e desconfiar das pessoas, principalmente de você, menino Mateus, que me surpreendeu, vindo aqui somente para me livrar da morte.

– Quem evitou a sua morte foi o amor de Deus na qualidade de socorro, possivelmente por não haver necessidade de qualquer reajuste neste sentido, pois, sendo a justiça divina tão perfeita quanto o seu próprio Criador, ninguém colhe o que não plantou.

– Mas se Jesus ajuda a todos que merecem através de milhares de auxiliares, conforme explicação de Cecília, você, menino Mateus, deve ser um deles... Um anjo, embora não tenha asas.

Depois de rir à vontade, Mateus respondeu:

– Além de anjos não serem alados, o anjo que serei já está programado em mim, desde que fui criado por Deus. Mas, como ainda me encontro quase que totalmente adormecido, vou precisar de milhares de anos para o devido despertar...

Ele interrompeu o assunto, ao perceber que Eleutério (Enrico) estava ávido para desabafar as suas dores morais. Assim foi que, se encontrando a sós com Mateus, depois de abrir as comportas do coração e falar, pela primeira vez, de assuntos que mantinha em segredo, o que Mateus entendeu como sérias revelações, pediu que ele fosse a Veneza, na Itália, como seu procurador, para resolver sérias pendências que havia deixado desde quando saiu de lá para se fixar no Brasil.

Naquele mesmo momento em que Eleutério (Enrico) abria as comportas do coração para externar as suas desventuras, Cecília, que estava cuidando dos afazeres domésticos, foi até a porta da casa atender ao chamado de Rafael que, vendo-a, antes mesmo de cumprimentá-la, foi direto ao assunto, para o qual ali se encontrava:

– Preciso falar urgente com o patrão!

– Você já sabe que ele sofreu queimaduras?

– Sim, já soube, mas ainda assim, preciso muito falar com ele!

– Oh, Rafael, ele nos recomendou que não deixássemos ninguém entrar no quarto para falar com ele. E como está sentindo muitas dores, apesar de você desfrutar da sua confiança, melhor é não o contrariarmos.

– Cecília, eu lamento muito ser o portador de uma notícia muito triste e sobretudo constrangedora! Seu pai Esídio...

– Que houve com ele? – perguntou, aflita.

– Encontrei o seu corpo quase totalmente carbonizado, mas deu para reconhecê-lo pelo rosto, única parte que não desapareceu nas cinzas. Lamentavelmente, deve ter sido ele o causador do incêndio e, consequentemente, da própria morte.

– Oh, Deus! – exclamou ela empalidecida e já com o rosto molhado de lágrimas.

Percebendo, Mariana se aproximou e as duas irmãs abraçaram-se, uma tentando buscar na outra, força para suportar a dura realidade, não somente da morte do pai, mas sobretudo por ter sido ele o idealizador do sinistro que acabou encerrando a própria existência física, criando uma difícil situação espiritual por ter agido à margem das leis divinas. Sentindo isso, Mariana voltou a fronte ao alto e perguntou em prantos:

– Que será dele, meu Deus?

Conforme a ameaça do espírito, ao afirmar que se houvesse falha e Eleutério (Enrico) fosse salvo, Esídio morreria no lugar dele, no momento em que o fogo começou atingir a casa, os espíritos que colaboravam com as más intenções de Esídio, gritavam eufóricos:

– Deu certo! Deu certo! Adeus gringo! Leve com você o seu maldito dinheiro!

Mas ao perceberem que Enrico Fellipo estava fora da casa, acompanhado por Mateus, a euforia deu lugar ao ódio contra Esídio, que se encontrava, naquele momento, na parte do cafezal, onde o fogo não havia atingido. Vendo-o a certa distância, olhando com satisfação a destruição causada pelo fogo, eles se aproximaram e começaram a induzi-lo à destruição total, sem deixar nada intacto:

– Mais fogo, para acabar tudo de vez! Queremos mais fogo!

Esídio não os ouvia, mas acabou recebendo, mentalmente, as insistentes induções dos espíritos. Pegou uma lata de querosene, que havia sobrado, abriu-a e saiu derramando o líquido, enquanto, eles falavam:

– Venha por aqui! Derrame mais naquele lado...

Mas, logo que ele esvaziou a lata e ateou fogo no líquido inflamável, percebeu que estava ilhado pelas chamas e, apavorado, começou a correr de um lado para o outro tentando sair do local, mas as labaredas foram fechando o círculo e minutos depois, os espíritos ouviram o grito de horror de Esídio, já com a roupa em chamas.

– Ele mereceu isso! – disse um dos espíritos e continuou justificando – pediu e nos ocupou todo esse tempo para ajudá-lo a acabar com a vida do inimigo, mas fez tudo errado! Daqui a pouco, a gente pega ele e ensina, ao nosso modo, como fazer as coisas direito!

* * *

RAFAEL SAIU, CECÍLIA se aproximou da porta do quarto e vendo Mateus conversando com Enrico, falou:

– Nós precisamos ir agora. Algo terrível aconteceu!

– O que houve, Cecília? – perguntou Mateus, vendo-a com lágrimas descendo rosto abaixo.

Mas ela saiu rápido sem dar resposta, por não imaginar qual seria a reação de Eleutério (Enrico), ao saber quem teria sido o causador do incêndio.

Logo que Mariana e Cecília, mais refeitas, retornaram à casa de Enrico, Mateus se despediu sob a perspectiva de Enrico de que, todo o seu tormento teria fim com a ida dele à Itália.

/ /

EM VENEZA

Argumentos e discussões são comuns na busca da razão.
Mas no final, a vitória é sempre da verdade.
Dizzi Akibah

VENDO MATEUS ENTRANDO no escritório, o doutor Vincenzo perguntou, soltando a voz:

– Qual é a prova que você me traz da veracidade das suas intuições e de que os espíritos se comunicam com você?

– Não trago nenhuma prova material, porém mais do que isso, a emoção e as lições que recebi durante esses dias com as situações que lá tive que enfrentar, me deram ainda mais certeza do funcionamento ilibado da justiça divina, que é imutável, enquanto que as leis dos homens mudam sempre para acompanhar o progresso e o desenvolvimento moral.

– Sim, Mateus. Você abordou um assunto com certa profundidade, se expressou muito bem, inclusive caprichando no vocabulário... Mas são expressões abstratas. Preciso de algo concreto, que sirva de prova suficiente para me convencer.

– Seu pai, Enrico Fellipo, sofreu algumas queimaduras, provenientes de um incêndio, causado por um inimigo, que acabou destruindo parte da casa e mais de um terço do cafezal. Mais do que a minha palavra, só você indo lá para constatar.

– Mas você não saiu daqui, Mateus, com o propósito de evitá-lo?

– De evitá-lo, não! Mas sim de salvar a vida de seu Enrico, o que felizmente, consegui.

– Muito bem, você salvou a vida, mas deixou-o se queimar mesmo contando com ajuda dos espíritos conforme afirma?

Depois de narrar com detalhes como tudo ocorreu, Mateus disse-lhe:

– Se todos temos direito ao livre-arbítrio, que é uma lei divina, como impediria seu pai de tentar salvar o dinheiro guardado nos cofres?

Depois de ficar alguns minutos pensativo, o doutor Vincenzo perguntou:

– Então, Mateus, é mesmo verdade que a vida prossegue além-túmulo? Que os espíritos foram pessoas que viveram aqui, como nós, cuja diferença é o fato de terem perdido o corpo físico?

– Sim, é isto mesmo!

– Diante de tudo que acabo de saber, já não posso mais contestar, pois não teria como provar o contrário, inclusive a mediunidade, apesar de ainda não compreender como isso ocorre!

Terminou de falar, estendeu a mão na direção de Mateus e disse sorrindo:

– Dou-lhe a minha mão à palmatória!

– Isso me traz muita satisfação e me deixa muito à vontade para lhe oferecer este livro que, antes de chegar aqui, passei na livraria e comprei. Espero que aceite como presente, pois nele há muito o que estudar, aprender e pôr em prática.

O advogado pegou o livro e falou sorrindo:

– Honrarei a sua gentileza de me o oferecer um presente,

usando-o para sua real finalidade. Estudá-lo-ei com muita vontade. Bem, mudando a conversa, tem aí muito trabalho acumulado. Felizmente você já está de volta e agora com mais tempo vou dar um avanço nos processos, pois os clientes estão me cobrando mais agilidade.

– Doutor Vincenzo, a minha permanência aqui vai depender de uma decisão sua, porque eu preciso muito me ausentar, pelo menos, durante umas três semanas.

– Quê?! Você está brincando com coisa séria, Mateus. Isso aqui é algo de responsabilidade! Não é qualquer coisa que se faz ou deixa de fazer simplesmente quando deseja. Para mim, é responsabilidade perante os clientes e, para você, é o emprego que sustenta sua vida, inclusive o seu estudo, pois se você trabalhasse em outro lugar, não teria oportunidade de estudar! Quer jogar fora a única coisa importante da sua vida?

– Não pode mesmo, conceder-me essa nova licença?

– Não, Mateus! Não posso e não devo, inclusive para o seu bem!

– Então, por favor, prepare a minha demissão, porque, a essa altura, não posso voltar atrás, por se tratar de uma causa de grande importância para todos.

– Todos quem?

– Eu digo, com ressalvas, todos nós, pois a verdadeira resposta, estará no resultado do que preciso fazer. Como ainda não fiz, não posso falar. Mas fique certo de que terá a oportunidade de perceber a real importância da minha decisão.

– Que farei sem você aqui, já que terei de treinar alguém para o seu lugar?

– Bem, doutor, eu posso treinar esse alguém por dois ou três meses, tempo que leva para eu receber o passaporte.

– Passaporte?! Onde você pensa que vai?

– Desculpe, doutor Vincenzo! Quando planejamos algo, temos sempre duas opções: a primeira é silenciar e materializar agindo!

A segunda, é materializar falando, já que a fala é materialização do pensamento. Se realmente desejamos, temos que escolher a primeira opção. Já que a segunda é para quem gosta de falar, falar e nada realizar.

Fez uma pausa, mas vendo o advogado com o olhar fixo nele, tentou se explicar:

– Para não pensar que eu estou querendo fazer mistério, digo que se trata de uma missão nada fácil, ligada aos meus sentimentos de fraternidade e de solidariedade, que fui encarregado.

Ainda com o olhar fixo em Mateus, o advogado perguntou:

– Quem era que estava escondido naquele campestre que chegou aqui pedindo emprego?... Para ser mais direto, quem é mesmo você?

– Só sei que sou um filho de Deus, como são todas as criaturas humanas! De importante em mim, não há nada mais do que o nome, porque foi copiado de um dos apóstolo de Jesus. O resto é tudo resto mesmo, esperando pelo tempo e pelo meu esforço para deixar de estar como ainda estou... Isto é: despertar! Nada mais, doutor.

O doutor Vincenzo Fellipo estava realmente sentido, pois àquela altura mantinha não só amizade, mas admiração por Mateus. Achava-o, além de bastante inteligente e responsável, admirável por causa da alegria que demonstrava em servir a quem dele precisava. Depois de permanecer alguns minutos em silêncio, ele respirou fundo e disse:

– Então, Mateus, enquanto você aguarda o passaporte, treina alguém para ficar em seu lugar.

* * *

Um pouco mais de três meses depois, Mateus chega a Veneza, Itália, sem qualquer ideia formada de como começar a agir segundo a vontade e as indicações de Enrico Fellipo, embora ele tivesse passado às suas mãos um roteiro, tipo passo a passo, escrito tanto em português como em italiano, de como chegaria ao referido endereço, pois caso houvesse dificuldade, Mateus poderia mostrar o endereço escrito em italiano e certamente alguém o ajudaria.

Depois de percorrer uma pequena distância seguindo o roteiro, ele parou de caminhar, pois, em vez de uma rua normal como via em Curitiba, com veículos trafegando, ele via, cheio de admiração, canais por onde as pessoas se locomoviam através de barcos.

Pôs a bagagem no chão, recostou no parapeito da ponte que estava atravessando e ficou olhando o movimento dos barcos deslizando pelos canais. De repente, ele passou a se sentir distante e, em instantes, várias imagens passaram a desfilar na sua mente: os canais eram os mesmos, mas as casas lhe pareciam diferentes da atual realidade e os barcos, com raras exceções, não eram todos iguais aos que ali se encontravam. Assustado, retornou à realidade, já que estava se lembrando do passado. Pegou novamente a bagagem e ao atravessar a ponte, olhando tudo por onde passava, ele viu um antigo monumento e exclamou:

– Oh, Deus, eu já vivi aqui! Eu lhe conheço, Veneza! Acho que aqui é o meu berço, a minha terra amada!

Lembrou-se do local onde havia morado e prosseguiu falando a si mesmo:

– Vou ver se a casa ainda existe e se consigo reconhecê-la.

Pegou um barco e o condutor perguntou para onde ele desejava ir. Não entendendo, gesticulou dando a entender que seguisse em frente. Enquanto o barco deslizava na água, ele olhava atentamente para um lado e para o outro. Depois de alguns minutos, ele pediu, com um gesto, para o condutor parar. Não encontrou dificuldade para pagar a passagem porque o valor estava escrito, com destaque, bem do lado do assento.

– Será que eu não me enganei?

Seguiu caminhando pela estreita calçada, que margeava o canal e monologando:

– Como pode ser isso, se quando reencarnamos esquecemos do passado?

Mais na frente um pouco, ele parou e sentiu o coração acelerar no peito por causa da emoção:

– É aqui! Era esta a minha casa, meu lar... Petrina, oh, Petrina, onde está você?

Petrina teria sido a sua esposa em reencarnação passada. Ele já se encontrava tão bem situado, que não havia mais dificuldade para encontrar o endereço indicado por Enrico Fellipo. Pegou outro barco de volta e sem necessidade de usar o roteiro, meia hora depois, já batia na porta de Theofillus:

– Quem é você? – perguntou Theofillus.

Sem entender o que ouvia, Mateus pegou a carta enviada por Enrico e entregou-a.

Depois de tomar conhecimento do conteúdo da carta, Theofillus perguntou, usando o idioma português:

– Para que ele lhe mandou aqui?

Depois de explicar detalhadamente os interesses de Eleutério, concluiu:

– Mas isso somente ocorrerá, se eu contar com a sua ajuda, porque ele me deu os nomes de Donatella, Nuno, Cirus e Cornellius, pessoas com quem eu devo conversar.

– De que maneira você acha que posso lhe ajudar?

– Sendo meu intérprete e me conduzindo a essas pessoas.

Depois de acolher Mateus em sua própria residência, Theofillus começou a conscientizá-lo da tarefa nada fácil que ele teria pela frente:

– Donatella, esposa de Enrico, veio a Veneza para ver os pais, irmãos... Familiares que aqui havia deixado, mas foi proibida, pela justiça, de sair do território italiano. Ela poderia ser liberada, se informasse o endereço atual de Enrico. Todavia, preferiu silenciar, mesmo sabendo que sentiria muita tristeza longe dos seus familiares. Cirus, irmão de Enrico, que na época não estava bem de saúde, piorou por causa do impacto causado pelo golpe dado por Enrico e acabou morrendo muito jovem, deixando a esposa com três filhinhos ainda na fase infantil. Nuno, também irmão de Enrico, pessoa de natureza branda, embora tenha concordado com o irmão Cornellius em dar entrada na justiça em uma ação contra Enrico, não guarda ódio e nem ressentimento dele, pois quando os seus pais morreram, vítimas dos horrores da Primeira Guerra Mundial, Enrico, que era o mais velho, mas contava ainda dezessete anos de idade, ficando sozinho com os irmãos, assumiu a responsabilidade da família, já que não havia parentes próximos dispostos a ajudá-los na difícil situação, a não ser uma tia que se chamava Antonella que, de quando em vez, ia vê-los e orientá-los. Ela era enfermeira atuante na Cruz Vermelha e se ausentava muito de Veneza. Entretanto, essa assistência durou pouco, porquanto Antonella acabou morrendo tentando socorrer soldados feridos num campo de batalha.

Teofillus fez uma pausa e exclamou:

– Enfim, Cornellius! Talvez seja este a barreira difícil de romper por causa do ódio e do ressentimento que guarda, no íntimo, contra Enrico.

Depois de mais uma rápida pausa, comentou:

– Embora eu conserve Enrico, ainda agora, entre as pessoas que considero amigas, confesso que na época eu fiquei muito abalado com a surpreendente atitude tomada por ele. E, até há pouco, quando você chegou aqui, eu não sabia do paradeiro dele. Deduzo, todavia, que ele tenha se refugiado no Brasil, porque você está vindo de lá.

Depois de menear a cabeça positivamente em relação à dedução de Theofillus, sem querer sair do assunto, Mateus começou a falar:

– Ele quer reparar o erro devolvendo em dobro o que tirou indevidamente dos irmãos.

– Ele afirmou isso seguro de si?

– Pude notar, não só sinceridade, mas também sentimento.

– Então, amanhã, por ser sábado, é um bom dia de começar contatar as pessoas relacionadas aí na sua lista.

Assim foi que, depois da primeira refeição do dia, eles saíram e, durante o percurso, Theofillus chamava a atenção de Mateus, por onde iam passando, mostrando-lhe os pontos mais atrativos da cidade. Ele não imaginava que Mateus não estava vendo pela primeira vez, mas revendo os locais históricos de Veneza.

Theofillus parou em frente a uma casa, deu alguns toques na porta que, em instantes, foi aberta por Donatella.

Depois de cumprimentá-la, ele fez assim a apresentação de Mateus:

– Este jovem chama-se Mateus e, além de se encontrar na condição de procurador, é também mensageiro de Enrico.

Ela dirigiu o olhar para Mateus e perguntou demonstrando contrariedade:

– O que deseja Enrico a essa altura, depois do que fez aos irmãos, que ainda agora repercute também em mim?

– Consertar o que ainda for possível!

– Creio que, depois de tanto tempo, nada mudará, enquanto ele não for localizado pela justiça, o que ainda não aconteceu porque eu estou sustentando o peso de todo esse conflito, por ele ser pai dos meus filhos e por mim também, pois, eu e meus filhos não gostaríamos de vê-lo preso e humilhado num presídio.

– É preciso acreditar que as pessoas mudam! Ninguém consegue viver muito tempo, sob os reclames da consciência, sem paz, sem alegria de viver e ainda mais, experimentando uma amarga solidão. Acho que ele quer mudar de vida, pois, depois de um fato que lhe chamou muito a atenção, deixou de ser, aparentemente, escravo do dinheiro e agora demonstra que deseja mudar radicalmente o seu jeito de viver.

– Baseado em que você afirma isso?

– Antes, quando eu lhe falava de Deus, ele ria de mim afirmando que Deus não existia, que Jesus não era o que as pessoas imaginavam e que não havia mais nada além da morte. "Morreu, acabou!", falava, tentando me convencer. Agora, entretanto, que o sofrimento tem sido para ele como o buril para a pedra preciosa, demonstra tendência para conhecer os ensinamentos de Jesus e, em consequência, experimentar o amor ao próximo, substituindo o menosprezo e a indiferença com que trata os seus empregados, pela fraternidade. Creio nisso, dona Donatella, por causa do amor, da bondade e da misericórdia de Deus para com todos nós, Seus filhos. Para se convencer disso, basta ler com atenção a parábola de Jesus sobre o filho pródigo.

– Você deve ser um religioso bem dedicado.

– Acho que a minha tendência não é ser um religioso, mas seguir pela religiosidade, tendo Jesus como modelo mais perfeito de exemplo para a humanidade.

Donatella inspirou e, em seguida, respirou o ar como se procurasse com isso desobstruir a região cardíaca e falou sorrindo:

– Posso confiar em você?

– Isso mesmo, Donatella! Vamos colocar os nossos olhares na mesma direção de Mateus – interveio Theofillus.

E prosseguiu explicando:

– Voltaremos aqui logo que a sua presença se fizer importante no encaminhamento das decisões de Nuno e Cornellius, que haveremos de tomar conhecimento, sem muita demora.

– Estimaria muito que Mateus ficasse aqui hospedado. A não ser que não queira!

– Não seria agradável para mim, que estou tendo a satisfação de conhecê-la, recusar tamanha gentileza.

– Mando alguém trazer amanhã a sua bagagem, Mateus.

Logo que Theofillus saiu, Donatella puxou conversa:

– Escute, Mateus, com muita atenção o que vou lhe falar: ao lado de Enrico, eu sempre tive tudo que quis, pois ele satisfazia a minha vontade. Nunca me faltou nada e não faltaria, pois que, quando se tem muito dinheiro, vai onde quer e compra-se o que quer. Mas desde que retornei e fiquei impedida de voltar para o Brasil, a minha vida mudou, porque estou vivendo às custas dos meus parentes. Embora tenha tudo que preciso para minha subsistência, eu sinto falta de algo precioso, que é a liberdade, não apenas de me deslocar daqui pra lá, de lá pra cá, mas de não poder me expressar livremente, por receio de que alguém descubra o que, mesmo sem querer, eu guardo dentro de mim, simplesmente, para não falar a verdade e complicar ainda mais a vida de Enrico. Agora que você está aqui, eu quero deixar claro: mesmo que Enrico dê todo dinheiro guardado aos irmãos, como reparo e que, por isso mesmo, eu tenha necessidade de me juntar às mulheres colhedoras de café para garantir a sobrevivência, estarei satisfeita, pois, além de rever os meus filhos, estarei recuperando a minha liberdade de expressão. Acho que não há nada pior do que ser forçada a guardar um segredo.

* * *

ENQUANTO ISSO, NO cafezal, a conversa de Enrico com Cecília e Mariana comprovava o seu interesse em mudar o modo de viver para melhor, conforme a afirmação de Mateus a Donatella e também justificava a confiança de Mateus na atuação dos espíritos que, como ele mesmo, se interessavam pela pacificação do grupo familiar em litígio.

– Eu estive pensando... Vocês tão jovens, vivendo aqui neste lugar, onde só se vê pé de café e bicho na mata, que futuro esperam? Acabam se casando com algum colhedor de café e terão filhos, também sem qualquer esperança numa vida melhor!

Fez uma pausa e, em seguida, voltou a falar:

– Vocês souberam cativar o meu coração, mesmo cheio de tristeza e angústia, a ponto de eu adotá-las como filhas, o que sustento agora, com toda vontade e satisfação. Não somente agora, mas pela vida afora. Quando casarem e tiverem filhos, serão os meus netos pelo coração. Será que um bom pai, tendo condições, deixaria suas filhas vivendo assim, sem nenhuma perspectiva?

– Certamente, não! – exclamou Cecília.

– Eu também não! Então se preparem para trocar este lugar por Curitiba, onde poderão estudar e dar uma outra destinação à vida!

Cecília e Mariana achavam que ele simpatizava com elas, mas nunca imaginavam que chegasse a tanto! Logo a emoção mesclada de alegria imprimiu nas faces belas das duas jovens, uma nova esperança. Passada a emoção, Cecília falou se aproximando de Enrico:

– É a bondade de Deus chegando para nós através do senhor, seu Eleutério! Pois, se perdemos recentemente o nosso pai, acabamos agora ganhando outro!

Ela se aproximou e beijou o rosto já enrugado de Eleutério (Enrico). Vendo Mariana se aproximar com a mesma intenção, Cecília puxou uma cadeira e se sentou, pois sabia que a irmã, dada a uma boa conversa, aproveitaria a oportunidade para isso. Depois de quase uma hora de conversa, Mariana fez uma pausa e Enrico, então, perguntou olhando para Cecília:

– Menina Cecília, está muito calada! O que lhe preocupa?

– Eu estou muito bem! Estava ouvindo a conversa e acabei me lembrando de um sonho que tive esta noite.

– Você acha que os sonhos são verossímeis?

– Nem todos. Mas os ligados ao passado, como me ocorreu esta noite ou quando encontramos pessoas conhecidas, quer estejam ainda reencarnadas ou desencarnadas, acho que são verdadeiros encontros.

– Você pode nos contar o seu sonho? – perguntou Eleutério (Enrico), interessado.

– Eu deitei e fiquei pensando, tentando compreender um sentimento materno que me vem pelo senhor, seu Eleutério, quando me encontro calma e despreocupada. Já falei sobre isso em outra oportunidade e creio que o senhor deve estar lembrado!

– Estou lembrado, embora ache isso muito estranho. Mas, conte o sonho, porque eu estou curioso!

– Depois disso, eu fiz uma oração e dormi. O sonho começou comigo percorrendo os compartimentos de uma casa: os quartos, a cozinha, a sala e quando cheguei a um local amplo que parecia uma varanda, vi um rapaz bem jovem e mais três meninos. Eu não achava nada estranho, pois para mim, eu estava na minha casa e eles eram os meus filhos.

Depois de uma breve pausa, ela prosseguiu a narração:

– Bem, se houve mais alguma coisa no mesmo local, eu não me lembro, porque o sonho mudou de repente e eu passei a ver, em outro local, algo parecido a um ambiente de guerra. Vendo muita gente correndo amedrontada, eu também passei a correr, correr... Apavorada, comecei a gritar: "Salvatore! Salvatore, onde está você?", quando ouvi, "Petrina, o que você está fazendo aqui?", perguntou se aproximando de mim. Não me lembro se respondi ou não a pergunta, pois naquele mesmo momento passei a ouvir fortes ruídos de tiros e gritos: "os inimigos estão atacando!". Lembro-me apenas da sensação de estar sentindo uma dor insuportável, perdendo as forças vitais e de ter dito: "oh, Deus, protege os meus filhos!".

Depois de nova pausa, ela concluiu:

– Aí, então, acordei com o coração acelerado. Levantei, fui à cozinha, tomei um copo de água, abri a janela e fiquei fitando o brilho das estrelas no espaço e perguntando:

– Que será isso, meu Deus?

Ela terminou de falar e vendo Enrico com o olhar fixo nela, perguntou:

– O senhor está se sentindo bem, seu Eleutério?

– Cecília, você falou o nome Petrina!

– Foi apenas um sonho, que embora tenha me impressionado, já passou!

– Não, não se trata de apenas um sonho. Você citou também o nome Salvatore! Já que você afirma que sonhos com o passado podem ser verdadeiros, este, então, é um deles!

– Por que, seu Eleutério?

– Menina Cecília, Petrina e Salvatore, são os nomes dos meus pais!

– Meu Deus, sou eu quem agora pergunto: será que são mesmo verdadeiros os meus sentimentos maternais?

– Difícil de saber! – respondeu Enrico.

E prosseguiu se expressando:

– Se em algum tempo isso puder ser comprovado como verdade, vai mudar, radicalmente os rumos da minha vida.

– Bem, se por enquanto não sabemos dar uma definição exata, melhor não nos preocuparmos e cuidarmos dos nossos deveres perante a vida.

– Mas isso tem, sim, uma ligação com o passado. Como você, menina Cecília, saberia os nomes dos meus pais, se nunca lhe falei sobre eles?

– É, seu Eleutério, entre a Terra e o céu, há muita coisa que muita gente, sequer, imagina! – repetiu o que já havia dito, na primeira conversa que tivera com Enrico.

12

DESCERRANDO A VERDADE

A boa intenção é condição indispensável na construção da paz.
Dizzi Akibah

NOVE DIAS DEPOIS, Theofillus retorna interrompendo a expectativa de Donatella e Mateus.

– Vim convidá-los para uma reunião com Nuno e Cornellius.

– Como você conseguiu isso?! Oh, Deus! Parece até milagre. Tantos anos de inimizade e agora...

Justifica-se a surpresa, pois o fato dela se negar a prestar informações de Enrico à justiça, criou uma fenda nas relações. Nuno se demonstrou insatisfeito, mas Cornellius acabou cortando as relações de amizade e consideração à cunhada, a quem antes tratava com demonstrações de estima.

– Donatella, minha amiga, não se empolgue! Eles concordaram com o encontro, mas não significa que reatarão a mesma amizade e consideração de antes, mesmo porque não foi fácil chegar a um consenso para a realização desse encontro!

Percebendo o imediato desânimo que Donatella se permitiu, Theofillus fez uma rápida pausa e concluiu:

– Bem, se vocês estão emocionalmente preparados para ouvir, com paciência e tolerância, desabafos ou acusações que poderão até mesmo ofender, vamos!

– Quem deseja chegar ao destino, não teme os pedregulhos e nem os espinheiros do caminho. Segue em frente sem se deter! Estou certo que daremos um passo significativo, pois nunca nos falta ajuda do Alto quando a ação se refere ao desenvolvimento do bem! – exclamou Mateus.

Meia hora depois, eles chegavam à casa de Nuno, onde o encontro foi marcado. Com o coração acelerado, as mãos frias e suadas denotando o seu estado emotivo por não poder prever o que lhe ocorreria a partir daquele momento, Donatella estendeu a mão para cumprimentar Cornellius que, em vez de corresponder ao gesto conciliador, preferiu se demonstrar áspero e pôr para fora um pouco do corrosivo ódio, que guardava em si:

– Se a sua mão fosse limpa, como das pessoas honestas, teria muita satisfação de tocá-la. Mas, por enquanto, não desejo contaminar a minha mão, com o vírus da desonestidade.

Percebendo o embaraço criado por Cornellius e notando que Donatella estava pálida e trêmula, Nuno, incomodado com a atitude brutal e deselegante do irmão, falou a toda voz:

– Não importa o que tenha acontecido ou como aconteceu. Para mim, Donatella, o que importa é que você está na minha casa e eu, que tantas vezes fui recebido por você com atenção e cordialidade, jamais agiria ao contrário. Quer queira ou não, há um laço de parentesco entre nós, já que você continua sendo minha cunhada. Se eu achar que alguém não merece a minha atenção, não abro a porta. Mas, entrando na minha casa, jamais será maltratado por mim ou por quem se encontrar presente, pois aqui, no aconchego do meu lar, tudo faço para que as pessoas que nos visitam, se sintam bem e confortáveis.

Pontuou e logo em seguida, disse, voltando-se para Donatella:

– Acalme-se, pois sendo sério o assunto que temos a tratar, precisamos de paciência e compreensão uns com os outros. Se você tem algo a dizer em seu favor, desobstrua o seu coração. Garanto que ninguém irá lhe interromper.

Depois do apoio de Nuno, Donatella se refez e mais encorajada começou a falar:

– Quero dizer a vocês que, neste momento, o único caminho que temos para seguir e chegarmos a um bom entendimento é a verdade.

– A que verdade você se refere no meio de tantas mentiras? – interrompeu inadvertidamente Cornellius.

Nuno tomou a palavra e reiterou:

– Desejo que Donatella não seja interrompida, pois, além dela não estar aqui na condição de ré, tampouco somos juízes! Prossiga, Donatella!

– Foi assim que aconteceu: Enrico chegou em casa com a fisionomia transtornada. Vendo-o assim, quis saber o que se passava e perguntei-lhe se estava sentindo-se mal, ao que ele respondeu:

"Donatella, eu já falei certa feita com você sobre o pavor que sinto de guerra. É um trauma que me acompanha desde quando os meus pais morreram, vitimados pelos horrores da grande guerra (Primeira Guerra Mundial), deixando órfãos eu e meus irmãos. Não quero isso para os meus filhos! Peço, portanto, a sua compreensão e o seu apoio para uma decisão que tomei. Estou consciente de que não é certo sair do território nacional e entrar em outra nação sem passaporte, mas ainda assim, eu prefiro enfrentar qualquer dificuldade neste sentido do que permanecer aqui."

– Disse-lhe, então:

"Enrico, eu ainda não entendi o real motivo que está levando você a tomar uma decisão tão séria e com tanta urgência! Por acaso, há alguma guerra prevista para a Itália?"

"Ainda não! Mas a Alemanha com a sua escalada violenta pode provocar a intervenção de outros países e acabar se generalizando, como ocorreu na grande guerra. Se isso ocorrer, sendo eu reserva do exército, certamente serei convocado. Se eu continuar aqui, vou estar sempre em pânico, como alguém que já sabe quando a morte vai chegar!"

– Ele fez uma pausa e eu, perplexa, com aquela surpreendente decisão, fiquei sem palavras e ele então prosseguiu na tentativa de me convencer:

"Os bens herdados dos meus pais que foram penhorados por causa da dívida dos impostos, depois de tantos anos que contestei na justiça, agora foi resolvido. Mas sabendo que numa guerra tudo pode ocorrer, se a Itália, por exemplo, promover ou participar de um conflito armado e for derrotada, os inimigos poderão confiscar tudo que pertence por direito de herança, a mim e aos meus irmãos. Por isso mesmo resolvi vender tudo e, por sorte, apareceu um comprador que se interessou por todos os imóveis e, no máximo até o fim da semana tudo estará resolvido. Juntando com as economias que venho fazendo ao longo do tempo e os valores em dinheiro que os meus pais deixaram depositados nos bancos, que também foram recuperados, nós poderemos viver muito bem em outro país, pelo menos até quando não ouvir mais falar em guerra na Europa."

Donatella, ainda um pouco tensa, fez uma breve pausa e, em seguida, disse olhando na direção de Nuno e Cornellius:

– Lembro-me ainda de todo o diálogo e vou prosseguir a narração repetindo-o conforme ocorreu. Já que eu não havia entendido bem a explicação dele referente à herança, disse-lhe que eu acompanhá-lo-ia mesmo contra a minha vontade e perguntei-lhe:

"Mas você já fez a divisão da herança com os seus irmãos?

– E ele respondeu resoluto:

"Já está tudo resolvido. Nem se preocupe com isso porque é algo que diz respeito a mim e a eles."

"Preocupo-me sim, principalmente com Cirus, que casou, tem três filhos e não conseguiu ainda equilibrar a sua situação financeira. Não sei se você já tomou conhecimento das dificuldades vividas por seu irmão."

"Acho, Donatella, desnecessário ficar repetindo, pois isso diz respeito a mim e eles!" – disse-me ele, pondo um ponto final no assunto.

"Mas como eu não estava nada satisfeita com a decisão, no meu entender precipitada, disse-lhe tentando criar obstáculo:

"Talvez você não esteja percebendo que se trata de uma situação que põe em risco a segurança e a vida dos nossos filhos. Espere mais um pouco, pelo menos enquanto consegue o seu passaporte e a autorização para as crianças saírem do país."

"Eu não estou em condições íntimas de esperar. Mas não se preocupe, Donatella, pois já está tudo muito bem traçado. O que o dinheiro não compra? Já fiz tudo ao meu alcance para a nossa segurança."

"E para onde você quer nos levar?" – perguntei a ele, ao que me respondeu:

"Ah, Donatella! É um país grandioso, belas paisagens, belíssimas praias e um povo alegre e amigo, conforme a descrição do meu amigo Theofillus, que já residiu lá! Mesmo que venha a participar de uma guerra, nunca será atingido na totalidade, porque o seu território é imenso. Aguarde a surpresa!"

"Depois de uma viagem de vários dias, num navio cargueiro, chegamos. Só aí foi que ele me disse:

"Donatella, eis a surpresa: estamos no Brasil!"

– Assim, como fugitivos da Itália, entramos na nação brasileira, ilegalmente, já que, somente eu portava passaporte. Inicialmente, por decisão dele, eu e os meus filhos ficamos numa cidade chamada Apucarana, enquanto ele, depois de adquirir uma grande área de terra, decidiu, por causa das circunstâncias momentâneas, que por algum tempo iríamos morar na zona rural. Assim foi que fomos residir no meio de uma mata densa e desabitada. Entretanto, pouco tempo depois, além de uma enorme área toda plantada de café, o lugar se transformou numa comunidade, pois de início passaram a residir, juntando os trabalhadores com os seus familiares, aproximadamente cem pessoas.

Ela fez uma pausa, encheu os pulmões de ar, respirou e prosseguiu a narração:

– O tempo foi passando e chegou a hora dos meus filhos estudarem na cidade e, mesmo os tendo colocado em colégios internos, eu fiquei durante muito tempo dividida entre Curitiba e o cafezal, onde me sentia sozinha, porque ele passava o dia todo vigiando e reclamando com os trabalhadores. Com toda essa desolação, passei a sentir muita saudade dos meus pais, dos meus irmãos e, ao retornar para revê-los foi que tomei conhecimento do golpe vergonhoso que Enrico havia aplicado nos irmãos. Foi uma decepção tão grande para mim que, mesmo que a justiça, naquele momento, me liberasse para retornar ao Brasil, eu não iria, porque não saberia olhá-lo sem ver na minha frente um homem desonesto.

Depois de pequena pausa, ela voltou a falar mudando o tom da voz:

– Agora, entretanto, as coisas podem tomar um novo rumo... Sinto muita saudade dos meus filhos, que há tantos anos não vejo!

Mais uma pausa e, em seguida, concluiu:

– Talvez vocês tenham imaginado que eu teria vindo aqui me desculpar ou pedir perdão por algum erro cometido. Não, meus cunhados, pois, tanto quanto vocês, eu fui e continuo sendo vítima. Ele não me lesou qualquer valor em dinheiro, mas algo muito mais importante: a confiança!

Nuno, emocionado, tomou a palavra e se dirigiu assim a Donatella:

– Ante o que acabo de ouvir, sinto-me no dever de lhe pedir perdão por causa do engano a que me deixei conduzir. Doravante, seja bem-vinda ao meu lar, do mesmo jeito que era antes.

Ainda cabisbaixo, Cornellius tomou a palavra:

– Dou crédito ao que acabei de ouvir e também peço desculpas pela maneira desagradável com que a recebi há pouco. Mas me permita fazer-lhe uma pergunta:

– Por que você não quis colaborar com a justiça, informando o paradeiro de Enrico?

– Oh, Cornellius, como é difícil decidir tão séria situação, cujo resultado poderia ser, no mínimo, a infelicidade dos meus filhos! Quando temos filhos, é preciso ponderar as nossas ações se desejarmos vê-los bem! Creio que você também, que é um bom pai, deve estar sempre disposto a defender a paz e o bem estar dos seus filhos, sem medir esforço, não é mesmo?

A pergunta desarmou as predisposições de Cornellius que, não encontrando argumento lógico, silenciou cabisbaixo.

– Bem, precisamos então ouvir Mateus – falou Nuno, tomando a palavra – para sabermos realmente por que Enrico mandou--o aqui. Mas para isso, vamos precisar de um intérprete. Pode ser Donatella ou Theofillus.

– Deixe Donatella em paz, porque já se desgastou emocionalmente – disse Theofillus sorrindo.

Desde o momento que chegou, Mateus se encontrava emocionado. Olhava para Nuno e Cornellius e pensava:

"Meu Deus, eu entendo que é perfeita a Sua obra. Mas será mesmo verdade, o que me indicam as evidências? Nesse caso, eu teria desencarnado, deixado meus filhos, ainda, crianças, retornei obedecendo a uma das Suas leis, que é a reencarnação e agora me encontro aqui, entre eles?"

Depois disso, ele começou a falar e Theofillus traduzindo:

– Antes de tudo eu desejo fazer um breve resumo de como se deu o pedido que seu Enrico me fez, para esta difícil tarefa. Peço paciência a todos, porque, a bem da verdade, e para esclarecer as razões que levaram seu Enrico a tomar a séria decisão, vou repetir o diálogo que tivemos sem omitir qualquer detalhe.

Fez uma breve pausa, temperou a garganta e começou a narrar:

– Eu deixei o cafezal há mais ou menos oito anos, quando passei a residir em Curitiba. Mas apesar dos mais de trezentos quilômetros de distância que divide os dois locais, de não haver qualquer comunicação entre mim e quem lá ficou, eu não esqueci seu Enrico. Isso certamente contribuiu para que chegasse a mim, de uma forma não muito comum, a informação de que alguém, considerado inimigo, planejava provocar um incêndio cujo objetivo era destruir o cafezal, a casa com os cofres abarrotados de dinheiro e tentar contra a vida de seu Enrico...

Depois de narrar, detalhadamente, como havia ocorrido o incêndio, de falar dos cuidados dele, de Cecília e Mariana para com Enrico, ele fez uma pausa e, em seguida, prosseguiu:

– Dado momento, aproveitando que estávamos a sós, ele puxou conversa. Depois de me agradecer, emocionado, por eu tê-lo salvo de um incêndio criminoso, que destruiu parte do cafezal e metade da casa, embora tenha sofrido queimadura nos pés e mãos, mas a sua vida ter sido poupada e de tecer outras considerações, ele prosseguiu falando:

"Menino Mateus, eu venho insistindo em guardar um segredo, tão delicado quanto desagradável, já que eu posso compará-lo à comida que causa mal-estar digestivo e mesmo precisando se livrar dela da forma mais viável, insiste-se em mantê-la apesar do desconforto causado.

Ele fez uma rápida pausa, olhou fixamente para mim e prosseguiu:

"Todos que aqui vivem e que trabalham ou não comigo, pensam que sou avarento e ganancioso por dinheiro. Até você, menino Mateus, disse isso por eu ter enfrentado o fogo para preservar o dinheiro guardado nos cofres. Mas não sou! Eu junto dinheiro para pagar um grande débito que contraí quando saí de Veneza – Itália, onde eu residia. Não quero e não posso morrer antes de quitar o referido débito, por que a essa altura, o arrependimento e o remorso tiram-me a paz e a alegria de viver. Entretanto, tenho muito medo de voltar lá, porque nem imagino o que farão de mim.

Ele fez uma pausa, ficou por instantes com o olhar, novamente, fixo em mim e prosseguiu:

"Agora, então, olhando para você, me veio uma ideia tão clara, como se alguém me falasse: 'encarregue Mateus, pois diante das circunstâncias, ele poderá fazer tudo melhor do que você mesmo'."

Parou de falar e depois de permanecer alguns segundos observando as minhas reações, ele perguntou:

"Você faz isso para mim?"

"Eu? Ir a Veneza, seu Eleutério? Eu nem sei que lugar é esse!"

"A partir de hoje – disse ele – você pode me tratar pelo meu verdadeiro nome."

"Sim, seu Enrico Fellipo, mas como atender o seu pedido se nem o idioma de lá eu sei falar?"

"O seu primeiro contato em Veneza, vai ser com Theofillus que, além de se tratar de um amigo de velhos tempos, sabe falar muito bem o idioma português."

"Isso, basta para tranquilizar a sua consciência?" – perguntei e ele então respondeu:

"É tudo que desejo antes de chegar o fim da minha vida!"

"O que é mesmo que eu terei de fazer?"

"O que vou lhe contar é algo tão sério que nem meus filhos chegaram a tomar conhecimento, tampouco Donatella, até quando saiu daqui para a viagem. Mas a essa altura já deve saber e por isso, decepcionada, acho que resolveu me abandonar. Entretanto, em você, menino Mateus, eu confio não apenas por ter salvo a minha vida, mas sobretudo, por me dar provas de lealdade, amizade e honestidade. Agora ouça com atenção: eu fugi da Itália por causa do pavor que a guerra me provoca. Entretanto, em vez de apenas me contentar com a parte que me pertencia da herança que meus pais deixaram, eu me apoderei de toda ela sem sequer pensar no dano que estava causando na vida dos meus irmãos. Agora, entretanto, além da amargura de me sentir desonesto, eu desejo muito revê-los para abraçá-los e matar a saudade. Entendo, entretanto, que antes de quitar o débito com cada um deles, é preciso saber se estão ou não, dispostos a me perdoar, já que, o perdão deles é o de que mais necessito para dar um novo rumo à minha vida.

– Abismado com a revelação, surpreendido com a confiança e amedrontado com o peso da responsabilidade, eu tentei me esquivar dizendo:

"Seu Enrico, eu tenho um emprego e preciso preservá-lo, pois, além de ser o meu sustento, sem ele teria que parar de estudar, interrompendo a concretização de um sonho, que eu nunca imaginei que seria realizado. Como já pedi quinze dias de licença para estar aqui, creio que o meu empregador não me concederá o tempo necessário para ir à Itália. Entretanto, fique certo de que não me faltará empenho e, se for da vontade de Deus, contaremos com a ajuda dos amigos espirituais, mesmo porque, a causa é um reparo moral de inegável importância.

Ele, então, parou de falar, passou as mãos nos olhos que estavam cheios de lágrimas, olhou para mim e prosseguiu falando:

"Você, menino Mateus, é a única pessoa com quem posso contar para me ajudar! E sei que tem condições, por que já me deu provas disso."

Mateus terminou a narração e em seguida, explicou:

– Embora ele não esteja impondo o perdão como condição, é óbvio que entendamos ser esta a sua maior necessidade para poder aliviar a consciência, melhorar o estado de humor, ter mais saúde e passar a prezar a vida. Assim, com a mente mais aberta, certamente ele vai encontrar o caminho certo para acreditar na existência de Deus, pois já deu os primeiros sinais para sair da descrença. O perdão, senhores, nesse caso, será um remédio, não como os que ingerimos para aliviar uma dor física, mas sobretudo, para um sofrimento bem pior, que é a dor moral.

Mateus fez, propositadamente, mais uma pausa e, depois de observar o efeito das suas palavras, prosseguiu:

– Não devemos esquecer que o perdão não beneficia somente aquele que pede, mas principalmente quem perdoa, porque retira do íntimo a amargura do ódio e do sentimento de vingança que, se guardados muito tempo, acabam corroendo o equilíbrio da alma. Não disse Jesus que devemos perdoar setenta vezes sete vezes?

Cornellius se levantou da cadeira onde, até então, se limitava a ouvir e interrompeu a fala de Mateus:

– Isso foi dito por Jesus! Quem somos para nos compararmos a ele? – perguntou demonstrando a sua indisposição de perdoar.

Mateus tentou falar mais um pouco sobre os benefícios do perdão, mas Cornellius interrompeu-o de novo:

– Rapaz, não me fale mais em perdão, pois no caso presente, comigo não funciona! Como seria fácil, depois de roubar os irmãos dizer "me perdoe" e ficar tudo bem, como se nada houvesse acontecido! Onde já se viu isso?

Para evitar que Cornellius provocasse uma discussão ou desagradasse Mateus, que ali se encontrava tão somente para ajudar, Nuno tomou a palavra:

– Eu vou pensar em tudo, Mateus, e com muito carinho procurar serenar o meu coração. Afinal, se quando os meus pais morreram, Enrico, que era o mais velho, nos abandonasse, que seria de cada um de nós? Ele ficou adulto nos cuidando como se fosse nosso pai! Errou, sim, mas não estou disposto a atirar pedras em quem, no passado, me amparou, trabalhando muito para me alimentar, me orientando e me educando como se fosse o meu pai – reiterou e prosseguiu falando –, por isso mesmo, posso adiantar que tenho disposição para perdoá-lo. Peço um pouco mais de tempo e creio que tudo caminhará bem.

Fez uma pausa, fixou o olhar em Mateus e disse:

– Antes de terminar essa importante reunião, eu gostaria que você, Mateus, me tirasse uma dúvida: você disse que já estava há, mais ou menos, oito anos ausente do lugar onde reside Enrico e que tomou conhecimento de uma maneira não muito comum, que ele corria perigo. Ora, na minha imaginação, segundo a sua fala, pude deduzir que se você se encontrava muito longe e a maioria ou ninguém lá gosta dele, quem lhe avisaria ou como soube, realmente, que Enrico corria perigo de morte? E, finalmente, o que significa comunicação de uma maneira não muito comum, conforme você disse há pouco?

– Na verdade eu tomei conhecimento de uma maneira, não muito comum, para quem não conhece a doutrina dos espíritos, mas, muito comum para quem a conhece.

Falou intencionado a encerrar o assunto. Mas percebendo que todos os olhares em sua direção expressavam interrogação, esclareceu:

– Eu sou médium, isto é, me comunico com os espíritos e eles se comunicam através de mim com outras pessoas. O espírito que me alertou sobre o incêndio que poderia ocorrer tendo como foco seu Enrico, se identifica com o nome de Antonella e disse que conhece, não apenas seu Enrico, mas todos da família, pois na sua última existência física, viveu aqui mesmo em Veneza. Encorajou-me a assumir esse compromisso, afirmando que estaria ao meu lado, colaborando, para que, agora, os corações se esvaziem do ódio, e o amor preencha-os de paz e alegria.

Nuno olhou na direção de Cornellius e os dois, assustados, ficaram sem palavras. Somente depois de alguns minutos, já que as evidências demonstravam a veracidade da informação, Nuno interrompeu o silêncio:

– Estou pasmo com esta informação! É verdade que Antonella viveu aqui e, além de se tratar de uma tia, pois era irmã do meu pai, foi a única pessoa que nos deu apoio depois da morte dos meus pais. Infelizmente, um ano depois, vitimada pela guerra, acabou também morrendo no desempenho da sua atividade, porquanto era enfermeira e atuava na Cruz Vermelha.

Cornellius tomou a palavra e falou com desdém:

– Chega a ser impressionante! Mas, enfim, compreendi. Você deve ser um feiticeiro, daqueles que enganam as pessoas para ganhar dinheiro fácil! Por isso mesmo Enrico deve ter se deixado iludir com essas coisas, a ponto de confiar cegamente em você. Eu queria saber quanto você vai receber dele no final de tudo?

Depois de permanecer por instantes com o olhar fixo em Cornellius, Mateus respondeu:

– O desatento não tropeça somente nos pedregulhos da estrada, mas, também, quando arrisca dar um palpite num assunto que ainda ignora. Se o senhor conhecesse a obra de Allan Kardec, jamais diria isso. Não me sinto ofendido por compreender que, por enquanto, o senhor não tem noção do que está dizendo. Quem sabe no porvir? Eu, seu Cornellius, me sinto à vontade para falar do que já aprendi até agora, do conteúdo do evangelho de Jesus e da doutrina espírita. Mas se o senhor quiser saber sobre feitiço, terá que perguntar a outra pessoa, pois eu nem sei o que é isso!

Nuno deu uma gargalhada e foi acompanhado por Theofillus e Donatella, enquanto que, Cornellius, percebendo que mais uma vez havia perdido a oportunidade de se calar, ficou novamente de cabeça baixa.

– Bem, – disse Mateus – aproveito para dizer que sem a disposição de perdoar fica muito difícil atingir o objetivo principal. Ninguém é obrigado a fazer o que não deseja, todavia, mesmo não sendo uma imposição de seu Enrico, tenho em mãos uma procuração com todos os poderes para resolver a tarefa que aceitei, estimulado pela preocupação por seu estado de saúde moral e espiritual. Mas nada ficará resolvido sem que haja a disposição de perdoá-lo, já que é este o seu principal desejo e a sua mais urgente necessidade.

Todos se entreolharam tomados de espanto com a decisão firme de Mateus e percebendo a desenvoltura no modo de se expressar, Nuno quis saber:

– Mateus, desculpe a curiosidade, prestando atenção com todo interesse na sua narração e principalmente no diálogo que você teve com Enrico, falou do seu emprego e do estudo que, provavelmente, deve estar perdendo aula estes dias com a finalidade de ajudar Enrico. O que eu gostaria de saber se trata de uma simples curiosidade, que curso você faz?

– Graças ao meu empregador faço o curso de medicina.

– Eu imaginei que você estudasse direito, pelo fato de ter vindo resolver um problema que se encontra aos cuidados da Justiça.

– Quando o perdão se torna a necessidade mais urgente, o amor deve se encontrar acima de qualquer conhecimento jurídico. Usemo-lo! – respondeu Mateus.

– Bem, como não há mais nada para hoje, vamos marcar mais um encontro, para daqui a quinze dias. Está bem assim? – perguntou Nuno.

– Eu não posso demorar muito aqui, por causa dos meus compromissos. Daqui a duas semanas, haja ou não resolvido, eu terei que retornar.

– Mas eu queria convidá-lo para passar um fim de semana conosco, somente para conversarmos, principalmente sobre assuntos ligados ao espiritismo, que sempre me chamou muito a atenção. Você, Donatella, não poderá faltar. Venha, minha cunhada! Vamos reatar os laços que, temporariamente, foram desatados. Você, também Theofillus, se estiver disponível. Afinal, alguém tem que ser intérprete de Mateus.

Motivado pelo que acabava de ouvir de Mateus, em referência à vida espiritual, Theofillus convidou-o para passar a semana seguinte em sua casa, mas Donatella pediu que deixasse Mateus com ela, já que ele não havia, ainda, concluído as explicações dos assuntos que muito lhe interessavam sobre a vida espiritual, ao que Theofillus respondeu sorrindo:

– Todo seu, para ouvi-lo, Donatella!

13

SEMEANDO A CONCÓRDIA

Sem a fertilidade do amor, não germinam e
nem florescem as sementes da paz.
Dizzi Akibah

E, ASSIM, ELA passou aqueles dias perguntando sobre a vida do espírito, quer no corpo físico ou fora dele, no mundo espiritual, até chegar o fim da semana, quando se dirigiram à casa de Nuno em atendimento ao convite feito por ele. Durante o trajeto ela se lembrou de Cornellius e disse, demonstrando preocupação:

– Embora tenha se mostrado satisfeito com a minha narrativa, não saberei o que dizer a Cornellius se ele se encontrar disposto a externar a sua revolta, como ocorreu na semana passada.

– Não permita, dona Donatella, que palavras carregadas de azedume, penetrem a porta imaginária do coração, isto é, da sua sensibilidade. Em vez disso, enquanto ele estiver falando, emita para ele vibrações de paz. Se por acaso sentir dificuldade, recorra à sugestão de Nosso Senhor Jesus Cristo: *amai-vos uns aos outros, como eu vos tenho amado.*

Apesar da preocupação de Donatella, ao chegarem à casa de Nuno, foi justamente Cornellius quem os recebeu com atenção e cordialidade, desfazendo as impressões contraditórias de Donatella:

– Mesmo não sendo eu o dono da casa, sejam bem-vindos! – falou estendendo a mão para cumprimentá-los e prosseguiu com demonstrações de gentileza, apontando as cadeiras para se sentarem. – Vou avisar a Nuno que vocês já chegaram.

Num canto da varanda havia um banco de mármore e junto, uma roseira, cujos galhos repletos de flores pendiam, tomando parte do assento. Vendo, Donatella sentou-se na parte livre do banco e ficou observando a forma e a beleza das pétalas, sobrepostas harmoniosamente, demonstrando a perfeição da natureza divina. Instantes depois, fechou os olhos e falou com profundo sentimento:

– Oh, Deus, antes, eu não sabia onde encontrá-Lo! Entretanto, depois que abri a minha mente para ouvir e o meu coração para sentir o que tenho ouvido deste Seu filho, tão jovem, tão simples e cheio de sabedoria, acabo de sentir a Sua presença na simplicidade, na beleza e no perfume destas rosas.

As expressões de Donatella demonstravam o quanto ela estava cheia de admiração por Mateus, principalmente porque, antes, demonstrava-se cética em relação à presença divina na natureza e em si mesma. Todavia, durante a semana, ouvindo explicações claras em resposta às perguntas que fazia, achava que Mateus era pura sabedoria... Uma sumidade! Ela ainda não tinha noção de que ao reencarnar deixara entes queridos no outro lado da vida e que um deles, vinha usando, durante aqueles dias, a sensibilidade mediúnica de Mateus, tentando ajudá-la a despertar potencialidades adormecidas no íntimo. Ainda mirando as flores, ela parecia estar tão distante que acabou se assustando ao ouvir a voz de Nuno que chegava ao local:

– Salve, Donatella! Estou muito contente por você ter aceito o meu convite! Fecha-se um círculo, abre-se outro!

Depois de cumprimentar Mateus, ele falou, dirigindo o olhar na direção do irmão, Cornellius:

– Quero deixar claro que a minha intenção, hoje, é viver bons momentos ao lado de vocês. Mas para que isso ocorra é indispensável que não abordemos assuntos ligados às questões que tratamos na semana passada, sobre os interesses de Enrico. Vamos nos divertir e nos sentirmos bem.

– Isso mesmo! Embora o livre-arbítrio nos proporcione oportunidade de escolha, é preferível a alegria em lugar da tristeza, a simpatia, em vez da antipatia e o amor ao invés do ódio. Do contrário, perde-se até mesmo o gosto pela vida – concordou Mateus.

Embora tenha demonstrado interesse de versar assuntos diferentes da semana anterior, depois de pedir a Donatella para atuar como intérprete de Mateus, sentou-se ao lado dele e perguntou, demonstrando o quanto havia se interessado pelo perdão:

– Qual o sentido da afirmação de Jesus que devemos perdoar setenta vezes sete vezes, o que perfaz quatrocentas e noventa vezes?

– Conforme esclarecimentos dos espíritos, há um entendimento de que devemos perdoar tantas vezes quantas forem necessárias para o estabelecimento da harmonia entre as criaturas humanas. Pedir perdão é estar de mão aberta e estendida, rogando reconciliação. Perdoar, entretanto, é um ato de amor ao próximo. O que concede o perdão é o primeiro beneficiado, pois retira do íntimo as vibrações ruins da mágoa e do ressentimento. Mas, se preferir não conceder o perdão, além de tomar para si os efeitos do conflito, acaba ficando numa situação pior do que a do causador da ofensa. O que solicita o perdão, se for atendido, restabelece o entendimento interrompido e, consequentemente, a harmonia íntima.

Depois de uma pausa ele prosseguiu:

– Foi isso que vim tentar fazer aqui, senhores Nuno e Cornellius, pois não há em mim, qualquer pretensão de impor condições. O que eu disse em relação a avaliar a predisposição de perdoar, foi e continua sendo um incentivo, já que fui recomendado pelo seu Enrico a fazer tudo ao meu alcance como meio de motivá-los, pois, embora a minha pouca experiência de vida, eu pude notar que havia sinceridade nas suas expressões. Não posso duvidar, pois ele vem aos poucos demonstrando interesse em relação à crença em Deus e ao desapego às coisas materiais, tanto que se mostrou disposto a abrir mão de tudo o que tem para sentir novamente o calor da amizade junto aos irmãos e demais parentes – reiterou Mateus.

– Mateus, – falou Nuno com bastante firmeza – antes nem tanto, contudo, agora que, graças a você e a sua paciência, começo a compreender o perdão por uma ótica bastante lógica, acho que já estou na condição de satisfazer o pedido do meu irmão Enrico. Gostaria muito que você permanecesse entre nós, por mais tempo e ao sair daqui, levasse o êxito da sua tarefa. Entretanto, se isso não ocorrer, não se entristeça, porque eu, particularmente, ganhei algo inestimável com a sua presença, a abertura de um novo caminho por onde desejo, doravante, trilhar e farei tudo para que a minha família siga em frente comigo, pois o novo caminho que me refiro, é o que leva a Jesus.

– É pena que eu terei que retornar na próxima semana, tendo ou não, estabelecido o acordo.

Cornellius interessado em participar da conversa, tomou a palavra:

– Até agora eu me limitei apenas a ouvir. Mas sem querer contestar os seus conhecimentos sobre o perdão, eu me encontro numa situação dúbia. Há momentos em que eu chego a ficar convicto que o melhor caminho é o que você sugere. Entretanto, isso dura pouco, porque ao me lembrar de Cirus, logo me surgem pensamentos de revolta contra Enrico e acabo até sentindo aversão a ele, como está acontecendo neste momento. Essa situação me deixa muito desconfortável! Que você sugere, Mateus?

– Nos momentos de dificuldade ou desconforto íntimo, lembre-se de Jesus que, no alto da cruz onde terminava a sua existência física, se dirigiu assim a Deus: *Pai, perdoa-os, eles não sabem o que fazem!* Ele, o maior ser que passou pela Terra, pediu para Deus perdoar aqueles que haviam lhe condenado e os que procederam à crucificação.

Mateus fez uma pequena pausa e depois prosseguiu:

– Os bens materiais perdem o seu total valor quando passamos pela morte. Mas se o desencarnado prossegue apegado a eles ou alguma situação negativa ligada ao sentimento, não se liberta do sofrimento. Falo, nesse instante, dirigindo-me também a Cirus, já que toma parte, presentemente, deste nosso encontro.

Fez mais uma pausa e prosseguiu:

– Lembremos do que disse Jesus àqueles que queriam apedrejar a mulher adúltera: *quem não tem pecado, atire a primeira pedra*. Há alguém aqui entre nós que esteja isento de erros, a ponto de atirar a primeira pedra em seu Enrico, que vive triste, desiludido, desesperado e amargando solidão? Penso que não! Nem mesmo Cirus, se ainda estivesse vivendo no corpo físico, faria isso!

Achando que já havia falado demais, Mateus silenciou e baixou a cabeça, achando ser um ato de ousadia falar daquele jeito a Nuno e Cornellius que tinham idade, talvez, superior a do seu pai e a Donatella, que poderia ser sua mãe.

– Eu acho que errei ao pedir que não tratássemos, hoje, desse assunto. Confesso que estou me sentindo gratificado com o que acabei de ouvir. Mas, agora, façamos como as crianças quando chega a hora do recreio.

Cornellius se levantou, falando:

– Bem, agora eu tenho que ir. Mateus, até que por mim mesmo, a essa altura, deixaria tudo pra lá, reveria e abraçaria o meu irmão Enrico. Mas, como já disse, basta eu pensar nisso, me vem a lembrança de Cirus e acabo mudando as intenções.

– Não há qualquer erro em esquecê-lo. Cirus está usando a sua mente para sugerir vingança. Quando isso lhe ocorrer, convide-o para juntos fazerem uma oração. Diga a ele, "eu falo e você repete as palavras da oração", mais ou menos assim.

Depois de fechar os olhos ele começou a falar:

> – *Deus de amor, bondade e justiça, dê-me forças para que eu consiga me libertar do ódio que envenena a minha vida e do sentimento de vingança que corrói a esperança, a paz e a alegria de viver. Liberta-me, Senhor, desses males, para que eu ascenda na sua direção, sentindo a suavidade do seu divino amor. Ajuda-me, Senhor, a penetrar em mim mesmo, identificar as minhas deficiências e silenciar os erros alheios. A não julgar, pois, se assim não for, serei medido pela mesma medida. Que eu possa ser simples como as flores do campo, a brisa que perpassa, o pássaro que canta, a criança que ri... E, assim, sentir a firmeza da Sua amorosa paternidade como Pai criador que é, de todos os seres vivos e de todas as coisas.*

Mateus falava, Donatella traduzia e todos, Cornellius, Nuno, esposa e filhos repetiam cada palavra da oração. Ao abrir os olhos, finalizando a prece, Mateus viu com surpresa, todos ainda ajoelhados no chão. Ele não percebeu durante a prece, porque se concentrara de tal forma, que a visão perispiritual suplantou a do corpo físico. Quando todos se levantaram ele se dirigiu a Cornellius:

– O seu irmão Cirus era um pouco mais alto do que o senhor, tinha um rosto comprido, o nariz afilado e o cabelo ruivo. Do lado direito do rosto, próximo ao supercílio, uma cicatriz com a forma parecida de um balão. Ele era assim, ou eu me enganei?

– Sim, era isso mesmo! Enrico lhe falou sobre ele?

– Seu Enrico nunca tratou comigo de particularidades da sua família, a não ser o que me pediu para tentar resolver aqui. Durante a prece vi alguém com essa aparência junto do senhor. Logo que surgiu, parecia uma sombra opaca. Mas à proporção que eu continuava a prece, a imagem foi clareando até eu poder ver nitidamente, com os traços que acabei de falar.

– Nem diga isso! Eu já estou todo arrepiado de medo! – falou Cornellius, com os olhos arregalados.

Depois de sorrir à vontade, Mateus disse-lhe:

– Não tenha receio porque Cirus continua sendo a mesma pessoa. Só não está mais ligado ao corpo físico. Não esqueça de convidá-lo para orar, pois se ele prefere estar ao seu lado, possivelmente, há sintonia. A oração, então, poderá dar um bom resultado.

– Sempre foi assim, desde que éramos meninos. Lembro-me quando Cirus fazia algo errado, que Enrico se aproximava intencionado a dar palmadas, ele corria para junto de mim e eu então falava: "para bater nele, vai ter que bater em mim também!". Eu era o seu escudo!

– Então ninguém melhor para sugerir que ele perdoe o irmão e se liberte das mazelas do ódio.

– Já que ele, depois da morte, continua vivo, porque não aparece aqui para todos vê-lo?

– Será que há preparo para isso ou sairiam todos daqui, correndo desesperados de medo?

Depois de rir à vontade, Nuno disse:

– Acho que nem eu ficaria. Seria o primeiro a saltar o portão e correr rua afora!

– Eu também! – falou Cornellius, impressionado -, a essa altura acho que eu já havia chegado em casa, ofegante. Tenho muito medo dessas coisas. Para mim é tudo assombração. Embora Cirus tenha sido meu irmão, ele já morreu. Que vá para o lugar que merece ficar. Que Deus tome conta dele, porque junto a mim, não é o seu lugar.

– Ora, seu Cornellius, somos todos espíritos criados por Deus. A morte do corpo físico não modifica o ser espiritual. Continua tal qual antes.

– Com essa agora é que vou me embora mesmo! Mas de qualquer jeito vou tentar convidá-lo para orar comigo, mesmo que eu esteja morrendo de medo. E quanto a perdoar ou não perdoar, vou pensar direitinho no assunto, até que eu sinta vontade de decidir.

– O senhor está sendo motivado. Não forçado!

Um pouco mais calmo, Cornellius se despediu e Mateus, convicto de que ele estava passando por uma situação obsessiva causada pelo próprio irmão desencarnado, compreendeu que somente num centro espírita, como o que ele atuava em Curitiba, poderia tratar da desobsessão e por antecipação, concluiu que, apesar da expectativa de Enrico, voltaria sem concluir a tarefa, pois àquela altura, a prioridade era cuidar da situação de Cirus, o que não passou despercebido por Donatella que, entristecida, dirigiu-se a ele:

– Você, agora é a minha única esperança, pois estou me sentindo reclusa e, além de muitas saudades dos meus filhos, acho que Enrico está precisando muito de mim!

– Nada está perdido, dona Donatella! É somente uma questão de tempo. Meu único problema agora, é dar conta disso a seu Enrico, pois não imagino qual será a sua reação, uma vez que confiou muito que tudo seria resolvido.

Nuno fez questão de seguir com Mateus e Donatella até deixá-los em casa. Antes de sair se dirigiu a Mateus:

– Preciso vê-lo outras vezes, pois me interessei muito pela doutrina dos espíritos. Quero explorar a sua sabedoria.

– Ora, seu Nuno, eu não sei quase nada! Lá em Curitiba, conheço algumas pessoas que as tenho como mestras, já que sabem muito do conteúdo do evangelho e da codificação de Allan Kardec. Além do que venho estudando aprendo muito com elas, pois estou ainda começando. O que falo em certas oportunidades não é do meu próprio conhecimento, mas dos espíritos que me ajudam, quando necessário, através da minha sensibilidade mediúnica. Mas, ainda assim, pode contar comigo até onde vai o meu pouco conhecimento. Posso sugerir que adquira *O Evangelho segundo o Espiritismo* e *O Livro dos Espíritos*, não simplesmente para ler, mas para estudá-los por muito tempo ou até mesmo por toda esta existência!

– Isso tudo, Mateus?

– E muito mais, pois há muitas outras obras, além das que compõem a codificação de Kardec. A doutrina espírita, que é o Consolador prometido por Jesus, conta com uma grande literatura. Estudar sempre, despertar sempre, ascender e fazer brilhar cada vez mais a luz do "amor a Deus sobre todas as coisas e ao próximo como a si mesmo." Para começar, escolha um dia na semana e no mesmo horário, reúna a família e faça o estudo do evangelho em sua casa. Se alguém, contudo, não quiser participar, não deve forçar.

Nuno olhou para Donatella e perguntou:

– O que você acha disso?

– Se você acatar a sugestão e me permitir, eu estarei participando.

– Mateus, já que você vai viajar no domingo, convido-o para passar o sábado conosco e você também, Donatella!

Donatella propôs a Mateus que durante aquela semana, saíssem a passeio pela cidade. Mas o seu maior interesse era ver se encontrava, numa livraria, os livros sugeridos por ele, para começar o estudo do evangelho e da doutrina espírita. Havia apenas uma livraria que vendia livros espíritas, mesmo assim, Saymon, o proprietário, um francês que se estabelecera ali há algum tempo, não expunha-os nas prateleiras, receoso, pois na época, a doutrina dos espíritos ainda não era bem-vista em alguns países europeus. Mateus adquiriu cinco unidades de *O Evangelho segundo o Espiritismo* e cinco de *O Livro do Espíritos*. Ainda na livraria, depois de escrever uma pequena mensagem fraterna na qualidade de dedicatória, ofereceu dois exemplares a Donatella, o que a deixou radiante:

– Na próxima vez que nos encontrarmos, Mateus, já saberei conversar com você sobre os ensinamentos de Jesus e os conhecimentos da doutrina espírita!

No sábado, rumaram à casa de Nuno e para surpresa de ambos, lá encontraram além da família de Nuno, Cornellius, também com toda a família e ainda Luna, que fora esposa de Cirus e filhos. Vendo tanta gente, Mateus se aproximou de Donatella e perguntou:

– Para que seu Nuno nos convidou se a casa já está com tanta gente?

– Nuno é imprevisível. Quando decide por algo, nunca deixa de realizar e nem demora a dar início. Quem sabe vai lhe pedir para falar novamente sobre os mesmos assuntos de domingo passado.

Terminaram de falar, Nuno e Cornellius já estavam se aproximando deles, de mãos estendidas para cumprimentá-los. A convite de Nuno, Theofillus acabava de chegar e antes dos cumprimentos, Donatella disse em bom tom:

– Benvenuto (bem vindo), Theofillus! Vamos dividir as tarefas de modo que a maior parte seja sua, porque na semana passada você não estava aqui para me ajudar! Hoje serei intérprete somente de Mateus e você... dos outros todos!

– Não será nada para mim, Donatella, se comparado à honra de ter sido convidado para participar de uma reunião de famílias que, mesmo sem que eu pertença a elas por laços consanguíneos, me recebem de corações abertos, o que me faz expandir a alegria que sinto neste momento!

Depois dos cumprimentos, Mateus foi logo falando:

– Já que amanhã estarei retornando, quis deixar para os senhores uma lembrança. Tê-los conhecido não foi somente uma grande satisfação para mim, mas sobretudo de um importante significado, cujo sentido, por enquanto, ainda não posso esclarecer, mas já que nada fica oculto, certamente um dia, não sei quando, haveremos de encontrar.

Eles foram abrindo, apressados, os pacotes e, ao verem os livros, não ocultaram a satisfação e a alegria de estarem recebendo um presente valioso, como acabou se expressando Nuno:

– Oh! Este é o melhor presente que eu poderia receber neste momento em que desejo abrir um novo horizonte em minha vida!

– E eu também vou tentar. Mas fique certo de que seu presente me agradou muito, Mateus! – falou Cornellius, o que acabou sendo uma surpresa agradável para todos.

– É um valioso presente, Mateus – disse Theofillus visivelmente emocionado. – Não somente pelos novos conhecimentos que as referidas obras contêm, mas sobretudo, tê-las como lembrança do gentil doador, em quem deposito a minha maior estima, amizade e consideração – falou referindo-se a Mateus.

– Bem, – disse Nuno se dirigindo a Mateus – eu reuni todos aqui e vou lhe apresentar agora, a quem você ainda não conhece, para que se sinta bem e à vontade.

Depois das apresentações da esposa e filhos de Cirus a Mateus, Nuno voltou a falar, cheio de empolgação:

– A minha intenção, Mateus, era pedir a você para falar sobre a vida espiritual, porque o assunto já começou a agradar a quase todos da nossa família. Entretanto, agora que você nos trouxe estes valiosos presentes, gostaria de saber, já que você sugeriu fazer o estudo do evangelho no lar, se seria possível ou viável, fazermos o primeiro hoje com a sua presença.

– Sim, é uma boa sugestão.

– Então, depois do almoço, mais ou menos às três da tarde. Fica bem para você?

– Para falar de Jesus, qualquer hora é sempre boa!

Assim, às três da tarde todos estavam sentados ali mesmo na varanda, onde Nuno colocou uma mesa e convidou Mateus e Donatella para ocuparem os lugares.

Mateus, então, dirigiu-se a ele:

– Seu Nuno, eu chego a me sentir emocionado com a sua gentileza e o excelente tratamento. Todavia, peço que não reserve lugar de destaque para mim, uma vez que tenho convicção de que não há em mim, qualquer razão que justifique destaque, por simples que pareça e consciente disso, certamente, não me sentiria à vontade. O senhor e dona Ariana, pai e mãe da família deste lar, ficarão muito bem aí, e a minha participação será a mesma, sentado em qualquer outro lugar.

– Está bem. Então, qual é o primeiro passo?

Mateus pediu que colocasse uma ou mais jarras com água sobre a mesa e logo a seguir, sob o olhar curioso de todos, sugestionado pelo espírito Antonella, que se encontrava ao seu lado, ele acenou para uma das filhas de Nuno, em quem identificou sinais inequívocos de mediunidade e pediu-lhe que fizesse a prece. Ela quis se esquivar, mas ele então disse-lhe:

– Você pode fazer e vai se sair muito bem. Basta se despreocupar, uma vez que você vai se dirigir a Jesus e as palavras chegarão à sua mente. Agora feche os olhos e pense em Jesus. Não se preocupe no que vai dizer, não tenha pressa, só fale quando as palavras começarem a chegar à sua mente. Pense em Jesus! – repetiu.

Depois de cinco minutos de total silêncio, Alexia começou a falar:

> – *Jesus, mestre divino, aqui reunidos em família, neste momento, cujo objetivo é, através das suas lições redentoras, lhe encontrar e lhe conhecer, pois já nos sentimos cansados e saturados das coisas do mundo, ao que tantas vezes nos prendemos e o resultado é sempre a frieza de coração que nos distancia uns dos outros, gerando a indiferença em vez de seguir a sua recomendação de amarmos ao próximo como a nós mesmos.*
>
> *Que a tua divina bondade desperte o amor em nossos corações, para que uma pequena chama possa, doravante, clarear as tri-*

lhas por onde todos nós tentaremos caminhar na direção de Deus, Pai e criador de todos nós.

Alexia fez uma breve pausa e concluiu:

Confiamos na tua amorosa assistência para darmos início, neste instante, ao estudo do evangelho em nosso lar, pois, desejamos diminuir a distância que mantemos do senhor, embora saibamos que está sempre conosco.

Ela terminou a prece e todos silenciaram. Ouvia-se apenas o ruído produzido pelas embarcações, já que a casa ficava à margem de um dos mais movimentados canais.

Ela olhou para Mateus e ele, então, disse:

– Vamos pedir a Jesus que nos inspire a lição apropriada para esta ocasião.

Depois de olhar na direção de Alexia, pediu que ela colocasse o dedo entre as páginas e abrisse o evangelho.

– Não julgueis, para não serem julgados.

Donatella estava sentada junto de Mateus. Ele falava e ela traduzia:

– Quem deseja ler o texto do evangelho?

Como todos ficaram em silêncio, Luna, a que foi esposa de Cirus, foi até a mesa, pegou o evangelho e começou e fazer a leitura.

Depois disso, Mateus orientou:

– O tema está aberto para todos nós e cada um pode falar o que entendeu. Vamos manter, apenas, a intenção de estudar. Não se trata de debate!

Nuno tomou a palavra e disse o que havia entendido. Logo depois, uma das filhas de Cornellius. Aos poucos, todos foram perdendo a timidez e até as crianças que estavam presentes quiseram também participar. Mateus sorria de contentamento. Depois de algumas considerações, ele pediu aos espíritos que haviam se prontificado a acompanhar o estudo do evangelho naquele lar, que energizassem a água e novamente o silêncio se fez.

Depois da ação dos espíritos sobre a água, Nuno se concentrou e fez uma bonita prece a Jesus, agradecendo por aquele momento, para ele, bastante emotivo. Afinal, estava, através das lições luminosas do Mestre Divino, trazendo-o ao seu lar, a sua família e a todos que ali se encontravam.

Meia hora depois, Mateus se despedia de todos que, bastante sentidos, gostariam de retê-lo ali por mais tempo. Mas, ele, já tendo colocado as sementes no terreno dos corações que, por ora, ofereciam condições de germinação, sabia que era o momento de deixá-los para que seguissem de acordo com as suas próprias possibilidades.

No dia seguinte, ao chegar no porto para embarcar num navio, Donatella estava ao seu lado, enxugando a todo momento as lágrimas que brotavam por causa da emoção. Não era para menos. Ela via Mateus, naquele momento, como uma luz que clareou a sua mente, gerando esperança e abrindo um novo horizonte para a sua vida. Desejava muito retê-lo junto a si como se fosse um filho amado. Além dela, estavam juntos para a despedida, Nuno e a esposa Ariana, Theofillus e Cornellius que também estava acompanhado pela esposa, Carlota.

– Adeus, – disse Mateus – nunca esqueçam que Jesus é o caminho, a verdade e a vida! Eu levo de todos as melhores lembranças, as quais jamais sairão da minha mente, pois tenho motivos profundos para isso. Espero que possamos nos reencontrar, para concluir o que começamos, pois as famílias se uniram, para seguir pelos caminhos de Jesus, mas ainda falta alguém, que espera um gesto de compaixão para aliviar a dor do remorso e do arrependimento. Espero ver um dia, seu Enrico, dona Donatella e os filhos, também tomando parte desse banquete de amor que deixa em festa os corações.

– Verá, Mateus! Verá, pois do contrário, nada valeria a nossa decisão de buscar Jesus para as nossas vidas! – exclamou Nuno, acenando para Mateus, que já entrava no navio, para o embarque.

14

NOVOS DESAFIOS

Sem a confirmação da prática, a instrução torna-se inócua.
Dizzi Akibah

NUMA MANHÃ DE quinta-feira, Mateus chegou tão alegre e satisfeito em Curitiba, que nem mais se lembrava de que haveria de prestar contas a Enrico Fellipo dos resultados da viagem a Veneza e também que se encontrava desempregado e sem teto.

Todavia, em vez de se deixar abater, como comumente ocorre com a maioria das pessoas, ele, que já havia experimentado situação análoga, se manteve equilibrado e voltou a mente ao passado, quando saiu do cafezal: a viagem de trem, a sua chegada a Curitiba, o apoio de Egídio e, ao se lembrar da pensão onde havia ficado hospedado, verificou o resto do dinheiro que sobrara da viagem e para lá seguiu. Eleodora, a dona da pensão, cumprimentou-o expressando alegria e contentamento:

– As portas da casa e do meu coração estão abertas para você, meu filho!

– Então, primeiro vou passar pelo seu coração e depois pela porta da pensão.

– Você pode ficar aqui o tempo que desejar!

– É somente por uma semana, porque o dinheiro que disponho, não dá para mais do que isso.

– Ora, Mateus, se acabei de dizer que a porta do meu coração está aberta, é porque você conta comigo, mesmo que lhe falte dinheiro. Que são alguns trocados a menos para mim, se tratando de você?

Mateus pôs a mala no chão, abraçou carinhosamente a mulher, embora não imaginasse a razão da gentileza com que ela o tratava, pois, lembrava-se de que, na primeira vez que ele ali estivera, ela demonstrara a fisionomia fechada, no semblante sinais de aparente amargura e que sequer havia conversado com ele. Assim, fazendo a comparação de antes com o momento presente, ele pensou:

"Quem pode desvendar a mente e o sentimento das pessoas? Acho que ela mesma falará sobre isso. Mas, melhor mesmo é que ela não fale, porque não é certo querer saber, curiosamente, da vida alheia."

A partir do dia seguinte, ele saiu procurando emprego e somente depois de oito dias conseguiu a promessa de uma ocupação numa fábrica de sabão. Mesmo assim, além das exigências do empregador e do trabalho que seria cansativo, começaria ainda no dia primeiro do mês seguinte.

Tendo que esperar quinze dias, ele resolveu dar conta a Enrico Fellipo do encargo que lhe confiou, consciente de que saberia entendê-lo, mesmo que ele não aceitasse as suas explicações.

– Bem, é possível que ele se desespere e eu não saberia entendê-lo se não houvesse me colocado em seu lugar. Mas, como já fiz isso algumas vezes, tenho o dever de tolerar com paciência – falava para si mesmo, durante a viagem.

Assim, com esse pensamento, Mateus foi se aproximando da casa de Enrico e, apesar das expectativas, sentia-se muito alegre, porque iria se encontrar com Cecília, convicto de que ela continuava trabalhando na casa do patrão. Ele foi direto à porta, mas antes de chamar, viu uma pessoa deitada junto à parede da casa, protegendo-se da chuva e do frio, com um velho cobertor, já que estava em plena estação de inverno.

– Bom dia! – disse Mateus aproximando-se.

Como o homem não respondeu ao cumprimento, ele perguntou curioso:

– Por que o senhor está aqui fora nesse frio, junto a uma casa tão grande onde reside apenas uma pessoa?

– Ora, moço, a casa não é minha! Se o dono nem quer que eu fique aqui encostado na parede, como imaginar ser acolhido dentro dela?

Mateus se dirigiu à porta pensando:

"Tudo está relacionado. Ora, como seu Enrico quer o bem para si, sem nada fazer pelos outros? Se não há ainda compaixão e nem piedade em seu coração, como esperar que coisas boas lhe ocorram?"

Chamou e ouviu a voz de Enrico lá de dentro:

– Estou indo!

Ao perceber que se tratava de Mateus, ele se encheu de alegria:

– Menino Mateus, já não aguentava mais esperá-lo para receber a boa notícia!

– Antes de conversarmos sobre o que lhe interessa, seu Enrico, me responda, por favor, por que aquele pobre homem está no relento em pleno inverno, se a sua casa é tão grande e o senhor reside sozinho nela?

– Não sei quem é ele e nada tenho com isso! Acha, menino Mateus, que devo acolher um desconhecido dentro de casa? Não posso fazer isso! Você mesmo sabe quanto dinheiro eu tenho aqui guardado! Se esse desconhecido me roubasse e eu não pudesse pagar aos meus irmãos? Iria tudo por água abaixo!

– Seu Enrico, para alcançarmos o bem que desejamos é preciso, antes, não negá-lo a outrem. Mas, infelizmente, se nos deixarmos dominar pela frieza do coração, sob o domínio do egoísmo, as portas estarão fechadas e os caminhos que conduzem ao bem, interditados. É o que vejo acontecer aqui neste momento. Como pode o senhor à noite se aquecer embaixo de cobertores e nada sentir por este pobre homem que, além do estômago vazio, está com a roupa molhada e tremendo de frio?

– Menino Mateus, pare de se afligir com este mendigo já que não sabemos a sua procedência e vamos tratar do que nos interessa!

– O que mais interessa, agora, está voltado para ele. Acolha-o, dê-lhe uma roupa enxuta, comida e depois disso conversaremos!

Enrico saiu resmungando:

– Pensei que você já tinha perdido a mania de ser meu pai! Mas continua o mesmo, obrigando-me a fazer o que não quero!

– O senhor não quer, mas é bom fazer o bem! Se esqueceu do ensinamento de Jesus, *a cada um segundo as suas obras*, que tantas vezes já lhe falei? Comece, mesmo com má vontade!

Não tendo outra opção, já que estava ansioso para saber os resultados da viagem de Mateus, ele acolheu o homem e fez o que Mateus pediu. Depois disso, perguntou:

– Qual é a próxima exigência que o "faz de conta que é meu pai", exige como condição para conversar? – ironizou.

Mateus respondeu sorrindo:

– Bem, agora podemos conversar.

Sob o olhar fixo de Enrico Fellipo, Mateus falou do que havia conseguido realizar, se referiu com bastante entusiasmo a Donatella, explicando que não foi por ingratidão que ela não havia retornado e nem mandado notícias, mas, dentre outros motivos, porque teria sido impedida de sair do país pela Justiça, e assim, concluiu:

– Teremos que esperar, não sei ainda se pouco ou muito tempo, contudo, peço que tenha paciência, porque ficou bem encaminhado e garanto que vai dar tudo certo.

– Então, pelo que eu acabo de ouvir, você fracassou, menino Mateus! Não soube, certamente, explicar as coisas, conforme eu esclareci e confiei!

– Seu Enrico...

– Não fale, porque não desejo ouvir nada mais do que a prestação de contas do dinheiro que coloquei em suas mãos, porque deve ter sobrado alguma importância e eu quero, mesmo que seja algumas moedas!

– Não há sobra e se houvesse, seria muito justo que o senhor me oferecesse, porque para viajar, tive que sair do emprego. Além de desempregado, estou sem ter onde morar, já que eu morava no local de trabalho. Se dona Donatella não me convidasse para ficar na casa dela, certamente o dinheiro não daria sequer para pagar a passagem de volta.

– Você não fez nada a não ser gastar o meu dinheiro. Má hora em que eu confiei em você!

– Seu Enrico, tenha paciência! É somente uma questão de tempo. Tudo vai dar certo!

– Retire-se da minha presença e leve com você, já que ficou cheio de piedade, este mendigo imundo! – falou odiento.

– Oh, Deus, tanto esforço empreendido e nada resolvido!

Mateus foi ao quarto no fundo da casa onde estava o homem e disse-lhe:

– Venha comigo, porque o dono da casa acabou de nos pôr para fora.

Lá fora Mateus se lembrou de Cecília e Mariana e estranhou não vê-las ali na casa onde trabalhavam. Quis saber, mas compreendendo que não havia condições emocionais para perguntar, preferiu procurá-las em casa. Na trajetória, puxou conversa com o velhinho Antenor.

– O senhor vem de onde?

– De uma dura experiência!

– Como chegou aqui neste lugar e com que finalidade?

– Eu vim lá do Nordeste procurar a minha filha que há muitos anos não vejo. Sei que ela vivia aqui, porque coincide com os detalhes da última carta que me escreveu.

Depois de ficar calado por instantes, ele voltou a falar em tom de queixa:

– Olha, moço, que situação: a minha esposa morreu, meus oito filhos espalhados aí pelo mundo sem sequer uma linha numa folha de papel para eu saber se ainda estão ou não vivos. Para completar, um sobrinho meu se apoderou da minha pequena propriedade onde eu trabalhava para viver e me pôs para fora. Não fosse o dinheirinho guardado que minha filha me mandava de quando em vez, eu nem teria chegado aqui.

– Qual é o nome dela?

– É Isaura.

– Se for quem eu estou pensando, o senhor vai ter uma grande surpresa, porque estamos indo à casa dela.

– Não, moço, a casa está fechada e me informaram que ela foi embora daqui! O pior é que ninguém sabe para onde.

Mateus foi tomado de surpresa, mas ainda assim achava que Antenor poderia ter se enganado. Pois se fosse verdade – pensava ele – "o que teria acontecido com Cecília?" Assim mesmo, se aproximou da casa, chamou, chamou, até que alguém atendeu e disse-lhe que a pessoa que ele procurava já não residia ali e que a casa tinha sido vendida ao dono do lugar, no caso, senhor Enrico.

– Sabe para onde elas foram?

– Acho que ninguém por aqui sabe.

Mateus saiu do local pensando: "por que será, meu Deus, que estou enfrentando estas desventuras?".

Depois disso, voltou-se para o idoso e disse-lhe:

– Eu não sei o que fazer com o senhor, porque não tenho um teto para lhe acolher. O dinheiro que tenho daria para pagar a minha e a sua passagem de trem até Curitiba. Mas, o que faremos lá, sem casa, sem comida...

Olhou para o idoso e vendo-o com lágrimas descendo rosto abaixo, denunciando a tristeza e a incerteza que experimentava, enterneceu-se profundamente e perguntou a si mesmo: "Se fosse Jesus que se encontrasse com este homem, nesta difícil situação, que faria?".

Imediatamente ele se lembrou das palavras de Jesus: *me viste nu e não me cobriste, doente e não me visitaste, com fome e não me deste o que comer...*

Segurou no braço do idoso e falou bem mais animado:

– Vamos!

Não poderia ser diferente, pois a sua sensibilidade não permitiria agir de outro jeito. Além disso, Antenor era o avô de Cecília, a eleita do seu coração.

Chegando em Curitiba, Mateus se dirigiu à pensão e teve a seguinte conversa com Eleodora:

– Este homem não tem ninguém por ele, embora tenha oito filhos, sequer sabe o paradeiro deles.

– O que você acha que eu posso fazer, Mateus?

– Queria propor à senhora, deixá-lo aqui comigo e logo que eu receber o primeiro salário, do meu novo emprego, pagarei as despesas da estadia dele.

– Oh, Mateus! Embora eu tenha uma grande dívida de gratidão para com você, infelizmente não há condição de esperar mais de um mês para receber o pagamento, porque para a pensão continuar funcionando, tem que haver dinheiro, diariamente, em mãos, para comprar comida para os hóspedes. Você pode ficar hospedado aqui o tempo que quiser sem precisar pagar nada! Contudo, os dois, eu não posso!

– Além dele ser idoso, está com o organismo fragilizado e não tem como trabalhar, pelo menos até cuidar da saúde. Em nome da gratidão que a senhora afirma manter por mim, peço-lhe deixá-lo em meu lugar. Pode ser?

– Mas o que será de você, vai ficar no relento?

– Sou jovem, sadio, cheio de esperança e fé em Deus. Concorda, então?

– Como eu poderia lhe dizer um não?

– Se não consegue me dizer um não, diga-me então, que fiz para merecer a sua gratidão, se não me lembro de nada que tenha feito pela senhora?

– Eu acho que você nem sabe, mas vou lhe contar: na primeira vez que você se hospedou aqui, eu estava passando por uma situação tormentosa. Meu marido, que era um homem ciumento e muito difícil de conviver, morreu e, desde o dia do sepultamento, começou a me aparecer em sonho e eu acordava apavorada. O pior era que eu tinha a impressão de que ele estava sempre deitado junto a mim, na hora de dormir. Durante os sonhos, além de apresentar cenas de ciúme, por causa dos hóspedes, me pedia comida e quase sempre bebida alcoólica, como se ainda estivesse vivo!

Fez uma pausa, respirou e prosseguiu narrando:

– Embora eu já não conseguisse dormir direito, pensava ser apenas pesadelos e para não atormentar a vida, continuava na minha luta do dia a dia. Mas, logo surgiu uma situação preocupante e muito difícil para mim, porque um hóspede saiu por aí falando que tinha visto, aqui na pensão, a alma do finado meu marido. A consequência foi que a pensão pegou a fama de mal assombrada, os hóspedes desapareceram e, justamente, quando você chegou aqui, eu estava para fechá-la. Mas, felizmente, a partir daquele dia, nunca mais sonhei com ele e logo depois, os hóspedes foram aparecendo novamente.

– A senhora conhecia ou conhece aquele homem que me trouxe aqui, naquele dia?

– Vi-o apenas naquele momento e até hoje não sei de quem se trata.

Mateus não estava conseguindo relacionar o fato narrado a ele, já que não se lembrava de ter feito alguma coisa em relação a isso. Mas, logo que ela terminou de falar, ele voltou atrás pelo pensamento tentando encontrar algo que justificasse o gesto da mulher, porquanto, imaginava se tratar de mera coincidência. Mas, instantes depois, acabou se lembrando de um sonho que tivera, na noite do mesmo dia em que ali havia chegado. No referido sonho, um homem (espírito) havia se aproximado dele, falando raivoso:

– Vá embora da minha casa antes que eu faça com você o mesmo que já fiz a muitos e que nunca mais tiveram coragem de voltar aqui! Eu não quero ninguém na minha casa, além de mim mesmo e ela, que é minha... Somente minha! Como pode dormir aqui um homem que não seja eu mesmo, o seu marido?

Mateus lembrou-se também que havia conversado com o desencarnado, esclarecido a nova realidade que ele vivia; que ele havia lhe prometido pensar direito na sugestão que acabava de receber e, por fim que, ao acordar, havia se lembrado de todos os pormenores do sonho e teria feito uma prece, pedindo à espiritualidade para ajudar o desencarnado a se desapegar da casa e, principalmente, de Eleodora. Baseado no sonho e no que havia feito em prol do espírito, Mateus pôde perceber a origem do sentimento de gratidão de Eleodora e voltou-se para ela com a seguinte explicação:

– A senhora não me deve nada, entretanto, faz questão de me pagar o que não devo receber, mesmo na condição de gratidão. Lamento, mas já que a partir de amanhã não poderei pagar pela estadia de Antenor, vamos sair daqui neste momento!

– Toma juízo, Mateus! Já disse que ele pode ficar. Se não pode ser por gratidão, que seja por caridade! Se eu fui ajudada num dos piores momentos da minha vida, como vou deixar de servir a quem precisa? Ora, Mateus, não tem nada melhor para mim do que nunca mais ter sonhado com o finado! Que Deus conserve ele onde está e que seja bem longe de mim!

Mateus achou graça do jeito dela se expressar e, depois de sorrir à vontade, disse-lhe:

– Agradeço muito por amparar Antenor durante alguns dias. Logo que eu começar a trabalhar, levá-lo-ei comigo.

– Se você não se importar de dormir os dois na mesma cama... Não é bom ficar por aí à toa, parecendo que não tem ninguém no mundo por você!

Depois de constatar que se tratava de uma cama de solteiro para ele e Antenor dormirem, achou que seria muito desconfortável, principalmente para o idoso, que tinha problemas sérios de coluna.

Assim, sem outra opção, durante os dias que restavam para começar a trabalhar, ele dormia num banco de madeira na estação férrea ("gare"). Logo que começava o movimento pela manhã, ele saía do local e caminhava pela cidade até a casa espírita começar as suas atividades, onde passava a maior parte do tempo lendo e prestando a sua colaboração. Nos dias em que não havia atividades na casa, ele pegava um livro da biblioteca, sentava-se num banco de qualquer praça e lá permanecia lendo.

Com as poucas moedas que restavam, ele comprava qualquer coisa para comer, apenas uma vez em cada dia, sempre no turno da tarde, quando já não suportava mais a fome. Mas logo que começou a trabalhar na fábrica de sabão, conseguiu alugar uma casinha, tipo quarto e sala, localizada na periferia, bem longe do local do trabalho, mas ainda assim a situação não estava resolvida, pois além de na casa não haver móveis como mesa, cadeira ou cama para dormir, teria que esperar trinta dias para receber o primeiro salário e poder comprar gêneros alimentícios para ele e o idoso Antenor.

"Não sei o que fazer. Se fosse apenas eu, mas... Bem, quando não temos o que gostaríamos, devemos gostar do que temos."

No fim de semana, foi à pensão buscar o idoso.

– Oh, Mateus, como está você no trabalho? – perguntou Eleodora interessada.

– É muito cansativo, mas eu estou indo muito bem! Vim buscar o meu velhinho e agradecer a senhora pela caridade!

– Mas como, se você nem recebeu ainda o seu salário? Como vão se alimentar?

– Não morreremos por isso, dona Eleodora! De repente tudo passa e não é tão ruim porque, no final, fica a experiência.

– Escuta, Mateus! Nesses últimos dias chegou tanta gente para se hospedar, que tive até de recusar, porque a pensão está completamente lotada. Contratei uma pessoa para me ajudar porque triplicou o trabalho. Bastou você aparecer por aqui, as coisas voltaram a melhorar muito!

– Oh, não pense assim, porque dessa vez nada fiz a não ser pedir a sua caridade.

– Mesmo que não tenha sido, embora eu tenha dito que não tinha condições de sustentar você e seu Antenor, entrou bastante dinheiro e eu vou lhe emprestar. É só dizer quanto está precisando.

Emocionado com a atitude de Eleodora, Mateus falou, abraçando-a:

– Eu sou muito grato a Deus, que me aponta sempre um caminho, onde eu acabo me encontrando com pessoas assim, como a senhora.

Naquela mesma semana, Antenor já se encontrava na casinha. Um pouco mais recuperado, ele cozinhava, lavava as roupas dele, de Mateus e, embora dormisse no chão, sentia-se muito bem. A sua maior expectativa era chegar a noite, para ouvir Mateus falar das lições luminosas de Jesus, enquanto que, ele, Mateus, apesar da juventude e da saúde que desfrutava, só tinha disposição para conversar apenas alguns minutos com Antenor, pois, sentia-se cansado, já que o trabalho lhe exigia muito esforço. Mas essa situação durou pouco, porque antes de completar um ano, ele foi surpreendido pelo empregador, que chamou-o para uma conversa nos seguintes termos:

– Infelizmente não vou poder mantê-lo aqui na minha empresa. Soube, através de um dos seus colegas, que você é seguidor do espiritismo. Isso é verdade?

– Sim – ele não mentiu.

– Entretanto, para não dizer que eu sou preconceituoso, dou-lhe a seguinte oportunidade: renunciar ao espiritismo que é uma manifestação do demônio ou ser demitido, neste momento! Não desejo conviver com gente que escolhe coisa tão ruim para a vida! Mas a opção é sua!

– A demissão – respondeu Mateus, demonstrando total convicção.

Vendo-se, novamente, sem emprego e sem casa para morar, ele interrogou:

– Que me falta ainda acontecer?

Desocupou a casa e saiu com Antenor sem rumo certo. Poderia procurar o doutor Vincenzo e ele, se não o empregasse, certamente, lhe cederia o mesmo quarto da casa que ele usou enquanto foi funcionário do escritório. Afinal, o advogado gostava muito de Mateus e estava sentindo a sua falta. Entretanto, ele descartava essa possibilidade, pois, segundo o seu raciocínio, poderia atrapalhar os planos traçados em prol da reconciliação de Enrico com os irmãos, já que isso para ele, não era apenas um ato benéfico porque, mesmo sem entender a razão, encarava-o como um dever.

Depois de caminharem bastante, chegaram à casa espírita onde atuava e numa conversa com Egídio, surgiu uma ideia de encontrar entre os frequentadores da casa, alguém com possibilidades e condições de amparar o idoso Antenor, até quando Mateus arranjasse novamente uma ocupação.

– Por enquanto vamos alojá-lo num cômodo anexo à casa, mas não poderá permanecer muito tempo já que o referido cômodo é parte da casa, cuja finalidade, até então, é outra.

Mateus, por sua vez, estava satisfeito por ter encontrado um lugar para acomodar Antenor, apesar dele mesmo não ter onde se alojar. Assim, depois de ter passado o dia caminhando pelo centro da cidade à procura de qualquer atividade, à noite se dirigiu à estação férrea e logo que o movimento diminuiu, deitou-se em um dos bancos e dormiu. O dia ainda estava amanhecendo quando ele despertou e saiu dali, antes que começasse o movimento de passageiros que chegavam ou saíam.

Apesar da séria situação, ele não se queixava, não se lamentava e nem perdia a esperança. Oito dias depois, enfim, ele conseguiu emprego numa empresa exportadora de café e, tão logo começou a trabalhar, alugou uma casa, bem perto do centro da cidade, já que o salário era compensador. Dias depois foi buscar Antenor, mas lá chegando foi informado que alguém se propusera a cuidar dele.

– Sabe para onde ele foi? – perguntou interessado.

– Sei apenas que se tratava de três mulheres. Não houve da minha parte a preocupação de procurar saber o local para onde ele seria levado.

Ouvindo isso, Mateus exclamou:

– Oh, Deus! Sendo ele o avô de Cecília, que direi a ela, quando eu tiver a ventura de reencontrá-la?

Logo que recebeu o primeiro salário, Mateus retomou o envio das correspondências, tanto para Enrico e os trabalhadores do cafezal, quanto para Donatella e Nuno em Veneza, elucidando, como sempre, os ensinamentos de Jesus. Ao completar um ano no novo trabalho, ele já havia mudado da função que fora admitido para a chefia do setor de compras, um dos mais importantes da empresa, com um salário compatível não somente à função, mas sobretudo, aos seus planos para o futuro.

"Bem, – pensava ele – tudo está ocorrendo muito bem, mas somente em meu próprio benefício, já que até agora não obtive resultado da minha viagem a Veneza, mesmo tendo superado a última etapa, considerada a mais difícil, que era a conscientização de Cirus, o que ocorreu tão bem que ele mesmo resolveu deixar a casa onde antes teimava permanecer e pedir para ser conduzido ao mundo dos espíritos. São muitas dúvidas: Antenor, Cecília, meus pais e irmãos, por onde andam?"

Interrompeu os pensamentos, tomou um copo de água, mas logo que sentou novamente na mesma poltrona, voltou a conjecturar: "Antenor, Cecília e os meus pais e irmãos? Sequer, imagino onde se encontram! E seu Enrico? Ele deve prosseguir na mesma esperança de obter o perdão dos irmãos. É. Nada estará completo enquanto estivermos a caminho, na busca do despertar".

Depois desse pensamento, ele escreveu uma carta direcionada, ao mesmo tempo a Donatella, Nuno e Cornellius, destacando um trecho que tinha o sentido não de um simples convite, mas de um pedido formulado com sentimento:

"Seu Enrico continua com a mesma esperança de chegar à reconciliação. Se houver interesse e possibilidades, venham todos! E, juntos, poremos em prática os ensinamentos de Jesus, cujo efeito é sempre o conforto íntimo, a paz e a alegria!"

Quase um mês depois, ele recebeu uma carta de Donatella dando conta de que continuavam reunindo as famílias semanalmente para o estudo do evangelho e que Cornellius mudara, admiravelmente, o modo de pensar em relação a Enrico, mas que ainda não havia procurado a Justiça para pedir o arquivamento do processo, e concluiu dizendo:

"Mateus, meu filho, estou esperançosa e creio num desfecho favorável aos nossos desejos, embora não haja expectativa de tempo."

15

ENFIM, JUNTOS

O amor é o traço de união entre as criaturas. E destas a Deus.
Dizzi Akibah

SENTINDO NECESSIDADE DE conversar com alguém, já que residia sozinho, numa casa de grandes proporções, Mateus resolveu sair um pouco desejoso de encontrar alguém conhecido para conversar, trocar ideias...

Chegando à praça mais próxima da casa onde residia, sentou-se e ficou, inicialmente, observando o movimento das pessoas que passavam, talvez como ele mesmo, aproveitando a folga para um pouco de diversão. Mas logo depois ele mudou o pensamento e, voltando ao tempo de quando viveu e trabalhou no cafezal, lembrou-se, com sentimento de gratidão, de Geisa e Otávio, pelos esclarecimentos que deles havia recebido, das conversas que mantinha com Enrico, dos seus pais, irmãos e, ao se lembrar de Cecília, sentiu o coração pulsando forte, pois imaginava que haviam se perdido um do outro e passou a monologar – hábito normal das pessoas, quando estão sozinhas, mas gostam de se comunicar, conversar, trocar ideias...

"Oh, Cecília, por que será que estamos sempre nos desencontrando? Bem, pode ser porque tudo deve ter a sua hora certa ou pelo menos, o melhor momento. Isso mesmo! Eu tenho que ter paciência... Entretanto, a minha situação atual já me dá condições de constituir uma família. Mas como, se não sei por onde anda, Cecília?"

Nesse estado íntimo ele se encontrava tão alheio que, sentindo um toque de mão na cabeça, em vez de verificar, deu um pulo do banco e somente depois de ter se afastado do local, olhou em volta e viu, sem querer acreditar, Cecília e Mariana rindo à vontade da sua reação.

– Cecília, Mariana! Penso até que estou sonhando! Vocês aqui em Curitiba?!

Depois dos abraços repletos de alegre emoção, Cecília respondeu:

– Nós e a minha mãe, aliás, agora também o meu avô, estamos residindo aqui.

– Seu Antenor?!

– Como você sabe que é este o nome do meu avô?

– Ele mesmo vai lhe dizer se você perguntar quem o trouxe para cá.

– Foi você, Mateus? Meu avô contou essa história e eu achei um pouco estranho alguém que não o conhecia se propor a ampará-lo! Ele, em vez de citar o nome, falava "o moço"! Foi um feliz reencontro, pois eu era criança na última vez em que o tinha visto.

– Como vocês decidiram fixar residência aqui, em Curitiba?

– Não fomos nós que decidimos. Foi seu Eleutério (Enrico) quem tomou essa decisão. Lembra-se daquele dia que ele disse que estava nos adotando como filhas? Ele provou a sua sinceridade, porque além do recurso necessário para o nosso sustento, ele nos ajudou a comprar a casa onde residimos. O seu interesse é que a gente se forme num curso de nível superior. Não vamos decepcioná-lo, porque já estamos na faculdade. E você, Mateus, como está a sua vida?

– Depois de merecidos tropeços, agora minha vida está muito bem! Trabalho numa grande empresa, tenho um bom cargo e um salário compatível. Moro numa casa muito grande para uma só pessoa... Coincidência! Eu estava, há pouco, me lamentando: "agora que estou em condições de constituir uma família, não sei onde se encontra Cecília".

Ela ficou com as faces cor de maçã e Mariana, então, perguntou sorrindo:

– E isso é novidade? Cecília, acorda! Mateus acabou de lhe propor casamento e você fica muda?

– Que acha do meu pensamento? – perguntou Mateus com os olhos fixos em Cecília.

– Nem noivos somos, ainda... É uma grande surpresa para mim.

– Nesse caso, marquemos o noivado para o próximo fim de semana.

– Então nos acompanhe para você mesmo falar com a minha mãe.

Chegando à casa, Isaura, embora fosse domingo, estava por trás de um balcão, atendendo clientes. Ao ver Mateus entrando, acompanhado das filhas, ela não o reconheceu e pensou: "E... Já estão arranjando namorado!"

– Acho que a senhora não está me reconhecendo!

– Você parece muito com um rapaz que conheço.

– Se o nome dele for Mateus, então, sou eu mesmo!

– Mas você está muito diferente! Bonito, elegante e muito bem--vestido. Isso me faz crer que está bem de vida. Não é mesmo?

– Sim, dona Isaura. Tanto que, aproveito esta oportunidade para comunicar à senhora que eu e Cecília decidimos unir as nossas vidas e que pretendemos oficializar o nosso compromisso no próximo sábado, quando ficaremos noivos. Que acha?

– Eu sempre achei que vocês se gostavam muito, mas nunca imaginei que chegassem a esta situação, por causa da pobreza que todos nós vivíamos. Mas, felizmente, a vida mudou. Bem, se vocês se amam, estou de pleno acordo!

– Quem eu vejo, meu Deus! – falou Antenor que acabava de entrar na sala.

Ao vê-lo, Mateus falou abraçando-o:

– Seu Antenor, depois dos desencontros, juntos de novo!

– Estou surpreso vendo você aqui! Acho que por causa da idade eu acabei esquecendo o seu nome, mas fique certo que nunca esqueceria o bem que você me fez. Por isso é que lhe estimo de coração!

– Tem muita coisa boa para dona Isaura lhe contar, inclusive que vamos estar, doravante, bem próximos um do outro.

Logo que o avô terminou a conversa com Mateus, Cecília, então, depois de narrar os pormenores de como Enrico havia lhes ajudado, concluiu:

– Aí então, tivemos a ideia de abrir este pequeno comércio. Mas está indo muito bem e sobra tempo para o nosso estudo.

Depois do noivado, eles passaram a se encontrar com mais frequência. Assim foi que, numa sexta-feira à tarde, Mateus saiu mais cedo do trabalho para estar com Cecília. Em lá chegando, convidou-a para fazer um passeio. Andar pelas ruas da cidade, conversar, divertir-se. Como Mariana se encontrava também em casa, Mateus convidou-a para acompanhá-los:

– Venha você também, Mariana!

– Onde pretendem ir?

– Vamos sair por aí... Gostaria de aproveitar e visitar um amigo que muito considero. Posso contar com vocês?

Tendo a resposta positiva, saíram e depois de uma boa caminhada, Mateus, então, disse:

– É aqui. Acho que vocês vão gostar muito desta visita.

Vendo a porta fechada, ele deu dois toques e abrindo-a, ouviu a voz do doutor Vincenzo:

– Enfim se lembrou que eu existo! – exclamou com ar de surpresa e prosseguiu se expressando – ora veja, Mateus! Como pode sumir tanto tempo deixando-me sem qualquer notícia sua?!

– Não pense que eu tenha lhe esquecido! Muitas coisas têm me ocorrido, como dificuldades, desafios, conquistas... Mas também esperança e alegria. Contudo, aqui estou inteirinho e muito mais alegre por me encontrar diante de você. Mas antes de alongarmos a conversa, eu gostaria de lhe apresentar ou reapresentar, pois não estou certo se já se conhecem ou se vão se reconhecer. Digo assim, por imaginar, mas sem querer generalizar, que não há ninguém estranho, se nos referirmos às várias existências do pretérito até o presente momento.

Foi até a porta e retornou abraçado, respectivamente, a Cecília e Mariana.

– Cecília, minha noiva, e minha adorável cunhada, Mariana.

– Desculpe-me, se for inconveniência da minha parte. Mas usando a sinceridade, é muito bonita a sua noiva, – falou apertando a mão de Cecília e concluiu depois de fixar o olhar no rosto de Mariana – embora, irmãs, cada uma ostenta a sua própria beleza, como estes belos olhos, que refletem o verde das matas e o brilho das estrelas.

Eles estenderam, simultaneamente, as mãos para o cumprimento, mas elas não se encontraram, já que os olhos estavam fixos um no outro. Somente na segunda tentativa as mãos se tocaram para o cumprimento.

– Eu já lhe vi, certamente, em algum lugar – olhou na direção de Cecília e disse – e você também. Tenho certeza do que estou dizendo!

Vendo Cecília dirigindo-lhe o olhar, Mariana meneou a cabeça positivamente, confirmando que também ela o havia reconhecido e disse, voltando-se para o doutor Vincenzo:

– Nós também temos a mesma impressão.

Mateus, então, tomou a palavra:

– Se vocês já se conheciam, certamente, isso deve ter ocorrido lá no cafezal. Mas até este momento, não consigo me situar ou não chegou ao meu conhecimento, embora tudo que lá ocorria, passava de boca em boca e todos acabavam sabendo.

Cecília, então, sugeriu a Mateus saírem um pouco. Mariana se levantou para acompanhá-los, mas Cecília disse-lhe:

– Fique aí, Mariana. Voltaremos em alguns minutos.

A sós, Vincenzo, embora se lembrasse perfeitamente de Mariana, passou a falar, indiretamente, dos seus sentimentos:

– Seu olhar me fez lembrar de uma pessoa que conheci na adolescência e o meu coração parecia estar sempre em festa, tamanha era alegria que sentia ao lado dela, que tinha o seu nome: Mariana. Mas, infelizmente...

Ele falou da imposição do pai que o havia afastado dela; do quanto havia ficado magoado e concluiu:

– Assim, desde que eu saí de lá, nunca mais retornei e, consequentemente, foi a última vez que vi meu pai. Não por ainda estar magoado com ele, mas para não desgostá-lo, pois se eu fosse lá e me encontrasse com ela, certamente, eu iria contrariá-lo.

Por sua vez, Mateus e Cecília, também conversavam lá fora.

– Mateus, você sabe quem é esse rapaz?

– Sim. Foi ele quem me deu a primeira oportunidade de trabalho e ainda mais: fez a minha matrícula numa escola, incentivando-me com o seu apoio, a estudar.

– Sim, Mateus, mas eu estou lhe perguntando, se você sabe a ascendência dele.

– Ele é filho de seu Eleutério ou melhor, Enrico Fellipo, já que é seu verdadeiro nome.

– Ele, então, adotou outro nome?

– Sim, Cecília, mas isso é uma outra história, que você ainda vai conhecer. Mas voltemos ao assunto.

– Sim. Como eu ia dizendo, você deve estar lembrado que o doutor Vincenzo namorou com Mariana quando eles eram bem jovenzinhos. Foi isso, inclusive, que gerou uma forte animosidade do meu pai contra seu Eleutério...

Comentou o desaparecimento de Gustavo, relembrou a posterior obsessão de Mariana, a insatisfação de Esídio pelo rompimento do namoro, o que, mesmo depois de tanto tempo, teve o desfecho com o incêndio.

– Depois de tudo isso, nunca imaginei que um dia, nesta existência, veria Mariana próxima a Vincenzo!

– Eu estou me sentindo culpado em tê-las convidado para essa visita. Apesar de você achar que essa história chegou ao meu conhecimento, acredite que eu não me lembrava disso, principalmente com os detalhes que você acabou de contar, a não ser da morte de Gustavo e a obsessão de Mariana. Acho até que na época que tudo isso começou, eu não havia ainda chegado ao cafezal.

– Já, Mateus! Só que você se demonstrava, aparentemente, retraído. Tanto que eu olhava para você insistentemente, procurando oportunidade de me aproximar, mas você ficava todo desconfiado. Acho que nem percebia o meu olhar interesseiro! – falou sorrindo.

– Eu era assim mesmo, porque vivia antes na roça, sem convívio com outras pessoas que não fossem da minha família. Voltando ao assunto, não sei se fiz bem em ter convidado vocês para visitar Vincenzo. Mas de qualquer jeito, se ele e Mariana decidiram unir as suas vidas antes de renascerem para esta existência, quem impediria ou afastaria um do outro? Poderia haver tentativa, conforme agiu seu Enrico, mas talvez tenha sido apenas um intervalo, até quando os dois chegassem à maturidade, o que está acontecendo agora. Digo isso porque desde o momento que ele dirigiu o olhar a Mariana, sequer quis conversar comigo, pois a sua atenção passou a ser toda para ela.

Lá dentro, depois de se identificarem um com o outro abertamente, a conversa entre Mariana e Vincenzo passou a ser direta:

– Como você está bonita, Mariana. Uma jovem mulher de porte elegante e presença notável! Confesso que estou me sentindo venturoso em reencontrá-la, porque, na verdade, você nunca esteve ausente da minha mente. E você está, sinceramente, se lembrando de mim?

– Desde o momento que entrei aqui na sala e lhe vi, o meu coração está disparado, embora tenha relutado muito, por achar impossível, já que, sendo você filho do patrão do meu pai, eu considerava e ainda considero a diferença social um empecilho.

– Ante as atuais circunstâncias, você já pode compreender que não há empecilho que resista à força do amor.

Depois de silenciar por instantes analisando o argumento de Vincenzo, ela respondeu:

– Acho que você está certo.

– Eu estou muito interessado em saber como vocês conseguiram deixar o cafezal e fixar morada aqui.

– Você perdoou o seu pai? Porque se ainda não fez isso, agora há motivos de sobra.

Como ele não respondeu a pergunta, ela, então, passou a explicar:

– Se ele, no passado, tentou nos separar, agora inconscientemente, reparou o seu engano pois, depois de propor a mim, Cecília e Mateus, adotar-nos como filhos do seu coração...

Depois de narrar como tudo havia ocorrido, desde a saída do cafezal, até aquele momento, ela concluiu:

– Sem isso, provavelmente, não aconteceria este nosso reencontro. Creio que agora ele reagirá positivamente!

– Essa informação me deixa, além de bastante alegre, muito satisfeito, por constatar que ele deve ter mudado muito!

– Muito, talvez não, porque ele não é a pessoa que muitos pensam, pois prestando serviço doméstico na sua casa, juntamente com Cecília, pudemos constatar que ele tem bons sentimentos. O que falta para ele melhorar o seu estado íntimo é a presença dos entes queridos para minorar a amarga solidão que experimenta e acreditar em Deus, como Pai de todos os seres vivos e criador de todas as coisas, o que já está começando a acontecer.

– Eu acho que não conhecia e ainda agora, não conheço o meu pai. Você que não é filha dele, conhece muito mais do que eu.

– Eu não sou filha dele? Considero-o meu pai pelo coração!

– O que faremos, então, Mariana, já que somos irmãos? – perguntou sorrindo.

– Irmãos somos todos, por que a nossa origem encontra-se ligada a Deus que, por isso mesmo, é o Pai de todos nós. Mas isso não implica, porque não somos irmãos consanguíneos.

– Fale mais um pouco sobre o meu pai!

– Terá que ser uma conversa longa e creio que agora não há tempo. Deixemos, então, para um dia desses aí pela frente.

– Então, falemos de nós mesmos. Eu gostaria de saber se você mantém algum compromisso sentimental com alguém ou se está livre... Livre como o perpassar da brisa.

– O sentido do perpassar da brisa, além de expressar liberdade, denota suavidade e carícia. Não posso afirmar que me encontro exatamente nessa situação, porque mantenho um compromisso sentimental, desde o dia que conheci Vincenzo Fellipo. E você?

– Ainda solteiro e sem compromisso com qualquer outra pessoa que não seja você mesma. Dessa vez, Mariana, não haverá diferença social alegada pelo meu pai, para nos separar.

– Você está certo do que está dizendo?

– Provarei com o passar do tempo e a nossa convivência, se este for o seu interesse. Você pode me dar o seu endereço?

– Fica num bairro dentre os mais simples da cidade.

Depois de guardar o endereço, Vincenzo, assim se expressou:

– É como se a minha vida ganhasse um sentido que ainda não havia experimentado.

– Também eu estou me sentindo na mesma situação: esperança, paz e alegria!

A conversa foi interrompida, porque Mateus e Cecília, que permaneceram conversando lá fora mais de uma hora, estavam retornando.

– Pensei que vocês tinham ido embora e me deixado aqui! – exclamou Mariana.

– Se fôssemos, certamente, não faríamos muita falta, já que você está muito bem acompanhada!

O doutor Vincenzo se dirigiu a Mateus interessado em saber como ele estava vivendo.

Depois de ouvir as respostas de Mateus, ele perguntou entusiasmado:

– Quer voltar a trabalhar comigo? O escritório progrediu muito, a renda triplicou. Tanto que estou pensando em colocar mais dois advogados para trabalharem comigo, porque não estou dando conta sozinho do número de clientes. Garanto que você terá um bom salário e além disso, o meu total apoio para voltar à faculdade. E quando você se formar, lhe darei de presente um consultório médico completo! Que acha?

– É uma proposta, aparentemente, irrecusável. Entretanto, daqui para frente, minhas decisões serão tomadas de comum acordo com Cecília. Embora saiba que de você para mim, só vem sempre o bem, isso me pegou de surpresa e eu vou precisar pelo menos de alguns dias para analisar e lhe dar uma resposta. E aproveito a emoção causada pela consideração dirigida a mim que você acaba de revelar, para sair daqui alegre e grato a Deus por ter me aproximado de você.

– Oh, já vão? Então, antes de saírem ouçam algo auspicioso: nós, doravante, estaremos bem próximos, pois eu e Mariana decidimos viver juntos enquanto houver vida.

– Então, doutor, será para sempre, porque a vida é eterna. Bravos! Até há pouco, eu estava em dúvida se tinha sido bom ou não tê-las convidado para vir comigo. Mas, agora, sinto-me até garboso por ter trazido Mariana de volta para você!

– Tenho muito a lhe agradecer por isso. Todavia, baseado nos estudos que comecei a fazer, simultaneamente, do evangelho e da doutrina espírita, motivado por você mesmo e no que ouvi há pouco de Mariana, penso ter sido isso um merecimento porque se o meu pai, no passado, me separou de Mariana por ser filha de um dos seus empregados, agora ele a devolveu como filha do seu coração e você, Mateus, foi o responsável pela complementação do reencontro.

O doutor Vincenzo abraçou Cecília, perguntando-lhe:

– Você deve se lembrar de como eu lhe tratava toda vez que chegava à sua casa para ver Mariana. Ou já se esqueceu?

– Minha bela cunhada! E eu ficava pensando: sua bela é Mariana, porque eu sou a bela de Mateus!

Riram todos e Mateus, então, perguntou surpreendido:

– Mas já naquela época, eu ainda quase menino e não conhecia quase ninguém, você, também, uma menina crescida, já pensava assim de mim?

– Eu olhava você de longe e dizia para mim mesma: você é quem vai ser o meu marido! Mas o problema é que, vocês, homens, demoram muito para notar as sutilezas das mulheres!

16

O DESABROCHAR DAS SEMENTES

Solidão, desolação e incompreensão
são remédios amargos para o espírito reincidente.
Dizzi Akibah

AS AÇÕES DE Mateus, como sementes, ora postas em terreno árido, ora em terreno fértil, foram aos poucos germinando e se multiplicando, como exemplificamos a seguir.

Primeiro, ele as colocou no terreno do coração de Enrico, mas este se encontrava árido e as sementes continuaram no mesmo estado latente, aguardando a desejável fertilidade.

Entretanto, como o trabalhador que acredita na prosperidade da sua semeadura, ele foi em frente e, ao constatar a fertilidade do íntimo de Cecília, não perdeu a oportunidade de lançar algumas sementes. Tendo feito isso, o trabalhador se retirou para bem longe e somente mais tarde, veio saber que as sementes postas no íntimo de Cecília, haviam germinado, chegando também ao terreno do coração de Mariana e que ambas decidiram levá-las a Enrico que, aos poucos, foi se tornando mais acessível.

Embora distante, o semeador não desistiu por acreditar que um dia veria a multiplicação do bem, como a boa árvore citada no evangelho. Assim foi que, logo que chegou em Curitiba, além de sondar o íntimo do doutor Vincenzo e lançar as primeiras sementes, começou a escrever dezenas de cartas que chegavam às mãos dos seus pais, Enrico Fellipo e dos companheiros de outrora do cafezal. As sementes prosseguiam vivas, aguardando a fertilidade do ambiente interior das criaturas, para mais tarde, transformarem-se em flores da concórdia e frutos da paz.

O bom semeador é aquele que, ao semear, acredita na boa colheita e, onde quer que vá, não cansa de lançar sementes. Assim foi que, Mateus, chegando em Veneza, na Itália, procurou antes de tudo conhecer o novo campo onde desejava colocar as sementes do perdão, da paz e da esperança, o que o fez com satisfação e alegria, tanto que, no término da sua tarefa, estava convicto de que mais tarde colheria os frutos desejados por acreditar que as sementes transformar-se-iam em árvores frondosas, acolhedoras da paz, da harmonia e do amor, conforme o ensinamento de Jesus: *amai-vos uns aos outros como eu vos tenho amado.*

Assim como ao bom trabalhador nunca falta instrumentos análogos à ação benéfica, o seu celeiro era inesgotável, porquanto, a semeadura se dava através do sorriso; do aperto de mão; do olhar cheio de ternura; do abraço carinhoso e através de palavras de esperança, que sempre amenizam e animam o desesperado; de afeto ao solitário; de consolo ao triste; de esclarecimento ao desertor da verdade e de crença ao cético. Entretanto, tudo isso se dava com eficiência, pois o fundamento encontrava-se nas lições luminosas de Jesus, conforme o evangelho.

Exemplificando o comentário acima, na semana do seu casamento, Mateus vibrou de alegria ao receber uma carta de Nuno dando conta de que ele havia conseguido reunir as famílias, isto é, a dele, de Cornellius e de Cirus (desencarnado) e, conforme as suas sugestões, procedendo ao estudo do evangelho, o que ocorria na sua própria residência, que os caminhos estavam sendo aplainados para a pacificação; que Cornellius, enfim, havia compreendido o perdão conforme o ensinamento de Jesus e antevia com satisfação, um possível reencontro com Enrico e que, enfim, ele, Mateus, poderia, no porvir não muito distante, ter uma grande e auspiciosa surpresa.

Terminada a leitura da carta, ele não sabia se sorria ou se deixava as lágrimas da emoção fluírem livremente pelo rosto.

– Oh, Deus, como tem sido misericordioso com este Seu filho que, embora na escuridão da ignorância, aponta-me um novo roteiro para que eu não deserte, como tantas outras vezes, pelos caminhos tortuosos e perigosos do mundo – falou com a voz cortada pelo emoção.

Imagine, se chegasse também ao seu conhecimento, que não era apenas em Veneza que as sementes começavam a germinar, já que no cafezal, muitos dos trabalhadores dentre os que odiavam Enrico, depois da constante leitura das mensagens contidas nas "cartas misteriosas", como eles as denominavam, haviam mudado as suas disposições para com Enrico. Já não se ouvia mais entre eles, como antes, as expressões odientas, pois os poucos que ainda não se referiam ao patrão com demonstrações de respeito e consideração, silenciavam. Assim a vida prosseguia pedindo passagem para o despertar das potencialidades interiores que Deus dotou toda criatura, fadada à iluminação pelas chamas do amor.

Já Enrico, por sua vez, passou a analisar o que ouvira de Cecília; tecia comentário para si mesmo, com bastante interesse, sobre o que lhe dissera Rafael em relação ao retorno do espírito através da reencarnação e no final, ele releu a última carta, cujo conteúdo era bem diferente das anteriores, que ocupavam duas ou mais folhas de papel:

"O cofre é o coração. O tesouro é o amor que vem de Deus e enche a vida de paz, esperança e alegria. Ame! Se pretende experimentar a doçura da felicidade, ame a tudo, a todos e a Deus, sobretudo!"

Leu, releu, mas, sentindo sono, foi se deitar repetindo: o cofre é o coração e o tesouro é o amor que vem de Deus.

No dia seguinte, ele percorreu todo cafezal cumprimentando, atenciosamente, os trabalhadores que, surpreendidos, relutavam em acreditar, vê-lo sorridente e de mão estendida para cumprimentá-los.

Na noite daquele mesmo dia, uma quarta-feira, Geisa e Otávio preparavam o ambiente para as atividades espirituais. Meia hora antes de iniciarem os trabalhos, embora a porta do pequeno salão estivesse aberta para receber os frequentadores, ouviram alguém chamando lá fora e Otávio foi atender. Ao ver de quem se tratava, exclamou:

– Patrão, que bom vê-lo aqui pela primeira vez! Seja bem-vindo!

Lá dentro, Geisa ouviu e ficou receosa que o visitante acabasse atrapalhando as atividades, uma vez que, naquele horário, somente as pessoas que frequentavam se aproximavam do lugar e falou:

– Oh, Deus, que deseja ele aqui, coisa que nunca antes ocorreu?

Mas em poucos minutos ela obteve a resposta da sua pergunta, ao vê-lo entrando no recinto, ao lado de Otávio e seguir na sua direção, já de mão estendida para cumprimentá-la:

– Estou atrapalhando? – perguntou ele.

– Não! Ainda não começamos.

– Então, deixe-me falar rápido por que vim aqui. Quero dizer-lhe que, embora eu lhe conheça somente de vista, já que esta é a primeira vez que lhe dirijo a palavra, guardo muita admiração pelas suas ações em favor dos mais necessitados, como ouço falar. Creio que este seria o meu dever, já que todos aqui trabalham para mim. Por isso mesmo, peço que me deixe participar com ajuda financeira, já que a colaboração principal, que deve ser algo ligado ao amor, ainda não me é possível por falta de preparo e conscientização.

Fez uma pequena pausa e logo em seguida prosseguiu:

– Mas não foi somente isso que me fez vir aqui. Desejo ver o que vocês fazem, porque pode ser isso o caminho que me falta para me conduzir à crença em Deus.

Depois de uma pequena pausa, ele prosseguiu:

– Sinto que você e Otávio estão surpreendidos comigo. Entretanto, eu reputo o surgimento deste meu interesse ao menino Mateus, a Cecília, a Mariana e finalmente, a Rafael, sem esquecer umas cartas que chegam, não sei de onde, pois em lugar do remetente, vem escrito "sob a luz do amor".

Geisa, que sabia quem era o autor das cartas, sorriu de contentamento e respondeu:

– Estou certa de que o senhor, se realmente deseja, encontrará o caminho não só para a crença, mas sobretudo, para ter a certeza da existência e da paternidade de Deus. Agora, pode se sentar e ficar à vontade.

Momentos depois, Geisa começou a falar sobre o perdão, esclarecendo a importância da humildade de quem pede e a compreensão de quem o concede como um gesto de amor e, no final, explicou sobre o autoperdão. Terminada a exposição do tema, os assistentes começaram a formar uma fila para a fluidoterapia (passes). Embora não soubesse a finalidade da fila, ele foi também. Terminado os trabalhos, ele fez questão de dizer ao casal como havia se sentido:

– Eu, que me negava a perdoar por achar que quem me magoava não merecia, acabei de constatar o meu engano. Agora eu já entendo a eficácia do perdão. Além de já estar me sentindo muito bem desde que cheguei aqui, estou muito mais agora, depois daquele movimento feito com as mãos na minha direção, embora eu não entenda o que isso signifique.

Depois de uma pausa, ele prosseguiu se expressando:

– Desejo muito agradecer pela acolhida, inclusive por terem aberto a porta para mim, um homem descrente, cheio de amargura e, tantas vezes rude no tratar com as demais pessoas.

– Se o senhor se sentiu bem, a porta, que está sempre aberta para todos, logicamente também estará para o senhor. E quanto aos movimentos das mãos, chama-se passe e mais na frente saberá sobre a importância da sua aplicação.

Enrico saiu da casa deixando Geisa e Otávio perplexos. Mas notando que a surpresa não fora somente deles dois, mas de todos que ali se encontravam, ela aproveitou para juntos orarem por ele, pois se tratava de um necessitado de amor pedindo socorro para aliviar o sofrimento moral, conforme o seu entendimento.

17

HARMONIZANDO A CONSCIÊNCIA

Já que não se colhe sem plantar, plante e a colheita sobrevirá.
Dizzi Akibah

CAMINHANDO NO CURTO percurso da residência até a empresa para onde estava indo, Mateus conduziu o pensamento ao cafezal, lembrou-se do dia em que havia deixado a casa dos pais, há mais de dez anos, última vez que os vira e até então, sem qualquer informação de como eles se encontravam e onde estariam vivendo. Respirou fundo e exclamou:

– Oh, Deus! Como eu gostaria de rever a minha família! Mas infelizmente, os anos se passaram sem que houvesse, ao menos, a reconciliação, o que eu pedia muito a Deus para concedê-la, sem me dar conta de que cometia um equívoco, porquanto, não devemos pedir a Deus que faça por nós o que é, exclusivamente, o nosso dever. E eu quase nada fiz, a não ser as cartas que escrevi, mas nem sei se eles chegaram a recebê-las e, também, se leram algumas delas.

Absorvido pelas lembranças que desfilavam uma a uma na sua mente, percebeu que estava chegando na empresa para mais um dia de trabalho. Entrou na sala de amplas proporções, sentou-se por trás da sua mesa de trabalho, onde algumas questões pertinentes ao seu setor, um dos mais movimentados da empresa, aguardavam solução.

Na sala, a todo momento, havia alguém tratando de assuntos ligados ao funcionamento normal da empresa. Quando não era isso, havia sempre alguém, que aproveitava minutos de qualquer intervalo, para pedir orientações pessoais, o que Mateus atendia com muita atenção e cordialidade.

Acostumado com o entra e sai, não se dava conta de quem entrava ou saía do seu recinto de trabalho, a não ser que, alguém ou alguma coisa lhe chamasse atenção. Assim foi que, um dos auxiliares mais diretos do seu setor, acompanhado por um homem de presumivelmente cinquenta e cinco a sessenta anos de idade, abriu a porta da sala e falou soltando a voz:

– Chefe, eu estou mostrando a ele, que vai trabalhar no setor de limpeza, os locais da sua atuação.

Mateus, com a atenção voltada ao trabalho, olhou na direção sem muito interesse, mas, ainda assim, vendo-o de perfil, teve a impressão de que ele não era estranho, mas com a atenção voltada ao trabalho, acabou esquecendo. À noite, em conversa com Cecília, ele voltou a se lembrar dos familiares:

– Como eu gostaria que meus pais estivessem presentes em nosso casamento! Se eu desejo tanto isso, imagine eles, se soubessem que vou me casar?

– Mesmo não sendo agora, um dia isso haverá de acontecer, porque há uma pendência, já que não se deu, até agora, a reconciliação.

– Espero que você esteja certa, Cecília!

No dia seguinte, logo que ele começou a trabalhar, o novo funcionário responsável pela limpeza entrou na sala com uma vassoura e uma pá de lixo na mão, aproximou-se e depois de cumprimentar com um bom dia, disse:

– Eu vim pegar o lixo da cesta. Pode me dar licença?

Mateus, sem parar o que estava fazendo, levantou e puxou a cadeira. O funcionário da limpeza, depois de recolher o lixo, olhou de frente para o chefe, intencionado a agradecer, mas ficou sem ação. Mateus, sem desviar a vista do papel que estava na mão, perguntou:

– Já posso botar a cadeira no lugar?

Como não teve resposta, olhou direto para o rosto do novo funcionário e acabou também paralisado e sem voz. Depois de instantes de silêncio, ele tomou o saco de lixo, a vassoura e a pá das mãos do funcionário, jogou-os de qualquer jeito para um lado e falou, ainda quase sem voz por causa da emoção:

– Pai?!

– Chefe, então... Então você é Mateus, o meu filho?! Oh, Deus! – exclamou, já tocando os joelhos no chão, bem junto aos pés de Mateus e em pranto, começou a externar o que guardava, há tanto tempo no íntimo – perdoe-me, filho, a maldade e a estupidez que cometi contra você!

Mateus, segurou firmemente as mãos de Alexandre e disse-lhe, também entre lágrimas:

– Levante-se pai, porque não há nada a perdoar! O senhor é o meu pai e para mim, isto é tudo!

Depois de amenizarem as emoções começaram a conversar:

– Fale-me da mãe! Como está ela?

– Ela está bem.

– No final do expediente vou com o senhor, porque quero vê-la ainda hoje.

– Mateus, eu estou no primeiro dia de trabalho, mas já vou pedir para sair, porque não ficaria bom para você, que é chefe do setor, o pai trabalhando na limpeza. O que diriam de você? É melhor que eu procure emprego em outro lugar.

– O senhor acha que eu me sentiria envergonhado por causa do seu trabalho? Eu passei, aqui mesmo em Curitiba, muito do meu tempo varrendo e limpando chão!

– Não, Mateus! Sei muito bem que você não sentiria vergonha do seu pai. Mas quero evitar que alguém fale mal de você, como por exemplo: porque ele, que é chefe, deixa o pai pegando lixo? Como bati em muitas outras portas pedindo emprego e até então só encontrei esse tipo de trabalho, talvez me seja uma lição de vida. Entenda, filho, eu não posso, não devo e não quero fazer nada que atrapalhe a sua vida, porque não digo apenas que foi muito, foi demais o que fiz com você e somente nós, eu e Celina sabemos o quanto tem nos custado o arrependimento tardio que vem amargurando a nossa vida. Até Beatriz também se arrependeu muito por ter pego o seu livro e mostrado a Celina naquele momento infeliz. Tanto que hoje, ela também é frequentadora de um centro espírita.

– Como isso aconteceu?

– Você deve se lembrar que, um pouco antes da sua saída do cafezal, ela estava de namoro com aquele rapaz que andava embriagado. Ele ficou totalmente recuperado depois de frequentar a casa de Geisa. Hoje estão morando em Fortaleza, ele está bem empregado e ela resolveu estudar até se formar.

– E Marconi, pai?

– Também ele não contou com a nossa compreensão. Agora eu entendo porque não devemos julgar sem ter conhecimento da verdade. Lembra que Celina encontrou-o no quarto vestido numa saia? Foi um grande desgosto para nós e sofremos muito por isso. Mas nunca tivemos o cuidado de perguntar a ele porque estava fazendo aquilo. Em vez disso, usamos a indiferença, entristecendo-o. Ele e alguns amigos estavam fazendo uma encenação, brincando de teatro e no momento que Celina abriu a porta, ele estava ensaiando. Ele se integrou a um grupo de teatro em Fortaleza onde conheceu a moça, com quem está casado e já nos deu uma netinha. Ela está com um ano de idade.

Fez uma pausa e percebendo que Mateus estava interessado na sua conversa, voltou a falar:

– O problema, filho, era o convencimento de que já tínhamos atingido a salvação e que os outros, que não eram da nossa religião, seriam todos condenados ao fogo do inferno, como se somente nós fôssemos filhos de Deus. Mas, felizmente, já não vivemos mais nessa ilusão, porque também mudamos!

– Pai?! O senhor e minha mãe...

– Sim, Mateus. Antes nada sabíamos, pois em vez de estudar e tentar pôr em prática, decorávamos os capítulos e versículos da Bíblia e quando tentávamos falar alguma coisa do que havíamos decorado, era tudo ao pé da letra e sem qualquer raciocínio que nos levasse a uma interpretação lógica. Não quero dizer com isso que todos os seguidores da minha antiga religião cometam, como eu mesmo e Celina, estes equívocos. Agora já entendemos a vida de uma forma bem diferente e aprendemos a respeitar todas as religiões como caminhos que podem nos conduzir a Deus.

– Eu acredito, porque é o senhor mesmo quem está dizendo isso, pai! Mas, ainda assim, gostaria de saber como se deu essa mudança de pensamento!

– Mateus, meu filho, você mesmo deve saber que a própria vida nos motiva a determinadas mudanças conforme a nossa necessidade. Mas tudo começou com mensagens de umas cartas que nos eram entregues e, em vez do nome do remetente, tinha uma frase: "sob a luz do amor". Inicialmente, apesar de Celina me chamar atenção para o conteúdo delas, não tive qualquer interesse. Mas depois de muitas desilusões que experimentei, passei a acompanhá-la na leitura e, consequentemente, a compreender que o nosso jeito de viver e se relacionar com as pessoas que não pertenciam a nossa crença, não coincidia com a realidade dos ensinamentos de Jesus, que nos recomendou a amarmos a Deus sobre todas as coisas e ao próximo como a nós mesmos. Entendemos que "o próximo" não se restringia apenas aos que seguiam a mesma religião, mas todas as criaturas humanas. E depois de analisarmos o comportamento de Beatriz, antes e depois dela passar a frequentar as reuniões na casa de Geisa ...

A conversa foi interrompida pelo responsável do setor de limpeza que ao abrir a porta e ver Alexandre conversando com Mateus, chamou-lhe a atenção:

– Alexandre, você está muito devagar! Venha cuidar dos seus deveres e deixe o chefe trabalhar!

Alexandre se aproximou e foi taxativo na resposta:

– Desculpe-me, mas eu me enganei ao aceitar esse emprego. Por isso não vou continuar.

– Olha como é difícil, chefe! Ele chegou aqui dizendo que precisava trabalhar porque estava passando privações. Nem começou e já pede para ir embora! Quem entende?

– Deixe-o comigo! Eu resolvo aqui com ele – respondeu Mateus.

No fim do expediente, embora a casa fosse distante, já que ficava na periferia, eles preferiram ir andando, porque, além da satisfação de estarem juntos depois de tantos anos, tinham muito o que conversar.

Ao chegarem, Alexandre pediu a Mateus que ficasse do lado da casa, porque queria fazer uma surpresa a Celina.

Deu dois toques na porta e falou em bom tom:

– Cheguei, Celina!

Ela abriu a porta, falando:

– Eu estava agradecendo a Deus pelo seu emprego. Agora, pelo menos, não vai nos faltar alimento.

– Celina, acho que a minha presença naquela empresa não tinha apenas o sentido de ocupação de uma vaga, mas outro muito mais importante: penso que fui encaminhado por seres espirituais.

– Você quer dizer o que, com todo este entusiasmo?

– Refiro-me ao chefe do setor, por se tratar de uma pessoa maravilhosa. Tanto que fez questão de me acompanhar até aqui! Venha, ele está aí fora! Você vai conhecê-lo agora!

– Oh, que bom! Então você não vai mais ficar desempregado –

falou passando as mãos nos cabelos já bastante embranquecidos, tentando ajeitá-los.

Lá fora, Alexandre falou:

– Ele, ali!

Celina olhou, olhou de novo e falou a toda voz:

– Este aí não é seu chefe coisa nenhuma! É Mateus! – exclamou já se pendurando no pescoço do filho e profundamente emocionada, prosseguiu se expressando – perdoe-nos, Mateus, a nossa ignorância por tê-lo expulsado de casa!

– Nada tenho a perdoar, mãe, pois já era hora de eu sair de casa e do cafezal, porque chega um momento que a vida nos pede desenvolvimento, conhecimento e mais experiência. Mas tudo tem um preço! Se até Jesus, para voltar para o seu reino de luz, mesmo sem merecer, passou pela crucificação, quem somos para não experimentar dissabores? Talvez se eu não saísse de lá, possivelmente estaria ainda pela mata tocando as mulas carregadas de café.

– Oh, Mateus, como a bondade de Deus chega até nós proporcionando tal alegria! Quero que você me conte tudo que lhe ocorreu, desde que saiu de lá... A sua história longe de nós.

– Contarei tudo em outra oportunidade, já que, doravante, ficaremos sempre juntos. A primeira providência é tirá-los daqui, dessa casa e desse local.

– Sim, filho! Mas, por favor, fale antes de uma coisa boa a seu respeito!

– Eu tenho uma coisa muito boa: vou me casar!

– Quem é a noiva?

– A senhora a conhece. Lembra-se de Cecília, filha de Isaura? Mariana, irmã dela, vai se casar com o doutor Vincenzo, filho de seu Enrico.

– Quem é Enrico?

– É o verdadeiro nome do seu Eleutério! Os casamentos vão acontecer no mesmo dia e será uma só solenidade.

– E você tem aproximação com o filho dele?

Depois de explicar que o seu primeiro emprego foi no escritório dele, concluiu:

– Foram sete anos de convivência e eu gosto muito dele!

Celina olhou na direção de Alexandre e perguntou:

– Percebe como a vida muda? É de admirar! Olha aí o exemplo de Mateus!

– Somos filhos de Deus e por Ele, amados. Dele nos vem a misericórdia, ensejando-nos força para vencer os obstáculos.

Depois de citar como exemplo Cecília e Mariana que estavam estudando numa faculdade, ele mudou o assunto:

– Saibam que estou muito alegre. Além de reencontrá-los, vou contar com as suas presenças no meu casamento.

Celina respondeu entristecida:

– Infelizmente não poderemos lhe proporcionar essa alegria, porque não temos roupas adequadas. As que temos, já contam mais ou menos cinco a seis anos de uso.

– Nem se preocupem com isso, porque eu vou providenciar tudo. Bem, estamos cheios de alegria e de gratidão a Deus... Pela minha vontade passaria a noite aqui conversando, mas tenho que ir, porque amanhã é dia de trabalho e meus dias são sempre muito cheios.

Na porta, já saindo, ele pôs a mão no bolso da roupa, retirou algumas cédulas e colocou-as na mão de Celina.

– É para alguma coisa mais urgente. Depois poremos tudo em ordem!

Depois de ficar na porta olhando Mateus até vê-lo dobrar a primeira esquina, Celina comentou:

– A paz voltou aos nossos corações. Mateus é uma pessoa rara! Senti que dele irradiava alguma coisa... Talvez uma energia que tocava direto em meu coração e, em poucos minutos, desapareceu toda amargura e todo desespero que há muito tempo vinha sentindo. Agora estou sentindo tanta alegria que dá vontade de sair por aí gritando: eu estou feliz!

– Eu também estou sentindo a mesma coisa. Mas sair gritando por aí que está feliz, alguém poderia gritar no mesmo tom: cuidado com a louca! – riu a gosto e, em seguida, disse – isso, Celina, chama-se amor! Eu digo mais: ele deve ser um espírito bastante adiantado se comparado a nós.

– Até passou a minha vontade de voltar para o Ceará.

– Mas Celina, como viver aqui às custas de Mateus? Ele vai se casar e não é justo que moremos na mesma casa e, pior, dando-lhe despesas. Não, não! Vamos deixar que ele e Cecília sejam felizes! O lar é deles.

– Sim, você está certo. Mas como será que ele vai reagir quando souber dos nossos planos? Tanto tempo longe de nós e agora que nos reencontramos...

– Ele entenderá! Quando ele ainda não contava com qualquer experiência de vida, sobreviveu longe de nós e está bem, graças a Deus. Agora, bem empregado, com boas amizades e ainda mais que estará casado com uma moça virtuosa!

Eram os conhecimentos do evangelho apontando os caminhos e o amor exemplificado por Jesus, iluminando-os. É de bom proveito lembrarmos sempre da afirmação do divino Mestre: *Eu sou o caminho, a verdade e a vida.*

18

REVELAÇÃO IMPACTANTE

A verdade se encontra muito mais no que sentimos, do que no que vemos.
Dizzi Akibah

– ÓTIMO VÊ-LO aqui! Eu queria mesmo falar com você – disse o doutor Vincenzo, vendo Mateus entrando no escritório.

E prosseguiu falando com demonstrações de satisfação:

– Já reservei o clube para a solenidade dos nossos casamentos e estou pensando em contratar uma orquestra de São Paulo para uma inesquecível festa, que deverá começar, logo depois da solenidade. Que acha?

– Sem querer arrefecer o seu bom ânimo, você deve ter esquecido do caipira que chegou aqui pedindo emprego, há um pouco mais de dez anos!

– Mas isso já passou e a realidade é outra!

– Nem tudo passou, porque ainda há em mim vestígios como por exemplo, saber de que maneira devo me comportar numa festa onde estarão pessoas consideradas de alto nível social. E, além disso, eu me sentiria envergonhado por não saber dançar. Se eu tentasse, coitada de Cecília! No mínimo seus pés ficariam cheios de hematomas das minhas pisadas. Contrate a orquestra, divirta-se o quanto desejar, mas peço não reparar, porque logo depois da solenidade, eu, Cecília e, certamente, os meus convidados, que como eu mesmo são simples operários, deixaremos a festa todinha para você e Mariana.

– Mas você não sabe mesmo dançar, Mateus?

– A única dança que eu me atrevo é o forró por que... Ah! tenho uma ideia! Poderíamos contratar um sanfoneiro e botar os convidados para dançar forró até o dia amanhecer! Só assim meus convidados ficariam e eu também, é claro!

– Você está brincando, Mateus!

– Deixe-me expressar a minha ideia. Nós e as nossas respectivas noivas, fantasiados de caipira, seriam os casamentos mais engraçados e também, os primeiros a acontecer fora das festas juninas tradicionais do Nordeste. Já pensou os convidados, também trajados de caipira e arrastando os pés no salão, ao som de uma sanfona tocando forró?

– Seria algo *sui generis!* – exclamou o doutor Vincenzo, rindo à vontade.

Em seguida, perguntou:

– Que tal uma viagem ao litoral, uma cidade praiana, por exemplo?

– Isso me agrada, – respondeu Mateus e tratou de mudar o assunto para chegar, sutilmente, ao objetivo que o levara ali – eu estive pensando em mandar um convite para seu Enrico, mas não o fiz por entender que não deveria sem saber se você pretende ou não convidá-lo.

– Mateus, durante o tempo em que você viveu lá e de certa forma conviveu com ele, sabe ou ouviu falar alguma vez, que ele tenha viajado para algum lugar?

– Realmente não.

– Não é por ele simplesmente não querer. Mas porque não pode... Aliás, para ser mais claro, não deve! Você saberá as razões, mas somente depois que eu tentar mudar uma séria situação. Embora isso implique numa viagem a Veneza, na Itália, não devo mais protelar, já que pretendo levar Mariana comigo, para ela conhecer a cidade onde eu nasci, mas precisamos fazer isso logo, antes que cheguem filhos.

– A minha intenção de mandar o convite para seu Enrico, mesmo sabendo que ele não viria, surgiu da consideração por ele ter adotado Mariana, Cecília e a mim mesmo, como filhos do seu coração. Em relação às razões pelas quais ele não se afasta do cafezal, eu as conheço há bastante tempo.

– Mas, como?!

– Ele mesmo me disse que quando saiu de Veneza para residir aqui no Brasil, dona Donatella tinha o passaporte. Mas ele entrara no território brasileiro ilegalmente. Esta é a primeira vez que toco neste assunto, mas com bastante tranquilidade, pois além da confiança recíproca, estamos entrando na mesma família. Não toquei nesse assunto com você até agora por uma questão de lealdade já que seu Enrico achava, conforme teceu comentários, que nenhum dos seus filhos tinha conhecimento dessa situação. Além de não me sentir autorizado a falar, já que ele me pediu segredo, para mim confiança é algo que considero sagrado, pois qualquer atitude contrária pode ser vista como traição àquele que confiou.

– Eu descobri somente depois que comecei a advogar. Agora, o meu interesse é resolver a situação de ilegalidade dele no país, para que restabeleça o direito de ir e vir... A liberdade. Mas isso só ocorrerá depois da minha viagem a Veneza, onde tentarei mudar uma séria situação familiar. Não imagino ainda como deverei agir por se tratar de algo muito complicado, que depende quase que exclusivamente dos seus irmãos, meus tios.

– Doutor Vincenzo, não existem segredos que não venham, um dia, a serem descobertos. Alguns, porque as pessoas não suportam guardá-los por muito tempo e tantos outros, porque circunstâncias diversas obrigam ou simplesmente, por ter chegado a hora do ajuste para com a justiça divina, quando é o caso.

Fez uma pausa, mas já que o doutor Vincenzo continuava atento à conversa, ele prosseguiu:

– Você certamente está lembrado de quando eu retornei do cafezal, onde fui por orientação espiritual tentar livrar seu Enrico do incêndio e, chegando aqui de volta, a minha atitude imediata foi pedir uma licença de três semanas com o objetivo de fazer uma viagem. Não obtendo a licença, pedi demissão.

– Só me esqueceria disso se um dia me esquecesse totalmente de você, o que a essa altura, considero dificílimo! Mas prossiga o assunto!

– Quando retornei da viagem, cheguei sem emprego, sem um teto para morar e consequentemente, sem o curso na faculdade. Depois de alguns dias dormindo num banco da estação férrea (gare) e passando fome, foi que comecei a trabalhar numa fábrica de sabão e a minha função era limpar o piso de um espaço de grandes proporções e por imposição do empregador, carregar no ombro caixas pesadas de sabão para entregá-las nas casas comerciais...

– Mateus, por que você não me procurou?!

– Eu cheguei a pensar nisso, mas tive receio de trair a confiança do seu Enrico, não por falta de lealdade, mas porque bastava uma frase impensada ou mesmo uma palavra, para desonrar a confiança depositada por ele, em mim, sobre algo muito sério, que vem aos poucos, tornando a sua vida amarga, sem esperança e sem alegria.

– Mateus, eu estou me esforçando para alcançar o sentido do seu raciocínio, mas não estou conseguindo, onde você quer chegar!

– Vou ser mais claro! Você não precisa ir a Veneza, porque eu já fui, a pedido de seu Enrico.

– Mateus?! Você sempre me surpreende, mas, agora, acaba de me deixar atônito!

– Passei lá quase três semanas, hospedado na casa de dona Donatella, a convite insistente, dela mesma.

– E como você conseguiu resolver coisas tão sérias, que quase sempre requerem conhecimentos de um advogado, já que se tratava de uma questão na Justiça?

– Há situações, doutor Vincenzo, que o sentimento vale muito mais do que qualquer conhecimento jurídico, por mais profundo que seja. Tenho convicção de que as sementes colocadas nos corações dos seus tios, lá em Veneza, germinarão, flores e frutos brotarão. Não posso, todavia, prever quando.

Porque o advogado estava olhando para Mateus com os olhos arregalados, tamanho o espanto que se deixava conduzir, ele continuou explicando:

– Sim, doutor Vincenzo, pelo coração! Pois nada adiantaria a busca de uma solução por outro caminho, porquanto, a maior necessidade do seu pai é apaziguar o íntimo e, isso somente ocorrerá quando obtiver o perdão por parte dos irmãos. E logo que isso ocorrer, eles mesmos resolverão a questão jurídica, certamente, com um pedido de arquivamento do processo.

– Diga-me o que realmente você fez!

– É uma história bastante complexa, fica muito longa se for detalhada. Contudo, posso resumi-la em apenas uma frase: levei os ensinamento de Jesus para as suas vidas.

– Você acha que apenas isso resolve uma questão tão séria?

– Apenas isso não, doutor! Tudo isso, porque Jesus, dentre outros, é o rei dos reis, o médico dos médicos e também o juiz dos juízes. Basta lembrarmos da decisão tomada por ele ante os que queriam apedrejar a mulher pega em adultério: *quem não tem pecado atire a primeira pedra* e da sábia afirmação: *a cada um segundo as suas obras* e, certamente, ficaremos convictos de que, quem procurar conhecer Jesus, a luz do mundo, através dos seus ensinamentos e exemplos, jamais negará o perdão e não mais se prenderá a interesses materiais ou praticará injustiças. Confie doutor

Vincenzo, no divino Mestre e, certamente, comprovará num porvir não muito distante, que ele é o caminho, a verdade e a vida.

O advogado, visivelmente emocionado, se levantou da cadeira onde escutava sentado e abraçando-o fortemente, exclamou:

– Mateus! Mateus! Oh, Deus, a minha sincera gratidão por ter me aproximado de uma alma tão nobre!

Depois de instantes de silêncio ele perguntou:

– Que posso fazer por você?

– O que já vem fazendo, doutor! A sua amizade, com tanta sinceridade, é tudo!

– Não precisa me tratar de doutor. Para você, sou Vincenzo, alguém que lhe considera irmão. Aliás, isso tem muito sentido, já que meu pai, nem sei por que, do jeito que vive, teve a ideia de lhe adotar como filho do seu coração. Mas apesar de tudo isso, eu gostaria muito de saber a causa de todo esse seu interesse em ajudá-lo.

– Há muitos porquês cujas respostas ainda se encontram no porvir. Mesmo sem eu poder dar provas verdadeiras dos meus sentimentos em relação a isso, eu vou lhe contar como tudo começou.

Depois de fazer um relato das suas observações em relação ao apego de Enrico ao dinheiro, a descrença em Deus, o menosprezo pelos empregados e, enfim, os seus sentimentos paternos para com ele, concluiu:

– Pensei, quando deixei tudo para trás e vim parar aqui, que estas impressões passariam, mas me enganei, já que elas se ampliam cada vez mais. Não são simples impressões. São sentimentos que me impulsionam de tal maneira, que acabo passando por cima de qualquer interesse próprio, como fiz, ao pedir demissão do emprego e perder a oportunidade de estudar. Mas nada disso me deteve e nem me deterá até que ele, além de acreditar na paternidade de Deus, se desapegue totalmente do dinheiro, já que, mesmo sem saber as razões, me sinto responsável por ele agir assim. Isto é, também, mais um porquê.

– Por que, então, você não pede esclarecimento sobre isso aos espíritos, já que há comunicação via mediunidade?

– Se durante as existências físicas não nos recordamos de reencarnações passadas, logicamente, é porque não é bom. Imagine se descobríssemos que no passado tivéssemos sido inimigos um do outro e lembrássemos disso agora, com todos os detalhes? Certamente continuaríamos sendo os mesmos inimigos acorrentados pelo ódio, em vez de unidos pelos laços do amor fraterno, como posso identificar entre nós. Ao renascermos, estamos recomeçando, mas a nossa impressão é de estarmos começando, por causa do esquecimento do passado. Numa mesma família juntam-se, pela reencarnação, afetos ou desafetos do passado para, na convivência do dia a dia, tentarem apagar o ódio do pretérito com o cultivo do amor, que embora seja único, universal, passamos a conhecer segundo as suas manifestações como paterno, materno, conjugal, filial...

Fez uma pausa e concluiu:

– Afetos ou desafetos! Para mim não importa, pois sinto que nenhuma situação, por pior ou incompreensiva que me pareça, afetará a profunda alegria que sinto em levar as lições luminosas de Jesus aos corações desesperados e desconsolados. Afinal, somos todos irmãos, filhos de Deus, Pai e Criador de tudo que existe.

Pasmo, sem conseguir tecer qualquer comentário a respeito do que acabava de ouvir, o doutor Vincenzo voltando ao início da conversa, perguntou:

– Você está certo de que eu não preciso mesmo ir a Veneza?

– Para isso não! Mas seria bom surpreender sua mãe, dona Donatella, com um abraço cheio de saudades e, na oportunidade, fazer a apresentação de Mariana. Certamente seria um momento de muita alegria!

– Eu continuo me perguntando: quem é você?

– Sou um caipira ousado, que até à Itália já foi e acabou reconhecendo a bela Veneza!

– Reconhecendo ou conhecendo?

– É mais um porquê, que poderá nos ser revelado.

– Confesso, Mateus, que sempre tive orgulho de ser tratado de doutor. Mas, ultimamente, eu venho descobrindo que estou muito atrasado e que, parafraseando o pensamento de um sábio grego, afirmo que só sei que ainda nada sei.

– Cheguei a esquecer que estou em horário de trabalho. Saí para resolver um problema de um dos clientes da empresa e aproveitei para dar uma passadinha rápida aqui, mas acabei ficando mais de uma hora – disse Mateus, já de pé para sair.

Apertou a mão do amigo e logo que saiu, o doutor Vincenzo, ainda impressionado com o que acabara de ouvir, voltou à cadeira, pôs os cotovelos sobre a mesa, as mãos apoiando o rosto e falou para si mesmo:

– Ele é uma mente brilhante e um coração de puro amor! Raro, raríssimo!

Não sabia ele que tudo se torna viável e mais fácil, quando se coloca à frente das ações, a verdade e o amor. Afinal, João Evangelista asseverou que Deus é amor. Assim entendemos que o amor é Deus. Senti-lo e pô-lo na vida, é ser feliz.

19

SURPRESAS EMOTIVAS

Evita o desespero quem, enquanto espera, cultiva a paciência.
Dizzi Akibah

ACOMPANHEMOS AGORA, NO cafezal, o diálogo a seguir, que justifica o dito popular, de que "é preciso pensar duas vezes antes de agir" para que não venha a se arrepender de um ato precipitado:

– Eu preciso falar com Mateus! Rafael, você tem o endereço dele?

– Não, patrão! Soube que ele esteve aqui com o senhor, mas sequer o vi!

– Ele saiu daqui, certamente, decepcionado, porque eu fui muito ingrato e injusto para com ele. Gostaria de escrever uma carta pedindo desculpas, porque eu estou arrependido, me sentindo amargurado e descontente comigo mesmo. Essa não é a primeira vez que isso me ocorre, mas mesmo experimentando o dissabor dos meus ímpetos ruins, eu acabo caindo no mesmo erro!

Era Enrico tentando amenizar o amargor do arrependimento tardio, exteriorizando os conflitos emocionais que experimentava naquele momento. Percebendo isso, Rafael, depois de permanecer instantes em silêncio pensando de que maneira deveria se expressar para ajudar a amenizar o desconforto íntimo do patrão, recorreu ao evangelho e começou a falar:

– A partir do momento que a gente passa a entender que, perante Deus e as Suas leis somos todos iguais, irmãos uns dos outros, já que a nossa origem é a mesma, a compreensão sobre a vida se torna mais clara. Completo o meu raciocínio, lembrando esta recomendação de Jesus: *amai-vos uns aos outros como eu vos tenho amado*. Havendo união pelo amor, não ocorre desentendimento e, em consequência, não há arrependimento. Enfim, patrão, podemos concluir que o amor é o único remédio para os males da alma, em qualquer situação...

Foi interrompido por um alarido vindo do lado do cafezal. Enrico olhou pela janela e falou assustado:

– Rafael, fecha todas as janelas, põe as travas nas portas, porque eles se juntaram e estão vindo. Como não sabemos das suas intenções...

Depois de ter atendido a sugestão de Enrico, Rafael tentou tranquilizá-lo:

– Patrão, acalme-se, porque eles não estão vindo com más intenções. Afirmo isso porque desde quando o senhor passou a tratá-los com mais atenção, noto que eles vêm mudando o pensamento e acho que até os sentimentos em relação ao senhor.

– Mas é assustador! Somente um motivo comum a todos faria eles se reunirem. O tipo de motivo é o que nem suspeitamos. Por isso mesmo, eu estou receoso!

– Já que o senhor também estava lá, procure compreender o sentido do que disse Geisa na última quarta-feira: é preciso confiar em Deus e Suas leis eternas, pois a justiça divina não permite que alguém sofra desnecessariamente.

– Momentos depois, o alarido cessou e ouvia-se apenas o ruído do vento nos galhos de uma palmeira ao lado da casa.

Enrico, então, interrompeu o silêncio:

– Rafael, eu acho que eles tomaram outra direção – falou, olhando curioso por uma fresta da janela.

Vendo-os todos em silêncio, na frente da casa, dirigiu-se a Rafael:

– Eles estão todos lá fora, calados! Não consigo compreender!

– Patrão, abra a janela e pergunte o que eles desejam. Se for um pedido de aumento de salário, negocie e conceda o que for justo. Se for uma solicitação de redução de horas diárias de trabalho, atenda, porque, eu mesmo acho que eles estão trabalhando além do que devem. O senhor não vai ficar pobre por isso!

Se Enrico ouvisse isso de um empregado, tempos atrás, se expressaria com o mesmo ímpeto de quando havia se revoltado com Mateus, por achar que ouvir um subalterno era lhe dar ousadia. Mas ali, naquele momento, ele pensou duas vezes e não reagiu do mesmo jeito, porque toda quarta-feira sentava-se, sempre ao lado de Rafael para ouvir palestras proferidas na casa de Geisa. Pelo menos lá, estavam nivelados – companheiros da mesma aprendizagem. Por isso mesmo ele atendeu a sugestão, foi abrindo a janela bem devagar e prestando atenção à reação, mas acabou se assustando, ao ver um dos seus empregados, que estava na frente de todos, começar a fazer uma contagem regressiva.

Enrico, então, se afastou um pouco da janela e se dirigiu a Rafael:

– Acho que eles vão atacar!

Três, dois e, ao chegar no número um, eles soltaram a voz e começaram a cantar:

– Parabéns pra você, nesta data querida, muitas felicidades, muitos anos de vida! ...

Emocionado com a surpresa agradável, Enrico falou a toda voz:

– Oh, Deus, agora acabei de comprovar que, verdadeiramente, existe, porque somente o Senhor poderia tocar os corações destes homens que há pouco tempo me odiavam e agora aqui se encontram solidários e atenciosos para comigo!

Enquanto ele falava, as lágrimas desciam rosto abaixo:

– Rafael, você acha que eu melhorei para com eles?

– Não só para com eles, mas, também, para com o senhor mesmo! Por que não abre a porta, se junta a eles e abraça-os como irmãos do coração? Vamos, patrão!

– Você está certo. Venha comigo!

Logo que os trabalhadores terminaram de cantar, rodearam--no e um deles falou por todos:

– Patrão, primeiro pedimos que aceite a nossa homenagem pelo seu aniversário!

Enrico, que nem se lembrava que naquele dia era a sua data de nascimento, perguntou:

– E é hoje mesmo o meu aniversário?

O empregado prosseguiu falando:

– O senhor deve estar se perguntando porque viemos aqui, homenageá-lo, hoje! Todos nós temos um lado bom e, infelizmente, ainda um lado ruim. O senhor vinha nos apresentando muito mais o ruim e nós da mesma forma, passamos a revidar, apresentando também o mesmo lado, onde se encontram a falta de perdão, de compreensão, de humildade, deixando que o orgulho e a raiva tomassem conta das nossas vidas. Agora, entretanto, que o senhor, patrão, passou a usar o seu lado bom, não seria justo que revidássemos com o mal, depois de tanto tempo lendo e relendo as "cartas misteriosas" que tanto têm nos ajudado a compreender melhor a vida e também despertar-nos para os ensinamentos de Jesus, inclusive o que nos incentiva a amarmos ao próximo como a nós mesmos.

Fez uma rápida pausa e a seguir lançou a voz com toda potência:

– Saúde e paz, patrão! Que a vida, daqui para frente, lhe traga sempre motivos de alegria! Viva ao patrão! – gritou ainda mais forte e todos acompanharam.

Terminada a inesperada homenagem, Enrico, em vez de um simples aperto de mão, como fazia antes, mas somente com quem lhe despertava simpatia, saiu abraçando a todos, um a um. Chegando ao último ele se posicionou em frente de todos e começou a falar:

– Além de agradecer a todos vocês por essa homenagem, que muito me agradou, embora eu não me sinta merecedor, eu quero muito que vocês perdoem os maus-tratos e incompreensões da minha parte. Se eu ainda não acreditasse em Deus como antes, a partir de hoje eu teria motivos de sobra para acreditar na Sua existência, pois acabei encontrando-O no coração de cada um de vocês, já que, se Deus é amor, como citou Geisa e eu li no evangelho, então, o amor que impulsionou vocês a trazerem-me tão emocionante homenagem, foi a presença de Deus em seus corações.

Fez uma pausa e concluiu a sua fala:

– Gostaria muito de compensá-los, mas para não parecer troca, pois sentimento é algo sagrado, quero presenteá-los com uma folga. Hoje, ninguém precisa trabalhar. Passem o dia com as suas famílias!

Depois que todos saíram, ficando apenas Rafael, ele perguntou:

– Isso foi um milagre?

– Não, patrão! Milagre nem existe do jeito que o povo pensa! Foi algo natural, já que tudo caminha para o melhor.

* * *

JÁ EM CURITIBA, haviam se passado seis meses dos casamentos e os dois casais prosseguiam vivendo momentos de paz e alegria. Continuavam fazendo o estudo do evangelho uma vez por semana, todos reunidos na casa de Isaura. Já no sábado, eles iam à casa espírita, pois, do grupo, o único que ainda não atuava como colaborador das atividades era o doutor Vincenzo, que se encontrava na fase de estudo preparatório para isso.

Mateus, Cecília, Mariana e Isaura já colaboravam com os trabalhos desenvolvidos na casa. Embora as cartas que enviava quinzenalmente para Veneza, já haviam se passado seis meses sem qualquer notícia de Donatella, Nuno ou de Cornellius. De Enrico, também não tinha notícias desde a última vez que estivera com ele para prestar informações dos resultados da viagem a Veneza. Ainda assim, antevia o desfecho de tudo que havia planejado, porquanto, não se esquecia dele e desejava muito vê-lo bem e em paz.

Assim foi que, enfim, quando nem mais esperava, recebeu uma carta de Donatella:

"Mateus, filho do meu coração, é com muita alegria que lhe deixo a par das últimas ocorrências ligadas a nós, aqui, mas que, certamente, você vai gostar muito de saber. Enfim, Nuno e Cornellius deram baixa no processo contra Enrico e pediram o arquivamento. Isso, que era tanto o nosso desejo, significa que já perdoaram de coração ao irmão Enrico. Estou, graças a Deus, livre para deixar a Itália e voltar para o Brasil, mas preferi esperar os meus cunhados, que ainda estão cuidando da documentação, no caso, os passaportes deles e de todos os familiares, para poderem sair do país. Só que eu estou enfrentando um problema com os meus parentes mais próximos, no caso, irmãos. Desde que cheguei aqui e não pude retornar para o Brasil, eles vêm bancando o meu sustento. Agora, ao saberem do meu interesse em retornar e voltar a conviver com Enrico, eles se manifestaram contra e por isso, se negam a custear a despesa da minha viagem. Como não tenho recurso próprio, estou assim nessa pendência. Nuno me ofereceu quantia necessária à viagem, mas não aceitei, por achar injusto, já que ele vai arcar com as despesas de Luna e uma filha, que também irão. Mas apesar disso, podemos prever que será um grande e inesquecível encontro, principalmente, para Enrico e também Vincenzo, se for localizado, já que não consegui avisá-lo por não ter o seu endereço. Que vai acontecer, estou certa que sim, todavia, não sei quando!

Depois de ler o conteúdo da carta, Mateus pensou:

– Se isso veio a mim, sou eu quem deve ajudar dona Donatella resolver este problema. Afinal, sinto-me responsável por tudo que lá está ocorrendo, já que, se as causas foram por mim perpetradas, tenho que viver os efeitos.

Naquele mesmo dia, um novo acontecimento enchia-os de alegria. Cecília e Mariana, enfim, se formavam. Elas que, sequer imaginavam que isso um dia ocorresse, dedicaram o acontecimento a Enrico, pois sem a ajuda dele, na qualidade de pai pelo coração, poderiam ainda estar vivendo no cafezal. Mas ao chegarem à casa, depois da solenidade, Mateus percebeu que Cecília, apesar da alegria que desfrutara horas atrás, aparentava algo diferente na fisionomia, que ele, não sabendo identificar, resolveu perguntar:

– Cecília, você está bem? Imaginei vê-la muito mais alegre, já que acabou de concretizar algo que, há alguns anos atrás, sequer imaginava acontecer! Em seu semblante, embora sereno, há algo que não consigo definir!

– Nem se preocupe, porque eu estou duplamente feliz! Além do curso que concluí e a consequente formatura, estou no começo de outro curso, mas sem teoria, pois a aprendizagem se prende à prática no dia a dia. E a formatura vai ser muito mais importante do que esta!

– Você está voltando à faculdade, para que, Cecília, se já está formada?

– Se houvesse uma faculdade, como um lar feliz, igual este nosso, para me formar como mãe, eu diria que sim. Mas, já que não há e o curso, como já disse, não tem teoria, mas somente prática, será todo feito aqui em casa. E também aqui, se dará a formatura.

Mateus não conseguindo entender, perguntou:

– Cecília, o que você quer dizer com isso?

– Ora, Mateus, onde está a sua percepção? Eu vou ser mãe!

– Que ventura! Eu vou ser pai! Aliás, Cecília, você já é mãe e eu já sou pai, porque, quem estava para chegar, já está aí, em você!

A mútua felicitação se deu ao se abraçarem carinhosamente, enquanto que Mateus falava:

– Obrigado, Deus, por confiar aos nossos cuidados, um dos Seus filhos amados.

– Você já reparou, Mateus, que estamos numa fase de boas colheitas?

– É verdade, Cecília! São surpresas agradáveis, bons acontecimentos e tudo vindo com motivos de alegria! E eu acho que ainda vem mais por aí. Recebi uma carta de dona Donatella...

Depois de falar sobre o conteúdo da carta ele silenciou por instantes e em seguida, falou com bom ânimo:

– Cecília, já que eles estão vindo, tive uma ideia! Que acha de fazermos um curso para aprendermos a falar o italiano? Para mim, seria o primeiro, já que não concluí o de medicina e para você seria o terceiro.

– A ideia é boa! Mas será que vai dar tempo até eles chegarem?

– Pelo menos aprenderemos alguma coisa. Por que você não leva a ideia para Mariana? Acho que ela vai gostar. Será muito bom não precisarmos de intérprete, como me ocorreu lá em Veneza. É uma comunicação meio bitolada, porque não há como dar expansão a tudo que desejamos falar.

No dia seguinte, Mateus saiu para trabalhar, mas como estava ávido para contar ao amigo, doutor Vincenzo, a novidade de que iria ser pai, resolveu, antes, passar rápido no escritório.

– Você sempre chega aqui toda vez que eu penso em procurá-lo! Ia passar na sua casa logo mais à noite para lhe deixar a par de uma bela novidade: Mariana está gestante e eu vou ser pai, Mateus!

– Parabéns para nós dois!

– Não entendi! – exclamou Vincenzo olhando fixamente para Mateus.

– Eu não o invejo, porque vim aqui para lhe dizer que Cecília também está gestante e naturalmente, nós não vamos ser, já estamos pais!

– Felicidade para nossas esposas! – falou o doutor Vincenzo, eufórico.

– E felicidade também para os que estão chegando!

– Certa feita, você me disse, Mateus, que a felicidade não era deste mundo. O que você me diz agora, já que estamos tão felizes?

– Estamos felizes. Você se expressou muito bem! Mas não somos ainda felizes! Esta é a diferença. Aqui, já que estamos ainda a caminho, tudo é passageiro, porquanto não atingimos a finalidade real, para a qual Deus nos criou. A felicidade verdadeira se dá quando atingimos a plenitude, depois da longa caminhada de aperfeiçoamento das nossas ações perante a vida, as leis divinas e a nós mesmos, pois a consciência nos torna sempre cientes do patamar evolutivo em que nos encontramos. O que sentimos neste momento, logo, logo vai passar e dar lugar a outras alegrias que estaremos, com a permissão de Deus, desfrutando! Mas não deixa de ser este momento, pelo menos um vestígio da felicidade real! Afinal, a felicidade vem através do amor, quando aprendemos amar universalmente, porque só é realmente feliz, aquele que já conhece a lei do amor e ama verdadeiramente a Deus e ao próximo como a si mesmo. Enfim, a felicidade se encontra no ato de amar.

* * *

AS CRIANÇAS, AMBAS do sexo masculino, nasceram sadias. O de Vincenzo e Mariana recebeu o nome de Enrico, homenagem de Mariana a Enrico Fellipo, em reconhecimento, por tê-la adotado como filha do coração. Para o de Mateus e Cecília, foi escolhido o nome de João Pedro, já que os pais mantinham uma grande admiração pelos apóstolos de Jesus, João Evangelista e Simão Pedro.

Apesar da alegria com que Mateus começava a viver a experiência de pai, mantinha viva a expectativa do encontro entre Enrico e os irmãos e prosseguia, como sempre, enviando quinzenalmente, mensagens selecionadas, que continuavam chegando ao cafezal como "cartas misteriosas". Embora as centenas delas já enviadas por ele, desde que deixara para trás o cafezal, ele ainda não tinha ideia dos efeitos benéficos da sua ação, porque, àquela altura, o espaço onde eram desenvolvidos os trabalhos espirituais por Geisa e Otávio, já não comportava o número de pessoas, que a toda semana aumentava, a ponto de Enrico, além de sugerir, ofereceu as condições necessárias para ampliá-lo. Mais de três dezenas dos trabalhadores do cafezal e suas famílias, toda quarta-feira, lá se encontravam, motivados pelas "cartas misteriosas", em busca das lições luminosas de Jesus, sob a ótica espírita.

Foi nesse clima de alegria e expectativa, que mais de dois anos depois de ter recebido a última carta de Donatella, uma nova surpresa tomou-lhe toda atenção. Era sábado, estando à tarde em casa, brincando com o filho João Pedro, ouviu alguns toques na porta. Ao abri-la e perceber quem o procurava, Mateus soltou a voz com toda vontade e satisfação:

– Dona Donatella, que alegria a sua presença me traz!

– Revê-lo é uma grande satisfação para mim, que há dias antevia este momento, Mateus!

Depois de se abraçarem demoradamente, Mateus perguntou:

– Veio sozinha ou acompanhada de alguém de lá?

– Não, Mateus, vieram todos! Nuno, Cornellius, todos os familiares e Luna com a filha mais velha. Lembra-se delas?

– Sim, não me esqueceria. Afinal, fazem parte da família de Cirus!

E O AMOR FLORESCEU | 221

Depois de silenciar por instantes, Mateus, visivelmente emocionado, cerrou os olhos e começou externar os seus sentimentos:

– Oh, Deus, obrigado pelo seu amor, que ao tocar no terreno dos corações, tornou-os férteis e as sementes neles colocadas, germinaram, floresceram e, certamente, sentiremos o sabor dos frutos regados pelo teu sublime amor!

Cecília chegou à sala segurando a mão de João Pedro. O pequeno, ao ver Donatella, sorriu para ela, suspendeu os braços e logo que ela aconchegou-o ao colo, ele abraçou-a carinhosamente pelo pescoço e apoiou a cabeça no ombro dela, como se fosse alguém da sua convivência.

Terminada a prece de gratidão, Mateus abriu os olhos e vendo Cecília ao lado, tratou de fazer a apresentação:

– Esta é dona Donatella, esposa do seu Enrico. E, Cecília, dona Donatella, é a minha amada esposa.

Donatella, então, se dirigiu a Cecília nos seguintes termos:

– Além de contar com todo o meu apreço pessoal, Mateus é responsável por tudo de bom que está acontecendo a todos nós da família. Foi ele quem, bondosamente, pôs as primeiras sementes dos ensinamentos luminosos de Jesus em nossos corações, cujo resultado é o fechamento de uma fase ruim em nossas vidas, dando lugar ao renascimento da esperança, da fraternidade e da alegria, há tanto tempo ofuscadas pelo orgulho, pelas incompreensões e pela falta de Jesus em nossas vidas. Por isso mesmo, quero que aceite a minha profunda gratidão, pela mudança benéfica, não apenas do meu comportamento pessoal, mas de todos do nosso grupo familiar.

– A senhora deve agradecer a Deus, a Jesus e aos espíritos profícuos que, em nome de Jesus, colaboraram eficientemente para que os caminhos fossem iluminados e assim pudéssemos trilhá-los com mais segurança.

Passada a emoção do momento, Donatella falou sorrindo:

– Já recebi tanto de você e ainda preciso lhe pedir ajuda. Estou ansiosa para ver Vincenzo, mas não tenho o seu endereço. Por acaso, você sabe me informar onde eu poderia encontrá-lo?

– Lá em Veneza, em resposta a uma pergunta de Nuno, se na época eu estudava, disse-lhe que sim, graças a ajuda do meu empregador. E o empregador a que me referi, era ele, o doutor Vincenzo. Agora, entretanto, a aproximação é, talvez, bem maior do que a senhora possa imaginar! – depois de falar que ambos haviam se casado na mesma família, ele ponderou: – sobre o endereço, nem precisa, porque ele mora bem pertinho daqui. Fique aqui à vontade com Cecília e eu vou ver se ele está em casa.

– Isso me deixa muito satisfeita e crente de que, com a sua convivência, ele haja mudado em geral os seus sentimentos e, em particular, para com o pai Enrico. Mas, que bom saber disso!

Logo que Mateus saiu, Donatella passou a contar, minuciosamente a Cecília, os feitos de Mateus quando esteve em Veneza. Naquele mesmo momento, ele já chegava à casa do doutor Vincenzo:

– Mateus, você aqui, sem Cecília?

– Vim lhe buscar, se você estiver disponível e eu puder contar com a sua agradável companhia.

– Onde pensa em me levar?

– Na minha casa, onde eu deixei uma pessoa ávida para lhe ver e abraçá-lo.

– De quem se trata?

– É uma surpresa, mas nem se preocupe, porque se trata de uma belíssima pessoa humana. Logo, logo, você saberá.

Chegaram à casa e Mateus soltou a voz pela janela que estava aberta:

– Cecília, cheguei!

Ela abriu a porta, Mateus entrou na frente e quando Vincenzo ia entrando, Mateus falou cheio de satisfação:

– É ela, a grande surpresa!

– Mãe?! Quanto tempo, quanta incerteza, quanta saudade!

O aconchego pelo abraço, não seria fácil defini-lo, pois somente eles mesmos poderiam descrevê-lo, por se tratar de um tipo de ação amorosa que somente acontece entre mãe e filho.

– Já soube que se casou, já é pai, agora preciso conhecer a minha nora e o meu neto – disse Donatella sem ocultar a forte emoção que sentia.

Depois de responder à mãe que a levaria de imediato para conhecer a sua família, ele voltou-se para Mateus:

– Percebe agora como os momentos felizes vêm se sucedendo, para mim e para você?

– Eu sinto que não é apenas para vocês, mas também para mim e eu acho que devemos nos preparar, porque virão muitos outros assim, aí pela frente! – exclamou Donatella.

– Meu querido amigo e irmão do coração. Essa vitória é toda sua! – disse Vincenzo e prosseguiu se expressando – e isso me leva a perguntar mais uma vez:

– Quem é você?

– Primeiro eu posso afirmar que a vitória é de todos nós. E quanto a quem sou, já disse, mas vou repetir: continuo sendo o mesmo. Mas não foi simplesmente a matutada de um caipira, responsável pelo que vem acontecendo. Mais de uma dezena de espíritos benévolos vêm agindo para que tudo acabe bem.

– E já prevendo isso – tomou a palavra Donatella – foi que optamos pela data do nosso encontro, coincidentemente, com as comemorações do Natal. Garanto que pelo menos a lição do perdão será posta em prática. Mas creio que não vai ficar somente nisso, pois é muita gente junta. Além das três famílias que vieram comigo, Mateus, Cecília e João Pedro, que considero meu neto, você, Vincenzo, Mariana, Enrico Neto, Giulia e Pietro, que também estará presente com Laura, a minha nora.

– Então Pietro já está casado?! – exclamou Vincenzo, surpreendido, pois, quase nada sabia da vida do irmão que, há bastante tempo, residia em Portugal.

– E você Vincenzo, tem visitado o seu pai? – perguntou ela, depois de uma breve pausa.

– Mãe, eu confesso que não tive vontade e nem ânimo, desde que ele me afastou de Mariana. A senhora deve estar ainda lembrada, daquela moça com quem eu tive um namoro e o meu pai me afastou dela, sem sequer procurar saber dos meus sentimentos. Mas, felizmente, duas situações, que considero especiais, foram decisivas para a minha mudança de sentimento em relação a ele. A primeira foi quando eu soube que Mateus havia tomado para si a tarefa de amenizar o sofrimento moral que ele vinha passando, porque acabei sentindo vergonha de mim mesmo. A segunda foi...

Depois de relatar o fato de Enrico ter adotado Mariana como filha do coração e ter contribuído para que ela, juntamente com Cecília, fossem estudar em Curitiba, ele concluiu:

– Isso talvez tenha sido uma resposta da justiça divina porque, agora, estou casado com ela, Mariana. Desde que isso ocorreu, venho sentindo muito arrependimento da minha feia atitude e agora confesso estar ávido para chegar a hora de abraçá-lo e lhe pedir perdão, por causa da ingratidão com que o tratei todo esse tempo.

– Meu Deus, que história significativa!

– História significativa e bonita, mãe, a senhora vai conhecer quando souber em detalhes, dos feitos de Mateus.

Depois de instantes de silêncio, Donatella perguntou:

– Você guarda alguma lembrança dos seus tios?

– Muito longe, mas sequer me lembro das suas fisionomias.

– Estamos todos hospedados num hotel. Se você quiser ir comigo, vai ser muita alegria para os seus tios e os primos, que você nem conhece!

– Eu prefiro deixar para um momento com mais tempo disponível, porque eu quero que eles conheçam, também, Mariana e Enrico Neto. Mas eu gostaria que a senhora ficasse lá em casa, com Mariana.

Enquanto eles conversavam, Mateus estava totalmente absorvido com a mente voltada para Enrico, antevendo as emoções, ao ver apontar no caminho a maior surpresa da sua vida!

Na noite daquele mesmo dia, depois de combinarem com Mariana e Cecília, eles seguiram para o hotel, com intenção de hospedarem os visitantes em suas casas. No dia seguinte, o grupo familiar ficou assim distribuído: Donatella, Cornellius e família, na casa de Vincenzo; Luna com a filha, Nuno e família, na casa de Mateus. Pietro, Laura e Giulia que falavam o português, foram para casa de Isaura, a única que não falava o idioma italiano, uma vez que Mariana, Cecília e Mateus, que haviam se preparado para aquele momento, estudando o idioma italiano, não teriam nenhuma dificuldade de comunicação com os visitantes. Assim, todos poderiam conversar sem as barreiras que dificultariam a comunicação, entre os idiomas diferentes.

Os dias foram passando e até organizarem a viagem a Apucarana, passaram a se reunir, um dia na casa de Mateus e Cecília, outro, na de Vincenzo e Mariana e, por fim, na residência de Isaura. No sábado, da mesma semana, foram conhecer a casa espírita. E depois de assistirem, pela primeira vez, uma palestra espírita, saíram empolgados, como demonstra a expressão de Nuno:

– Sinto vontade de não sair mais desta cidade. Aqui se vê um povo que busca Jesus com fé e amor. Talvez por isso tenha se tornado tão acolhedora, cheio de calor humano e de fraternidade.

Com esta mesma satisfação, faltando alguns dias para as comemorações do Natal, seguiram para a Estação Férrea (gare), levando uma volumosa bagagem de compras que fizeram em Curitiba, desde alimentos para serem distribuídos em cestas básicas, presentes, inclusive muitos brinquedos para crianças. A ideia surgiu entre Cecília e Mariana, pois já tendo experimentado as mesmas dificuldades dos que ainda trabalhavam e viviam, paralelamente, no cafezal, sentiam-se satisfeitas em poderem oferecer o que tanto desejaram receber no passado, sem nunca ter recebido. A ideia, vista inicialmente por Donatella, com bastante entusiasmo, acabou contagiando a todos. Por isso mesmo, o volume da bagagem, em proporção ao número de pessoas, parecia desproporcional. Chegando a Apucarana, Mateus, que tanto conhecia o lugar, foi providenciar o aluguel de quase trinta cavalos, único meio de transporte para o cafezal, uma viagem que exigia horas, sobre o lombo do animal, pela mesma trilha áspera, por onde Mateus costumava passar, guiando animais carregados de café.

20

A GRANDEZA DO PERDÃO

Sem perdão não há paz e sem paz não há alegria!
Dizzi Akibah

A PLANTA, DESDE o eclodir da semente posta no seio da Terra, até o florescer e o surgimento dos primeiros frutos, exige tempo e condições favoráveis. A observação, facilita-nos o entendimento das mudanças interiores do personagem Enrico, desde as primeiras sementes extraídas das lições luminosas de Jesus, postas por Mateus no terreno ainda árido do seu coração, regadas amorosamente por Cecília, Mariana e Rafael, reforçadas pelas cartas, consideradas misteriosas, até chegar à crença em Deus e estabelecer a certeza de ser Ele o Pai de toda criação universal, o que ocorreu, junto a Geisa e Otávio, foram muitos anos de incerteza para ele mesmo e expectativa para aqueles que, já tocados pelas lições luminosas de Jesus, anteviam com alegria o florescer do amor.

Já passava do meio dia quando Enrico chegava à residência para o almoço, depois de haver passado toda aquela manhã junto aos empregados, ajudando-os na colheita dos grãos e surpreendendo a todos com as constantes demonstrações de amizade e consideração.

Entrou e abriu a janela da frente, de onde se via, num elevado de terra, um trecho do caminho. Era para esse local que, debruçado na janela, ele permanecia horas olhando, na expectativa de ver Rafael chegar da cidade com as cartas que eram entregues, semanalmente, ansioso por notícias da esposa Donatella ou de qualquer um dos filhos, o que não ocorria, há anos. Vendo alguém a cavalo seguindo naquela direção, acabou ficando aflito por se lembrar de que havia saído do seu país e entrado no Brasil ilegalmente e além disso, o fato de ter usurpado dos irmãos a herança deixada pelos pais, temia que os cavaleiros que se aproximavam, fossem representantes da Justiça à sua procura, pelos citados motivos.

– Estranho! Quem será, ó Deus, se aqui nunca vem ninguém? Se for algum testemunho que eu tenha que ser submetido, já me sinto em condições, pois, além de reconhecer que ninguém pode ser culpado pelos meus feitos, a não ser eu mesmo, a confiança na misericórdia de Deus e a assistência de Jesus, prestadas amorosamente a todos nós, seus tutelados, me darão forças para ultrapassar sem revolta e sem clamor.

Disse isso e saiu porta afora, para esperar na área da casa, de onde melhor se via a curva do caminho. Mas logo que os visitantes apontaram e ele percebeu de quem se tratava, saiu disparado para encontrá-los, demonstrando alegria no tom da voz, o que não lhe ocorria há muitos anos:

– Menino Mateus? Menina Cecília?!

Mateus, de um só pulo, desceu do animal e os dois abraçaram-se como pai e filho, do mesmo jeito de quando a afinidade já é estabelecida.

– Você me abandonou, menino Mateus, mas ainda assim, o meu coração está aos pulos, pois se você está aqui, é porque me perdoou.

Percebendo a intenção de Mateus de ajudar Cecília descer do cavalo, com João Pedro, ele disse:

– Deixa! Faço questão de ajudar a filha do meu coração!

– Menina Cecília, eu recebi a sua carta informando que você e Mariana estavam estudando, o que me deixou muito alegre.

– Mas hoje tem muitas coisas ainda mais alegres para lhe contar – fez uma rápida pausa e voltou a falar – e senhor disse-me um dia, quando me adotou pelo sentimento como sua filha, que se eu me casasse e tivesse filhos, eles seriam seus netos. Eis aqui, João Pedro!

Enrico dirigiu o olhar a Mateus e voltou-se para Cecília, cheio de admiração:

– Vocês...

– Entendi o que o senhor quer saber. Sim, casamos e este é o nosso filho!

Ele se ajoelhou junto do menino e disse:

– Vem, João Pedro, meu netinho, para os braços do vovô.

Depois de permanecer por instantes, olhando fixamente para Enrico, ele suspendeu os braços e, abraçando-o pelo pescoço, disse:

– Eu sou Cirus! João Pedro é outro nome.

Vendo o espanto, tanto de Cecília, quanto de Enrico, Mateus obtemperou:

– Nada de anormal! Todos que chegam pela reencarnação já estiveram aqui na Terra outras vezes. Não importa quem foi ele. A realidade é que agora ele é o nosso filho e o seu neto, também pelo coração – falou dirigindo o olhar a Enrico.

– Muita surpresa e muita alegria para o meu coração o retorno de vocês, principalmente de você, menino Mateus, porque eu, brutal e ignorante dos bons princípios, lhe pus fora da casa junto com aquele pobre velhinho. Você já me perdoou. Mas eu gostaria muito de pedir perdão também a ele.

– Eu entendo que o senhor agiu assim, não por maldade, mas porque havia focado todas as suas esperanças no que me determinou fazer em Veneza. Entretanto, nem tudo depende da nossa vontade, já que é um dever não forçar a quem quer que seja, fazer o que não deseja. Fiz o que estava ao meu alcance e acreditei que iria dar certo, como pedi ao senhor para entender, por se tratar apenas de uma questão de tempo.

– Mas agora, depois de eu ter ouvido Geisa falar de que todo bem tem o momento certo para acontecer, mesmo que demore ainda muitos anos, sem saber se ainda vai ou não acontecer, estou disposto a esperar com paciência e resignação.

– O que o senhor tanto deseja, não está no porvir, pois o momento é este! Olhe para o caminho!

– Menino Mateus... Menina Cecília, é mesmo? São eles, meus irmãos?!

– Sim, são seus irmãos, seus filhos, noras, sobrinhos, neto...

Impactado, Enrico deu alguns passos e caiu de joelhos junto à parede, onde se debruçou com o rosto molhado de lágrimas. Soluçava e tremia, tamanha a emoção que sentia.

Cecília se aproximou e, passando a mão sobre os cabelos já embranquecidos do pai pelo coração, começou a falar, tentando despertar o ânimo, característico ao momento especial:

– Meu irmão em Cristo, meu pai pelo coração, meu benfeitor. Não chore tanto assim! É momento de agradecer a Deus e sorrir! Este não é o grande acontecimento somente da sua vida, mas da vida de todos nós.

Enquanto Cecília tentava deixá-lo em condições de receber os visitantes, desejados e esperados por tanto tempo, com alegria em vez de lágrima, eles iam chegando perfilados, já que o caminho era tão estreito que dava apenas para passar um de cada vez. Na frente, vinha Donatella, não menos ansiosa para rever o companheiro que ali havia deixado há quase quinze anos. Ela saltou do cavalo e ao vê-lo curvado junto à parede, se aproximou e falou expressando a emoção que sentia:

– Enrico, enfim, juntos de novo!

Somente quando ouviu aquela voz, para ele inconfundível, reagiu positivamente e se levantou de um só pulo:

– Minha adorável Donatella, você também veio?!

– Por que não, Enrico?!

As lágrimas que vertiam em seu rosto não brotavam tão somente pelas emoções das surpresas, mas também por imaginar que a esposa não mais voltaria a viver ao seu lado. Na verdade, minutos atrás, Mateus dissera-lhe quem estava chegando, se de propósito para efeito de maior emoção ou porque tenha se esquecido, acabou não citando o nome de Donatella, razão pela qual, não fosse Cecília, Enrico se entregaria ao desespero.

Assim, vendo-a de braços abertos, abraçou-a e cortando a voz, por causa da emoção, respondeu reticente a pergunta:

– Pensei que... você... havia me abandonado.

– Não, Enrico, estou aqui e daqui não mais sairei, porque ao seu lado é o meu lugar. Mas, em vez de lágrimas, sorrisos para receber seus visitantes que, ante às presentes circunstâncias, são todos eles muito especiais para você. Vamos, Enrico, quero-o alegre! Agora você já tem motivos para sorrir, o que não faz há muitos anos, conforme disse Mateus.

A conversa foi interrompida:

– Pai! – gritou Giullia, que vinha correndo abraçá-lo.

– Oh, minha Giullinha!

Apertando-o junto ao coração, ela falou com a voz carregada de carinho:

– Perdoa-me, pai, por não ter expressado por tanto tempo o amor que sinto pelo senhor. Agora que estou amadurecendo, já não penso mais como a tonta adolescente que fui.

Giullia saiu, porque Vincenzo já estava aguardando, também ansioso para pedir perdão e tentar explicar o porquê de tanto tempo sem procurá-lo.

– Oh, pai! Que este momento é muito importante para o senhor, é inegável. Mas, também para mim, porque, enfim, sinto que devo lhe pedir perdão. Eu fiquei ressentido, desde quando o senhor proibiu o meu relacionamento com Mariana e, além de me proibir de vê-la, optou, propositadamente, pela minha ausência. Mesmo sabendo que eu teria de estudar, não levei isso em conta e disse a mim mesmo: "está bem, se não me quer lá, lá nunca mais eu vou". Fui orgulhoso, ingrato e incompreensivo. Mas, felizmente, eu caí na realidade ao saber, através de Mateus, da situação que o senhor estava vivendo. E, ao tomar conhecimento de que ele, sem qualquer parentesco ou interesse que não fosse o bem, estava lhe ajudando, eu quase morro de vergonha de mim mesmo. Mas isso não foi tudo, pois não havia mais do que me queixar, porque se o senhor, no passado, me separou de Mariana, acabou me devolvendo como filha do seu coração, ao mandá-la para Curitiba com a finalidade de estudar.

Somente aí, os dois selaram a reconciliação pelo amor, abrindo os braços e aconchegando os corações. Antes de concluir o abraço, Mariana já estava junto a eles.

– Menina Mariana, quer dizer que você agora é minha nora? Como pode, se é também minha filha? – falou sorrindo.

Depois do abraço afetuoso, ela disse, segurando a mão do filho:

– Seu neto!

Enrico, como fez antes com João Pedro, tentou segurar a criança, mas ela recuou e ficou tentando se esconder por trás das pernas da mãe.

– Acho que ele não gostou de mim. Como é o nome dele?

– Enrico Fellipo Neto, uma ideia de Mariana, por tudo que o senhor fez por ela e com o meu pleno acordo – respondeu Vincenzo.

– Venha Enrico, eu sou seu avô e estou feliz por lhe conhecer! — insistiu.

Porque a criança ainda se encontrava sem vontade, Mariana, então, começou a falar:

– Meu filho, vá falar com o seu avô, senão ele vai ficar muito triste e eu também.

Enrico, enfim, pôs o neto nos braços e aconchegou-o junto ao coração:

– Meu neto, você não sabe, mas a sua presença na minha vida, é motivo de gratidão a Deus.

Era sincero o que acabava de dizer, mas ficou a interrogação:

– Por que será que ele não gostou de mim?

Apenas Mariana sabia quais as razões, mas não estava certa se deveria falar ou se aguardaria o momento certo para isso. Preferiu, então, contemporizar e amenizar:

– Logo, logo, ele vai acostumar.

Enrico ouviu por trás, segundo a posição que se encontrava:

– Enrico, meu irmão e meu pai de criação!

– Nuno! Oh, Nuno! Que felicidade Deus nos concede neste instante! Tanto tempo, tanta expectativa, sem certeza se isso ainda aconteceria!

Depois do forte e demorado abraço, Nuno respondeu:

– Sim! Agradeça mesmo a Deus, mas não se esqueça de fazer o mesmo a Mateus. Ele é o único responsável por tudo que aqui ocorre, neste momento. Ele se uniu conosco lá em Veneza e reúne todos nós, aqui e agora!

– É um menino, para mim, admirável e incomparável! Faz o bem somente por amor. Digo isso, porque para ir a Veneza ele pediu demissão do emprego, deixou a faculdade, como pude entender pela sua conversa, embora ele não tenha me falado nada diretamente. Ao retornar, nem imagino o que ele deve ter passado na luta para sobreviver, porque era muito pobrezinho, filho de um trabalhador aqui do cafezal. O mais impressionante é que, apesar de todo esse interesse em me ajudar, mesmo passando por situações vexatórias, nunca me pediu nada. E enquanto trabalhou comigo, nem uma moeda que eu lhe oferecesse, fora do salário, ele aceitava. Por isso mesmo que, sem qualquer dúvida, dei-lhe uma procuração para resolver com vocês as nossas questões. Para mim, o que ele fizesse estaria bem feito, contanto que resolvesse.

– Depois falaremos mais sobre Mateus, porque tem uma fila, para lhe abraçar.

Cornellius já se encontrava do lado, aguardando a sua vez e ouvindo o que Enrico falava sobre Mateus, acabou se lembrando de quando colocara em dúvida o interesse de Mateus em ajudar Enrico, "quanto ele receberia no final de tudo" e acabou compreendendo como fora injusto e maldoso com Mateus. Logo que Nuno, a esposa e filhos saíram, ele repetiu as palavras de Nuno:

– Meu irmão e meu pai de criação, venho, antes de tudo, selar com um abraço fraterno, a nossa reconciliação.

– Sim, Cornellius, sou muito grato por você ter aceito a minha proposta.

– Mas a minha proposta, Enrico, é você, o amor fraterno, a união, a alegria e mais nada!

A fila era grande, do lado, estava Pietro, o filho mais velho. Desde que deixara o Brasil, sequer se lembrou de informar a Enrico, o endereço da nova moradia, demonstrando o quanto havia se magoado desde quando ouvira, pela primeira vez, um "não" do pai. Vendo-o se aproximando, Enrico, que antes taxava-o de ingrato, lembrou-se de quando Cecília lhe dissera, que embora ele houvesse dado tudo que os filhos pediam, esquecera de dar o que eles não pediram, o "não" como limite. Mas Pietro, por sua vez, tocado pelas ondas do amor ao próximo, manifestadas como afeto, carinho, fraternidade e alegria, conforme se encontrava aquele ambiente, sentindo, de repente, a mente clarear o raciocínio e o coração refrigerar-se como se estivesse recebendo um bálsamo reconfortante, ao olhar para o pai, vendo-o de cabelos embranquecidos, talvez muito mais pelo desgosto do que pela idade, emocionou-se e sem ocultar as lágrimas que já rolavam rosto abaixo, falou com a voz carregada de sentimentos diversos que nem ele mesmo saberia definir:

– Pai, meu pai! Eu não tenho palavras para dizer o que sinto. Se vergonha de mim mesmo, por ter, somente agora, me conscientizado de quanto fui ingrato e insensível ou se me calo e procuro o seu ombro, do mesmo jeito que eu fazia quando eu era criança, para apoiar a minha cabeça e verter as lágrimas que rompem, agora, as fronteiras do meu orgulho.

– Oh, Pietro, é preciso equilibrar as suas emoções. Mas se não se encontra em condições, afirmo que não há do que se queixar, porque eu te amo, meu filho, de todo o meu coração, como era antes e como sempre será.

– Perdoe-me, pai!

– Eu é que devo pedir perdão, por causa da educação equivocada que dei para você e seus irmãos, achando que dar tudo que vocês me pediam era ser bom pai. Bom pai é aquele que ama, mas que sabe dizer um "não" na hora certa, o que não fiz. Entretanto, Pietro, se fosse o contrário e houvesse, realmente, o que lhe perdoar, como me negaria, se estou sendo agraciado com o perdão dos meus irmãos?

Pietro sorriu aliviado. Somente nessa hora veio o abraço que selou a reconciliação dando ensejo à paz. Depois do abraço, ele segurou a mão de Laura e disse:

– Esta é a minha esposa. Estamos casados há mais de cinco anos. Gostaríamos muito de poder ter lhe trazido um neto para alegrar, ainda mais, o seu coração. Mas, infelizmente, ainda não temos filho.

Luna, que foi a esposa de Cirus enquanto encarnado, se aproximou:

– Vimo-nos pela última vez, eu e Cirus estávamos casados há seis anos. Embora a satisfação que este reencontro nos traz, para mim, a alegria só seria completa se ele estivesse aqui entre nós.

Naquele momento, João Pedro, que estava brincando com o primo Enrico Neto, veio correndo na direção de Luna, segurou a mão e vendo-a com algumas lágrimas descendo rosto abaixo, falou:

– Não chore, não, Luna!

– Está bem, João Pedro, eu vou parar de chorar.

– Eu sou Cirus! João Pedro é o outro nome – repetiu o que havia dito há pouco a Enrico.

Terminou de falar, já soltando a mão dela e saiu correndo, para continuar brincando com o primo, deixando Luna pasma:

– Meu Deus, o que é isso?! O senhor ouviu ou eu estou confundindo as coisas?

– Ouvi e estou tão impressionado quanto você. Quem sabe é Cirus que retornou e está vivendo nesse corpinho de criança!

Vendo Mateus em frente a porta da casa, conversando com Donatella, Luna acenou para ele, chamando-o e depois de contar o que ouviu de João Pedro, perguntou:

– Você sabe alguma coisa a respeito de Cirus?

– Quando eu retornei de Veneza, Cirus veio comigo, aos cuidados de Antonella. Disse-me ela, em sonho...

Depois de detalhar os pormenores do que havia ocorrido durante a viagem de volta ao Brasil, concluiu informando que o espírito Antonella havia afirmado que Cirus reencarnaria em breve, mas não havia dito exatamente quando e nem onde.

– Depois disso, você não manteve nenhum contato com ela?

– Toda semana, durante o desenvolvimento das atividades mediúnicas, mas ela não voltou a tocar no assunto e eu não perguntei, porque se houvesse necessidade, por alguma razão, ela mesma falaria. Perguntar seria, para mim, apenas mera curiosidade.

Mateus fez uma breve pausa e explicou:

– Segundo esclarecimentos dos espíritos superiores, a reencarnação não se dá, apenas, do começo da gestação ao nascimento da criança. Ela prossegue até entre os seis e sete anos de idade e, durante esse período, estando o espírito reencarnante entre dois mundos, o material e o espiritual, é possível relembrar de fatos ligados à existência anterior. Mas nem assim eu posso afirmar que João Pedro seja Cirus reencarnado.

Fez uma pausa e concluiu:

– Mas não se preocupe muito com isso, Luna, porque Cirus, reencarnado ou ainda no mundo espiritual, encontra-se aos cuidados de Antonella e, além disso, amparado pelo amor e a misericórdia do Divino Senhor do Universo.

Depois da explicação de Mateus, enfim, Enrico recebeu o último cumprimento do auspicioso reencontro. Karen, filha de Luna e Cirus, abraçou-o falando:

– Tio Enrico, antes de tudo, saiba que o meu interesse de estar aqui se prende unicamente a vontade de conhecê-lo e ter a oportunidade de agradecer, de coração, ao senhor, por ter cuidado do meu pai quando criança, como ele mesmo em vida me contou. Eu era pequena, mas nunca esqueci dos detalhes como ele narrou. O senhor foi um pai para ele! Se ele estivesse aqui entre nós, certamente, aproveitaria para agradecê-lo. Mas já que não está, eu agradeço por ele.

– Nada a agradecer. Foi, antes de tudo, um dever, já que eu era o mais velho de todos e se eu não fizesse isso, que seria de todos nós?

Terminou de falar e para deixar Enrico ainda mais emocionado, levantou os pés, já que era mais baixa que ele, beijou-lhe o rosto e saiu, enquanto que ele ficou no mesmo lugar.

Depois de fechar os olhos, passou a dirigir o pensamento de gratidão a Deus:

> *Oh, Deus, quanto tempo perdi ignorando a Sua existência, as Suas leis e por isso mesmo, comecei a trilhar por caminhos tortuosos, sem recursos para aliviar a dor moral que me estraçalhava por dentro, sem qualquer sensibilidade para receber as lições de Jesus Cristo, já que, também ele, eu não conhecia. Mas, ainda assim, sendo eu rebelde e obscuro, a Sua bondade infinita fez chegar a mim, por misericórdia, pessoas dentre as mais simples, que eu mesmo, antes, não lhes dava o valor nem a importância que mereciam, por serem, simplesmente desprovidas de bens materiais. Pobre de mim, pois, orgulhoso e vaidoso, arro-*

gante e insensível, tive que antes de aceitar a verdade, passar pela experiência amarga da solidão, experimentar a antipatia, o desprezo e a dor profunda da ingratidão. Agora, Senhor, que as sementes postas em meu coração por aquelas mesmas pessoas simples, que aproximou de mim, germinaram, floresceram e logo virão os frutos, agradeço sincero e reconhecido pelo que recebo como oportunidade de me regenerar, buscando o amor ao Senhor sobre todas as coisas e ao próximo, como nos indica o Seu filho amado, Jesus Cristo. Obrigado, Deus Pai, Deus de amor, Deus da vida de todos nós!.

Ia saindo, mas vendo Rafael que acabava de chegar, cheio de interrogações por ver tanta gente na casa do patrão, ele falou com bom ânimo:

– Chega à frente, Rafael! Sei que você está curioso querendo saber o que significa a casa assim cheia. São os meus familiares que vieram todos para um encontro.

Segurou no braço do empregado a quem muito estimava e disse:

– Venha comigo!

Depois de apresentá-lo aos irmãos e aos filhos, disse satisfeito:

– Tenho muito a agradecer a este menino. Ele, com paciência, bondade e dedicação, me ajudou a dar um importante passo para que eu encontrasse a oportunidade de chegar, inicialmente, à crença e posteriormente à certeza da existência de Deus.

– Não, patrão! Eu nada fiz além do que recomendou Jesus quando nos sugeriu amarmos uns aos outros, como ele mesmo vinha nos amando. Se alguém quer o bem somente para si, é porque ainda não aprendeu a amar.

Nuno olhou curioso para Enrico, para saber o que Rafael tinha dito e depois que ouviu a tradução, falou admirado:

– Meu Deus, como o evangelho aqui faz parte da vida das pessoas! Lamento o meu atraso.

– Só atrasamos quando continuamos dormindo mesmo sabendo dos deveres a serem cumpridos, o que não é mais o nosso caso, porque agora já estamos bastante acordados – disse sorrindo Enrico.

– Mas que o sono nunca mais nos leve aos sonhos ilusórios do mundo!

Enrico, então, se dirigiu a Rafael:

– Você chegou na hora certa porque essa gente toda está sem almoçar. Vou ter que providenciar comida para todos. Será que você poderia me ajudar, já que gosta de cozinhar?

Nuno, embora não falasse o português, por algumas palavras pronunciadas por Enrico, supôs que ele falava em comida e interveio:

– Para hoje, não precisa! Entendemos que, pelo fato de você estar sozinho, deveríamos providenciar tudo que precisássemos para hoje. Trouxemos da cidade, já pronto, todo alimento para hoje. O único trabalho é requentar a comida.

Enrico percebeu que todos, de um a um, foram se posicionando em sua volta. Intencionou sair, mas Cecília falou sorrindo:

– Fique aí, pai Enrico!

Depois de fechar o círculo, todos, em coro, começaram a cantar uma música napolitana, dentre as preferidas de Enrico. Haviam ensaiado durante as reuniões que faziam em Curitiba. Embora emocionado, dessa vez, Enrico, em vez de lágrimas, como havia ocorrido até há pouco, passou a cantar e ritmar a música com palmas. É bem assim, quando os corações são esvaziados das sujidades morais, cedendo o espaço para o amor.

Ouvindo, lá do cafezal, o canto alegre, algo incomum naquele lugar, os trabalhadores, de um a um começaram a se aproximar. Vendo-os, Donatella começou a chamar:

– Venham todos! Juntem-se a nós!

Mas percebendo que eles se demonstravam receosos, ela perguntou:

– Alguém aí ainda se lembra de Donatella? Venham! Quero recebê-los com um abraço!

Enrico se destacou dentre os outros e soltou a voz:

– Aproximem-se! Nada de receio! Somos todos irmãos, filhos do mesmo Pai, que é Deus!

Quem com sinceridade procura e aceita Jesus, nunca mais será como antes. Tomemos como exemplo, a personagem Donatella. Antes, até a sua viagem a Veneza, mesmo percebendo que sua atenção poderia alegrar os corações das dezenas de homens e mulheres que trabalhavam no cafezal, tantas vezes amargurados, não somente pela necessidade, mas sobretudo por causa do tratamento ríspido e humilhante que recebiam de Enrico, sequer, cumprimentava-os. Ali entretanto, chamava-os, insistentemente, para junto do seu coração.

Eles se aproximaram e ela, então, abraçando-os, tocava os seus corações com uma onda de fraternidade e alegria. Nuno e Cornellius se aproximaram e Enrico, então, falou a toda voz:

– Estes são meus irmãos!

A exemplo de Donatella, ele não perdeu a oportunidade de experimentar, na prática, a lição de Jesus que recomenda amarmos uns aos outros como ele mesmo disse que nos amava e continua sempre nos amando.

Nuno e Cornellius se juntaram aos trabalhadores, abraçando-os, alegremente. Havia em tudo, um tom de festa e alegria, mas num sentido bem mais profundo, pois não era uma festa comum, promovida com a finalidade de buscar motivos de alegria fora de si, mas os corações em festa, externando e expandindo a alegria, o que em instantes, acabou contagiando a todos. Àquela altura, as mulheres sob a orientação de Donatella, já haviam limpado e arrumado a casa, dando o costumeiro toque feminino. Antes, sombria, desarrumada e sem graça, a casa passou a ostentar um ambiente agradável, porquanto, o colorido de flores silvestres em todos os recantos alegrava e o odor por elas exalado, perfumava o ambiente, tornando-o bastante aconchegante. Enrico, que desde o momento em que os visitantes começaram a chegar, ainda não havia voltado ao interior da casa, ao chegar à sala, perguntou:

– Donatella, esta é a nossa casa ou eu errei o endereço?

– A nossa casa, daqui para a frente, a depender de nós mesmos, poderá ser um pedacinho de céu, aqui na Terra. O amor nos mostrará isto, inclusive, por estar se aproximando o Natal. Você vai ver amanhã, como a nossa casa vai estar linda, toda ornamentada com motivos de natal, porque queremos trazer, agora e sempre, Jesus para os nossos corações.

– Já notou, Donatella, que agora temos luz elétrica? Acabou a escuridão! Mas não me refiro, apenas, à escuridão da noite, mas sobretudo, da minha mente. Atribuo todo bem que estou desfrutando agora, primeiro a Mateus, depois a Cecília, Mariana, Rafael e por último a Geisa e Otávio, que estão me ajudando a substituir os velhos e falsos conceitos de vida, pela verdade, tomando como base as leis de Deus, de acordo com os esclarecimentos de Jesus, sob a ótica do espiritismo – expressou mais uma vez o sentimento de gratidão às pessoas que haviam contribuído para a nova situação íntima que experimentava.

– Este é também, agora, o nosso ideal! Mas você já acredita na reencarnação?

– Sim. Somente através dela é que podemos compreender a justiça divina.

– Então, eu desconfio que Mateus é ligado a nossa família, por laços atados em outra existência, no passado.

– Ele me disse, várias vezes, que sempre ao me ver, era tomado por sentimento comparável ao de pai para com o filho. Na primeira vez que ele me revelou isso, eu ri à vontade e disse-lhe: vai crescer e tomar juízo, menino Mateus! Mas agora... sendo ou não, um conhecido de outras épocas, o importante para nós é amá-lo e tê-lo sempre junto aos nossos corações.

21

DESPRENDIMENTO

Ambição desenfreada é porta aberta para o apego.
Dizzi Akibah

DEPOIS DO ALMOÇO, que aconteceu ao ar livre, como se fosse um banquete servido em várias mesas juntas, Enrico foi ao compartimento da casa onde guardava os cofres cheios de dinheiro, abriu-os deixando à mostra centenas de maços de cédulas e foi chamar Nuno, Cornellius e Luna.

– Venham cá, vocês três, porque eu desejo ter uma conversa em particular.

Ao entrarem no compartimento e notarem os cofres abertos, logo entenderam as intenções de Enrico.

– Bem, – começou ele a falar – aqui, durante muitos anos, eu tive a fama de ganancioso, avarento e egoísta. Até o menino Mateus disse-me isso num momento difícil, talvez por isso mesmo eu não tenha esquecido.

Depois de falar do incêndio e da sua teimosia de entrar na casa, que já tinha um lado em chamas, para salvar o dinheiro, ele assim concluiu:

– Então, olhando para mim, com aquela mesma autoridade que os pais falam com um filho teimoso, ele me repreendeu achando que eu havia posto a vida em perigo por apego ao dinheiro. Isso era o que todos achavam, menos eu, porque todo o meu esforço, durante muitos anos, para encher estes cofres de dinheiro era apenas uma tentativa de devolver a vocês o dobro ou triplo do que, de vocês, eu lesei. Mas agora que encontrei a verdade sobre a existência de Deus e desejo seguir em frente mudando a minha vida sempre para melhor através das lições de Jesus Cristo, nada quero a mais para a minha vida, além da paz entre nós. Como os cofres estão com quantias iguais, é um de Nuno, outro de Cornellius e o último de Luna, por ser herdeira de Cirus.

Os três se entreolharam e falaram quase ao mesmo tempo:

– Não viemos aqui para isto!

Nuno então passou a explicar o ponto de vista, coincidentemente, de todos:

– Enrico, a nossa compreensão, a partir da visita de Mateus a Veneza, mudou radicalmente. Mesmo que você houvesse agido simplesmente por maldade e não decidisse voltar atrás, não mudaria o nosso atual entendimento. Ora, você foi o nosso pai de criação, quando não podia e não deveria, porque era apenas um adolescente de dezessete anos, mas assim mesmo, foi um irmão e pai, amigo e responsável, que nos alimentou, deu-nos estudo e nos educou. Mas para isso, você teve que trabalhar duramente por causa da situação difícil que vivíamos.

Fez uma pausa e perguntou:

– Isso tem preço? Não, não tem. Eu e Cornellius estamos de acordo que você dê apenas uma ajuda a Luna, porque, pelo fato de Cirus ter morrido quando os filhos eram ainda crianças e ele não ter deixado qualquer recurso para mantê-los estudando, como seria o ideal, ainda agora, eles sofrem as consequências disso, enfrentando dificuldades para a sobrevivência.

– Como eu disse há pouco, confirmo que um dos cofres é dela e dos meus sobrinhos.

– Não, Enrico! Não vim aqui buscar fortuna. Como disse Nuno, se você achar por bem, basta uma ajuda! Para ter em mãos muito dinheiro, é preciso saber o que fazer com ele, para não cair na tentação da ociosidade. Não quero isso para os meus filhos!

– E agora, o que faço com todo esse dinheiro?

– Feche os cofres e esqueçamos dele. Há algo muito mais interessante para desfrutarmos durante estes dias do que dinheiro!

Enrico não escondeu um certo constrangimento porque, mesmo sendo o perdão o seu principal objetivo, não era tudo, pois no seu entendimento, precisava devolver o dinheiro que não lhe pertencia para se livrar da autopunição de se sentir desonesto e amenizar a consciência.

Notando, Cornellius perguntou:

– Ficou triste?

– Um pouco, porque eu nunca intencionei ficar com todo esse dinheiro para mim. Vocês me perdoaram, mas para minha consciência, tudo continua no mesmo. Sou apenas um ladrão perdoado.

– Você já consultou Donatella e seus filhos?

– Donatella está de acordo comigo. Aos meus filhos, já dei até mais do que deveria. Pietro, o mais velho, é formado em psicologia, mas não atua, porque, como acabei de saber, é um empresário bem-sucedido lá em Portugal. Laura, a sua esposa, é médica; Vincenzo é advogado, muito bem conceituado e bastante procurado; por fim, Giulia, que poderia ainda precisar de mim, por ser a mais nova de todos, já está também formada e me informou há pouco, que vai se casar com um industrial, lá em São Paulo. Dar mais o que a eles?

– Bem, Enrico, não se precipite, porque nós temos tempo suficiente para tratar disso, com calma e determinação. Você não acha que há, por aí, muita gente sofrida esperando uma mão amiga para aliviar a penúria em que vive? Ou aqui no Brasil é todo mundo bem de vida?

– Não, Cornellius! Se o Brasil fosse assim, seria talvez, o único lugar no mundo. Há muitos necessitados e bem próximos daqui. São os meus empregados, que, além de tudo, me ajudaram a juntar todo esse dinheiro. Agora é hora de mudar as suas vidas para melhor. Vou pensar na forma mais viável!

– Isso, Enrico! Juntos traçaremos planos. Vai ficar tudo certo e você não vai mais precisar se sentir ladrão.

No dia seguinte, os que estavam vinculados aos bens materiais de Enrico, quer nas condições de credores ou por direito de herança, se encontravam na ampla sala: Nuno, Cornellius, Luna, Donatella e os filhos Pietro, Vincenzo e Giullia, além de Mariana, Cecília e Mateus, considerados filhos pelo coração. Depois de passar as vistas da esquerda para direita, divisando o semblante de cada um deles, Enrico começou a falar:

– Pedi a presença de todos vocês, para juntos encontrarmos o melhor destino para os valores em dinheiro, guardados nos cofres e numa conta bancária em nome de Donatella, que desde quando ela viajou para a Itália, está sem movimento. Meu objetivo era entregar tudo aos meus irmãos e a minha cunhada Luna, para amenizar os reclames da minha consciência que a essa altura, já se tornaram uma dor moral muito intensa. É como se alguém estivesse sempre a bradar: "ladrão insensível e impiedoso!" Entretanto, ainda não obtive êxito, porque eles se negam a receber a devolução do que lhes pertence, deixando-me, além de surpreendido, impedido de seguir adiante no meu novo propósito de buscar para a minha vida, a finalidade real para a qual Deus me criou. Como desejo, doravante, desapegar-me de tudo que está fora de mim, valorizando a verdade, a paz e o amor, peço aos meus credores, Nuno, Luna e Cornellius, que pensem melhor e reconsiderem, a não ser que tenham sido afetados por uma brisa suave do amor de Deus, libertando-os dos interesses do mundo.

Mas já que ainda vivemos aqui e precisamos da matéria, creio que vocês tenham como destinar os valores que lhes pertencem, sem se apegarem a eles.

– Enrico, meu irmão, – interveio Nuno – se fosse há alguns anos atrás, nós já teríamos esvaziado os seus cofres, já que o nosso interesse nos levaria a isso, nos valendo da justificativa do direito. Entretanto, nem sempre o que pensamos ser o certo, permanece, porque a vida muda e outros caminhos são apontados pelas mãos misericordiosas da bondade, como nos ocorreu, desde quando Mateus, na qualidade de mensageiro da paz, soube infundir em nossas mentes e corações, a visão de um novo horizonte. Sugiro, então, que consulte os seus filhos, na qualidade de herdeiros e certamente, até o final desta reunião, nós, eu, Cornellius e Luna daremos uma posição e tudo, certamente, acabará bem.

– Ora, ora Nuno! Mais uma vez, saindo pelo caminho da sutileza! – falou sorrindo e prosseguiu a reunião, dirigindo-se aos filhos. – Entendo, meus filhos, que bens materiais passam a ser herança depois da morte dos possuidores. Entretanto, creio não ser proibido fazer isso enquanto vivos, de livre e espontânea vontade. Que acham? – perguntou, apesar de ter afirmado que os filhos já haviam recebido dele mais do que deveriam.

Depois de se levantar, Vincenzo respondeu:

– Pai, antes de chegarmos aqui para esta reunião, eu, Giullia e Pietro, prevendo esta sua proposta, tivemos uma conversa e chegamos à conclusão de que não desejamos receber herança de pais vivos, para evitarmos o risco de seguir o exemplo do filho pródigo, da parábola de Jesus. Quando o senhor e a minha mãe fecharem os olhos para esta existência, se estivermos vivos, já que jovens também morrem, qualquer herança será bem-vinda, já que se trata de um direito assegurado por lei. Mas por agora, a herança que podemos receber adiantada é o exemplo de como o senhor saiu de uma situação de vida tão cheia de sofrimento e amargura, o que nos convence de que é possível mudar o modo de viver, mesmo quando tudo parece sombrio e sem rumo; sair da total descrença, para a convicção da existência de Deus como Pai e Criador de todas as coisas, como lhe ocorreu; voltar ao sorriso alegre e contagiante, depois de tantos anos de amargura; apagar o ódio com o amor e restabelecer a amizade, onde somente vicejavam a antipatia e a inimizade. E, agora, nos deixa convictos de que é possível despojar-se do apego aos bens materiais e enriquecer o coração de bons sentimentos, acendendo a primeira chama do amor, mesmo que ainda tênue, como a simples luz de uma vela, mas que, ainda assim, a sua claridade iluminará os caminhos de quem ainda vive no negrume da escuridão.

Fez uma pausa, fixou o olhar em Donatella e prosseguiu:

– Volto-me agora para minha mãe e destaco, dentre as virtudes que dela desejamos receber como herança antecipada, a lealdade exemplificada no silêncio mantido, ante a Justiça, sobre o paradeiro do meu pai para poupá-lo de uma condenação por causa dos enganos cometidos e evitar que fôssemos todos acometidos de profunda tristeza. Entretanto, essa decisão fê-la perder durante vários anos a sua própria liberdade, já que a Justiça a proibiu de sair do território italiano, como já é do conhecimento de todos nós. Somente quem já aprendeu a amar, é capaz de se sacrificar pelo bem de outrem.

Depois de uma rápida pausa ele concluiu:

– Se já estamos convictos de que nem um valor em dinheiro se igualaria à importância dos referidos exemplos dos nossos pais, que mais desejaríamos além destas preciosas lições de vida?

Depois de instantes de silêncio, Enrico voltou a falar:

– As suas palavras, além de me deixarem surpreso, me tocaram profundamente, porque a atitude adotada por vocês demonstra desapego às coisas materiais. Eu repito uma frase que ouvi de Geisa: "melhor ser, do que ter". Entretanto, a exemplo dos seus tios, vocês também acabaram saindo pela tangente e o dinheiro, neste momento, passa a ser algo desprezível! Até agora, somente a questão dos trabalhadores já foi planejada por mim e Donatella. O nosso propósito é que haja uma mudança que me proporcione, depois de tantos anos de desolação, a ventura do direito à liberdade de ir e vir, como também aos trabalhadores do cafezal e suas famílias, de viverem com dignidade, esperança e alegria.

Como todos ficaram calados, provavelmente analisando o que acabaram de ouvir, Enrico dirigiu o olhar na direção de Mateus e disse sorrindo:

– Menino Mateus, não ouvi a sua voz. Tem todo direito de opinar, não só você, mas também Cecília e Mariana. Afinal são meus filhos, porque assim decidi, porque assim os quero.

– Embora as considerações e manifestações carinhosas que desfruto no seio desta respeitável família, inclusive como filho adotado pelo impulso do amor, não me senti no direito de me expressar numa reunião de família, cujo assunto é de interesse tão somente dos seus componentes. Mas já que o senhor me dá a oportunidade de opinar, a minha impressão é que, diante da impossibilidade de reparar os prováveis danos de natureza material causados aos seus irmãos, dá-nos a impressão de que todo esforço empreendido, durante tantos anos, tenha sido inútil, já que o dinheiro guardado cuidadosamente para este fim, se tornou tão desprezível a ponto de ninguém querê-lo. Essa situação, embora necessite de conciliação, pode ser considerada uma grande vitória, cujo nome é desapego. Entretanto, não é de bom proveito que consideremos o dinheiro algo desprezível, porque ele é fruto dos valores humanos em relação à capacidade de cada um de se movimentar para suprir as suas necessidades. Não é o dinheiro culpado pela ganância, o apego, o orgulho de tantos que se deixam arrastar pela ilusão de um pseudopoder gerado pelo que tem. O valor do dinheiro não se encontra na numeração de cada cédula, ou na quantidade delas. Mas no esforço físico e mental empreendidos para a sua aquisição. Quando bem usado, além dos suprimentos das nossas necessidades, ele pode ser transformado em socorro para o doente, alimento para o necessitado e tantas vezes gera alegria, quando é usado para a compra de um presente... Um mimo para agradar alguém que amamos, dentre tantas e tantas outras situações.

Fez uma pausa e a seguir voltou a falar:

– A minha sugestão é que, mesmo que não lhes seja agradável, já que a maioria já demonstrou não o querer, cada um fique com parte igual do "desprezível"!

Enrico começou a gargalhar e todos o acompanharam, achando engraçada a colocação de Mateus.

– Pois é, – voltou ele a explicar o seu ponto de vista – dividido em partes iguais com todos da família, não proporciona incômodo para quem o receber, uma vez que, o que incomoda é a preocupação de não saber o que fazer quando os valores ultrapassam as próprias necessidades de quem os possui.

Achando que havia alongado demasiadamente a sua fala, Mateus silenciou. Mas percebendo que todos estavam voltados para ele, prosseguiu argumentando, com o intuito de ajudar, pois desejava muito que Enrico se liberasse do autoestigma de ladrão.

– Seus irmãos – disse ele olhando na direção de Enrico – estariam sendo pagos, mesmo simbolicamente, por ser uma quantia menor, mas a sua consciência pararia de reclamar. Os seus filhos, que não aceitam herança antecipada, poderiam receber como uma dádiva, de livre e espontânea vontade dos seus pais.

Fez nova pausa e concluiu:

– Caso seja aceita a presente sugestão, que na partilha, Luna tenha uma participação diferenciada, em atendimento a um pedido feito por Cirus que, em espírito, me apareceu durante a minha viagem de Veneza para o Brasil.

– O argumento faz sentido, menino Mateus, – falou Enrico demonstrando satisfação e argumentou – a sua sugestão, para mim, é muito boa, mas é preciso ser avaliada por todos. Vou começar, então, por Nuno.

– Concordo plenamente, mas que, antes disso, seja separado o valor equivalente à compra de uma casa para Mateus, pois ele reside num imóvel alugado e merece de todos nós a mais pura gratidão, pois, se ao sair de Veneza ele não deixasse as sementes, do amor e da esperança em nossos corações, não estaríamos aqui, desfrutando deste ambiente de paz e de fraternidade.

Ouvindo isso, Mateus interveio:

– Agradeço muito, seu Nuno, pelo cuidado e consideração para comigo, mas não posso e não devo aceitar absolutamente nada pelo pouco que pude fazer neste sentido, porque, quem agiu eficientemente para estarmos aqui reunidos, foram espíritos amigos, liderados por Antonella. Seu Enrico sabe que não costumo receber nada pelo que faço ou simplesmente falo, porque na maioria das vezes que isso ocorre, o meu papel é apenas servir de instrumento.

Depois de tranquilizar Nuno, afirmando que tinha bons planos para Mateus, Enrico prosseguiu perguntando de um a um, nominalmente, até chegar a Donatella, que foi a última:

– Concordo plenamente com a sugestão de Mateus e com a sua atitude de não querer receber nada pelo que faz como apoio e ajuda às pessoas. Mas antes de concluir o meu pensamento a respeito disso, eu quero aproveitar esta oportunidade para, a exemplo de Enrico, receber Mateus, Cecília e Mariana com muita ternura, como filhos do meu coração. A não ser que não queiram!

Mariana se levantou e emocionada se dirigiu de braços abertos, abraçou fortemente Donatella que, além de sogra, passava a ser mãe pelo sentimento. A seguir, se aproximaram Mateus e Cecília. Logo depois, Donatella voltou ao assunto anterior:

– Concordo plenamente com a partilha do dinheiro, mas com o seguinte detalhe: a família cresceu pela adoção espontânea de Mariana, Cecília e Mateus. Assim, segundo o meu pensamento, é justo que eles também participem da divisão dos valores em dinheiro. Mariana, de qualquer jeito já seria beneficiada com a parte que Vincenzo receberá. Sugiro, então, que Mateus participe também da divisão, pois assim Cecília também estará sendo beneficiada. Como disse Mateus, cada um ficará com uma parte do "desprezível" que, no final, será muito útil se for bem usado.

– Uma coincidência, porque eu jamais negar-lhes-ia o meu apoio. São filhos do meu coração e eu os amo, tanto quanto aos meus filhos biológicos – falou Enrico, seguro de si.

Todos se levantaram batendo palmas e começaram a cantar os versos de uma música composta por Mariana em italiano.

Traduzida para o português fica assim:

O amor fertilizou
o terreno do coração
A semente germinou
Floresceu e frutificou
Agora saudemos juntos
O divino Agricultor

Refrão:
Viva a paz, viva a harmonia,
Viva a Jesus, o nosso guia,
Pois sua luz, a cada dia,
nos conduz à alegria!

22

A RECONCILIAÇÃO

Sem conciliação não há paz e sem paz, não há alegria.
Dizzi Akibah

NO DIA SEGUINTE, pela manhã, Rafael percorreu toda a área do cafezal transmitindo aos trabalhadores o convite de Enrico para uma reunião que ocorreria na área da casa.

No horário determinado mais de setenta pessoas entre homens e mulheres, já que elas também trabalhavam diariamente, quer no campo colhendo os grãos do café ou no armazém ensacando-os, lá se encontravam formulando perguntas entre si, que ficavam sem resposta, pois surgiam do estado de expectativa que dominava as suas mentes.

Percebendo que todos já haviam chegado, Enrico subiu numa pedra que ficava em frente à casa e começou a falar:

– Meus irmãos e minhas irmãs, faz muito tempo que estamos vivendo neste local, em função da necessidade particular de cada um de nós. Todavia, nunca estivemos realmente juntos, por causa do comportamento que adotei, nascido da minha ignorância e alimentado pelo orgulho, já que eu não me importava se o tratamento grosseiro com que eu me dirigia a vocês, humilhava, entristecia, provocava ódio ou sentimento de vingança. Eu era o patrão insensível, prepotente, pois determinava e queria ser atendido, sem aceitar desculpas. Mas, meus irmãos, eu me encontrava tão obscuro, que nem na existência de Deus eu acreditava.

Fez uma pausa, enquanto observava os olhares fixos na sua direção e depois de inspirar o ar fresco do final da tarde, respirou-o e prosseguiu falando:

– Depois de muito tempo recebendo a colaboração das "cartas misteriosas" e de corações bondosos dos que me ajudaram e continuam me ajudando, tudo vem mudando e proporcionando, não somente a mim, mas a todos nós, a oportunidade de deixarmos para trás os dissabores e tentar apagar as lembranças ruins, para que juntos possamos idealizar um bom recomeço. Mas, para isso, eu peço encarecidamente a todos vocês, que me perdoem.

A emoção fê-lo parar por instantes, mas tão logo se refez, voltou a falar:

– É certo que o perdão provindo do coração de cada um de vocês, vai me beneficiar profundamente, mas o ato de perdoar pacificará certamente os seus corações. Entretanto, se houver entre vocês alguém que ainda não conseguiu se livrar da mágoa e pense: "ah! não vou perdoar porque ele não merece!", não censuro, já que todos nós estamos propensos a enganos, enquanto não contamos com a compreensão clara das situações. Mas, agora, felizmente eu sei que o ato de perdoar não beneficia somente aquele que pede, mas o que concede o perdão, já que retira do coração o veneno do ódio e o corrosivo da vingança, cedendo o lugar ao amor fraterno que une, gera paz e promove alegria.

Somando o número dos trabalhadores com todos os componentes da família Fellipo, mais de cem pessoas estavam tão voltadas aos acontecimentos daquele fim de tarde que, certamente, ficaria, não somente na lembrança mas, sobretudo na história da vida de cada um, pois a sintonia se dava de tal maneira, que se ouvia, apenas, além da voz de Enrico, o ruído do vento nas folhagens das árvores frutíferas em volta da casa. Enrico fez novamente uma pausa, mas logo depois, sentindo a serenidade e o bem-estar daquele raro momento na sua vida, voltou a falar:

– Se alguém entre vocês, ainda não conseguiu compreender os efeitos benéficos do perdão e continua guardando mágoa ou ressentimento contra mim, peço que no final deste encontro, venha estar comigo, para juntos tentarmos a reconciliação, já que pretendo deixar este lugar e não desejo levar comigo resquícios desagradáveis de inimizade ou antipatia, pois sinto-me cansado e preciso respirar outros ares. Alguém pode estar perguntando: "o que será do cafezal e de todos nós?" A resposta é que eu tenho para cada um de vocês um presente de Natal. Não se trata de um objeto ou um mimo qualquer que, hoje tem, mas amanhã pode não ter mais, mas de uma mudança total na vida de cada um de vocês. Em breve, vocês não mais serão empregados...

Foi interrompido por um deles, que perguntou soltando a voz:

– Desculpe eu interromper, patrão, mas o que faremos das nossas vidas sem emprego?

A pergunta disseminou de repente uma onda de preocupação, motivando um alarido, pois todos falavam ao mesmo tempo. Enrico gesticulou com as mãos, pedindo silêncio e falou em bom tom:

– Certamente vocês não prestaram atenção quando eu disse que tinha um presente de Natal para todos. Escutem! Vocês não serão mais meus empregados, porque passarão a ser donos do cafezal!

Foi novamente interrompido com a alegria expressada em gritos e palmas.

– Silêncio! – pediu Enrico visivelmente emocionado e prosseguiu falando – deixem-me terminar de falar e depois então, vocês poderão festejar. Voltando ao que eu dizia, vou encarregar a Rafael e a Mário a divisão, em lotes, de toda área plantada, por igual, entre todos vocês. Paralelamente, estaremos criando um sistema de cooperativismo, que contará com a direção de Otávio, tendo como auxiliares, Rafael e Mário. Em vez de sair por aí à procura de compradores, a cooperativa receberá toda a produção por um preço que será estabelecido.

– Patrão, como ficarão os que residem nas casas que lhe pertencem?

– As casas que estão ocupadas e me pertencem, depois de passarem por uma reforma que proporcione um pouco mais de conforto e bem-estar, passarão a pertencer aos moradores. Entretanto, ninguém será obrigado a aceitar a nossa proposta, pois eu entendo que muitos de vocês foram forçados a deixar a sua terra natal por causa de dificuldades geradas pela seca e, certamente, guardam a esperança de um dia retornar. Os que assim se manifestarem, receberão uma indenização que compensará a dureza do trabalho e a sobrecarga, que reconheço ter colocado nos seus ombros, porquanto, o nosso interesse é que todos fiquem bem e satisfeitos.

Fez nova pausa e disse em seguida:

– Antes de vocês festejarem a boa notícia, peço que venham a mim os que não conseguiram se livrar dos resquícios do ódio. Garanto que, por isso, não serão excluídos e nem prejudicados, pois reconheço a minha parcela de culpa por esta situação. Tenham coragem e lutem contra esse mal-estar, porque se antes eu não sabia, agora eu sei que uma situação por pior que nos pareça, pode ser mudada, se realmente desejarmos.

Depois de alguns minutos de expectativa, se destacou dos demais, Casimiro que, sendo amigo de Esídio, concordou e incentivou-o à prática do incêndio e, como se não bastasse, mesmo depois da morte de Esídio, ele prosseguiu tentando encontrar alguém dentre os colegas, para juntos darem evasão ao sentimento de vingança contra Enrico. Mas, felizmente não conseguiu, porque àquela altura, as "cartas misteriosas" já haviam incentivado as predisposições da maioria para o bem. Assim, vendo-o se aproximando de Enrico, todos os companheiros de trabalho ficaram atentos, aguardando o que iria acontecer, já que não acreditavam no que viam. Cabisbaixo, ele parou em frente ao patrão, inimigo de todos aqueles anos.

– Eu sei – disse Enrico – que você me odeia, como também reconheço a minha parcela de culpa. Entretanto, aconselho a retirar esta sujidade do coração para que o amor o ocupe, pois somente assim você poderá alimentar a esperança de dias mais prósperos e alegres, tendo em vista que, como todos os seus companheiros, não será mais contra vontade, como tem ocorrido até agora, o meu empregado, mas sim, agricultor autônomo. Acho, Casimiro, que isso nos dá a oportunidade de estabelecer a amizade entre nós e sermos bons amigos.

Casimiro, que já estava com lágrimas descendo rosto abaixo, estendeu a mão e disse:

– Perdoe a minha maldade!

– Setenta vezes sete como disse Jesus – respondeu Enrico, que antes de soltar a mão de Casimiro, puxou-o para junto de si e selando a reconciliação com um forte abraço, acabaram se assustando ao ouvir palmas e gritos:

– Viva a paz!

Casimiro permaneceu ali mesmo junto a Enrico e, em instantes, se aproximavam mais quatro trabalhadores que, tempos atrás, consideravam-se inimigos de Enrico. Mas, felizmente, o diálogo franco entre eles foi o suficiente para a reconciliação. Enrico estava ainda conversando com Francisco, aquele mesmo que no dia da simulação de aumento de salário, pegou as moedas e, odiento, atirou-as no chão. As cartas misteriosas dirigidas a ele, ficaram muito tempo fechadas por falta de interesse de lê-las. Entretanto, a sua mulher que se chamava Célia, depois de encontrá-las escondidas num canto de um armário, começou a lê-las e, entendendo que elas tocavam diretamente na situação íntima do marido, passou a incentivá-lo a mudar o comportamento. Ali, naquele momento, em que o amor parecia vibrar até no ar que respiravam, Francisco, ao notar o quanto Enrico havia mudado o jeito se ser, sentiu-se envergonhado de si mesmo e chorou. Enrico, abraçando-o, lembrou-se das palavras que Cecília havia dirigido a ele, também num momento difícil, e repetiu-as:

– Não é para chorar e sim para sorrir, Francisco!

Rafael foi se aproximando com um vaso cheio de água na mão e na outra uma cadeira, pôs junto a Enrico, saiu e em instantes retornou com uma toalha, colocou-a no encosto da cadeira e ficou em pé do lado, enquanto a maioria se perguntava:

– Mas o que será isso?

Enrico, então, soltou a voz explicando:

– Li numa passagem do evangelho, que Jesus, para dar uma lição de humildade aos apóstolos, segundo o meu entendimento, lavou os pés deles, de um a um e enxugou-os. Não pensem que eu tenha a intenção de imitar o divino Mestre, pois entendo que sou ainda um obscuro, lutando para sair das trevas da ignorância. Mas aquele ato de Jesus foi tão belo, que me basta lembrar para ficar emocionado e, por isso mesmo, desejo neste momento, fazer apenas uma simples encenação, segundo a minha emotividade momentânea, não com intenção de exemplificar uma virtude que eu ainda não tenho, pois isso, da minha parte, seria uma injustificável pretensão. Mas buscar na encenação, uma lição de vida, para mim mesmo, por reconhecer que sou um dos mais necessitados.

Dito isso, olhou para Casimiro e disse:

– Venha, por favor!

– Não, patrão, não é preciso se humilhar desse jeito, porque eu...

– Por favor, Casimiro, sente-se aqui e ponha os pés na água!

Começou a lavar os pés do outrora inimigo e falando ao mesmo tempo:

– Deixem-me tentar eliminar os resquícios do orgulho e da prepotência, para que um homem novo possa surgir dos escombros de mim mesmo.

Ao chegar o último, ele, então, propôs se enlaçarem num só abraço e logo depois, ia falar alguma coisa, mas foi interrompido com a manifestação calorosa dos demais:

– Viva o patrão!

Ele então respondeu:

– Viva Jesus! Viva a reconciliação!

Lembrando-se das centenas de cartas que escreveu para todos, como sementes que, adubadas pela energia do amor, germinaram, floresceram e ali exalavam o perfume da paz, Mateus, cheio de alegria, se aproximou gritando:

– Viva a paz! Viva o amor!

Os trabalhadores começaram a cantar e dançar no ritmo da música, espargindo alegria por toda parte. Depois disso, Rafael subiu na pedra e falou em bom tom:

– Companheiros, convido-os para juntos fazermos uma prece de gratidão a Deus, a Jesus e a todos que contribuíram para que tudo isso pudesse acontecer, inclusive o autor das "cartas misteriosas" que tanto nos ajudaram. Embora não sabendo de quem se trata, vamos enviar através da oração, os melhores votos de paz e felicidades.

Cecília se aproximou de Rafael, falando!

– O autor das cartas é Mateus. Chame-o e ponha-o do seu lado.

Mateus subiu na pedra e Rafael voltou a falar:

– Companheiros e companheiras do cafezal. Gostaria de saber neste momento de alegria, quem de vocês acha que as "cartas misteriosas" ajudaram a mudar a vida para melhor? Com sinceridade, suspenda a mão somente quem tem certeza disso:

Todos, até Enrico, que permaneceu no mesmo lugar, também levantou a mão.

– Então, – disse Rafael – temos fortes motivos para agradecer, pois além da satisfação de todos, do meu lado se encontra o autor das cartas misteriosas!

Todos, até os visitantes de Enrico se juntaram aos trabalhadores, aplaudindo e dando vivas a Mateus.

Cessada a manifestação calorosa, Mateus começou a falar:

– Meus queridos companheiros do cafezal, agradeço a manifestação carinhosa de todos vocês, mas em vez de mim, homenageiem a Jesus Cristo, pois sem a sua permissão e ajuda, nada poderíamos realizar e, afinal, estamos na antevéspera do Natal. Eu nada fiz além do meu dever de distribuir o que, antes de vocês, eu havia recebido, sendo portanto, o primeiro a ser beneficiado.

– Mateus, – falou Rafael todo empolgado – fale-nos sobre as motivações que lhe levaram a escrever tantas cartas!

– Bem, embora isso já esteja no passado, eu vou relatar: na época em que saí daqui, me sentia impossibilitado de fazer o que mais desejava, que era a pacificação, pois os conflitos entre empregados e patrão, criavam um ambiente tenso e desagradável, mas encontrei muita dificuldade, tanto entre os companheiros de trabalho, que para muitos eu era falso, traidor e bajulador do patrão, quanto com seu Enrico que acabou fechando o círculo quando me proibiu de entrar na sua casa, simplesmente por eu falar sobre o desapego às coisas materiais e a existência de Deus, o que ele não acreditava. Naquele momento, eu já tinha sido posto fora de casa e da família, pelos meus pais, por eu participar das reuniões na casa dos meus queridos Otávio e Geisa, todas as portas foram fechadas para mim. Embora triste, mas sem qualquer resquício de mágoa, compreendi que me restava apenas a opção de deixar tudo para trás, mas apenas no que diz respeito à presença física, porque continuei ligado a todos pelos laços do sentimento, o que me levou a idealizar as cartas que vocês denominaram de misteriosas. Se eu estava impedido de dizer, pessoalmente, o que tanto desejava, passei a falar anonimamente, através da escrita.

Fez uma pausa e, a seguir, explicou:

– Fiquem certos de que este relato que acabei de fazer foi simplesmente para atender o pedido de Rafael, mesmo porque o tempo passou e a história mudou para melhor. Por isso mesmo reconheço que não há absolutamente nada que eu possa me queixar, porque no meu entender foi apenas o grito de alerta avisando-me que havia chegado a hora de mudar, pois se tudo isso não houvesse ocorrido, eu ainda estaria guiando as mulas carregadas de café, como era o meu trabalho. Não que isso signifique desonra, porque o trabalho, seja ele qual for, quando exercido com seriedade e dedicação, dignifica a criatura humana. Refiro-me as novas experiências que adquiri com os desafios que fui levado a enfrentar, os quais me fortificaram, contribuindo para o desenvolvimento da capacidade, da coragem de enfrentar os dissabores da vida e, acima de tudo, da confiança em Jesus e a fé firme em Deus.

Depois de breve pausa, ele concluiu:

– Aproveito, então, para agradecer a todos por terem lido e aceito as mensagens que escrevi com toda vontade e muito gosto, a ponto de despertarem as boas qualidades que Deus colocou no íntimo de cada um de vocês. Agora, meus irmãos, é só paz e alegria em nossos corações!

Mateus ia saindo, mas Cecília se aproximou e começou a falar:

– Meus queridos irmãos, quero que levem um recado às suas esposas. Digam a elas que estão convidadas para amanhã, véspera do Natal, estarem aqui, à tarde, neste mesmo local, pois nós desejamos proporcionar às crianças a alegria de receberem presentes de Natal, o que eu tanto, nessa fase, desejei, mas não tive. O convite é para as mães e as crianças, mas os pais, se quiserem, também venham. Vamos mais uma vez festejar a paz e a fraternidade, como podemos assinalá-las em nossos corações. Afinal, é Natal!

Rafael tomou a palavra e convidou a todos para numa só voz repetirem as palavras pronunciadas por Jesus, quando os apóstolos lhe pediram para ensiná-los a orar:

Ele começou, então, a falar e todos repetiram:

– Pai nosso que estais nos céus...

Quando o inesquecível encontro pela paz terminou, no alto, as estrelas já enfeitavam o espaço infinito. Tudo ali era paz, harmonia e alegria! Enrico que, como os demais, até então não sabia quem era o remetente das cartas misteriosas, se aproximou já falando:

– Então, menino Mateus, as cartas misteriosas eram escritas por você e eu nunca imaginei! Por conta disso, acabei sendo injusto, achando-o ingrato por não me escrever nenhuma carta. Oh, como a vida nos traz surpresas! Na verdade, você nunca me abandonou.

– Estamos presentes na vida das pessoas desde quando descobrimos que as amamos.

– Que pena você não ter nascido na minha família como meu filho!

– Eu precisava, além de experimentar, vencer as dificuldades da pobreza e continuar com o mesmo sentimento paterno, para motivá-lo a não se prender às coisas materiais e, além disso, tentar despertá-lo para Deus, o que lhe faltou quando era criança. Quando alguém oscila no cumprimento de um dever, assume o compromisso de responder por isso perante as leis de Deus. Não importa o tempo e nem a condição em que isso ocorra, conquanto que o reajuste aconteça dentro dos ditames da justiça divina.

– Sim, menino Mateus, é verdade que a orientação do meu pai era que eu me esforçasse para possuir muitos bens materiais. Mas eu não entendo o porquê de você assumir isso, como se estivesse reparando algo que, aparentemente, não fez.

– Ninguém deve tomar para si o dever que a outro pertence!

– Agora eu descobri que a minha inteligência é tão pouca, que não dá para entender isso!

– Tudo tem o seu melhor momento!

23

AÇÃO FRATERNA

Onde viceja o orgulho, não prospera a fraternidade.
Dizzi Akibah

O RECANTO, ANTES, palco de ódio, da desunião e do sentimento de vingança, foi mudando aos poucos, como o medicamento no conta-gotas. Mas como tudo passa dando ensejo à renovação, o local, denominado pelos seus moradores de cafezal, encontrava-se em festa, não como as que são comumente programadas sem muita razão de ser, mas provindas da satisfação e da alegria cultivadas nos corações que pulsavam na vibração da esperança, da fraternidade e do amor. Tanto que, até o dia que amanhecera ensolarado, parecia bem diferente dos anteriores, pois a impressão que se tinha anteriormente era de que a nova e agradável situação jamais ocorreria.

Mas ali, não apenas viam, mas acreditavam por que sentiam. Assim não seriam outras as reações, principalmente das dezenas de trabalhadores, cujos pensamentos eram de gratidão a Deus por tudo de bom que lhes ocorria. Assim, nesse estado psíquico, ouvia-se da casa, onde os presentes eram preparados para serem distribuídos para as crianças, o soar do canto alegre que eles entoavam, enquanto cuidavam das tarefas de sempre, no cafezal.

– Antes das crianças chegarem, – disse Cecília se aproximando de Mateus, que conversava com Donatella – gostaria de fazer uma visita de casa em casa, para levar um abraço e votos de um feliz Natal à todas as mães e aproveitarmos para verificar as condições das moradias, para termos uma ideia da reforma idealizada por seu Enrico.

– Vou com vocês, – falou Donatella entusiasmada com a ideia – esperem-me apenas alguns minutos enquanto aviso Enrico!

Ouvindo-a, Enrico comentou:

– Mas que ideia! Sinto-me até envergonhado, porque há tanto tempo aqui e nunca fiz isso! Posso ir também?

– Vamos! Será muito bom levar o sentimento natalino aos seus corações.

Mariana, que ia passando pelo local, parou e comentou:

– Se vão levar o sentimento natalino a alguém em algum lugar, convidem-me!

– Vamos, então.

– Aguardem um pouco, enquanto aviso Vincenzo.

Ao tomar conhecimento, Vincenzo falou cheio de entusiasmo:

– Vou com você.

De repente, a simples visita idealizada por Cecília, acabou atraindo a todos.

– Eu também tenho uma ideia, – falou Mateus – que estendamos as nossas manifestações fraternas aos trabalhadores que estão no cafezal. Será uma boa caminhada, mas vale a pena porque... Estão ouvindo o seu canto alegre? Juntemo-nos a eles e desfrutemos dessa alegria, já que, para nós que nada é ainda definitivo, porque estamos ainda a caminho, tudo passa! Aproveitemos, então, os melhores momentos!

Conversando entre si, logo chegaram ao agrupamento das casas rústicas, onde a maioria, além de não oferecer qualquer condição de conforto, tampouco de higiene, eram desprovidas de móveis como mesas, cadeiras... Os moradores dormiam em colchões no chão. Defrontando-se com toda essa pobreza, Enrico passou a se sentir horrorizado consigo mesmo por perceber o quanto explorara aquelas pessoas que ali haviam chegado na condição de retirantes, fugindo da seca, fenômeno característico das regiões onde antes viviam.

Não suportando os reclames da consciência, Enrico falou em bom tom para que todos ouvissem:

– Agora eu compreendi mais um pouco sobre a misericórdia de Deus, pois tenho convicção que não mereço o que estou experimentando na minha casa estes últimos dias. Embora com tanto atraso, acho que há ainda como remediar. Conforme já era a minha intenção, antes de deixar este lugar, vou transformar estas casas em residências dignas de seus usuários. Logo que eu puder ir a Curitiba, farei uma grande compra, desde panelas para cozinhar, até todos os móveis que proporcionem conforto. Quero deixar este lugar, e estas pessoas que tanto explorei, com alegria de viver ao amanhecer de cada dia.

Entristecido, ele silenciou e Cecília, então, disse-lhe:

– Além de necessário, isso é muito bom, mas ainda não é tudo! É certo que doravante, eles passarão a ser proprietários do cafezal e a situação poderá melhorar. Mas, as crianças crescerão analfabetas?

– É verdade, menina Cecília! É preciso construir uma escola. Mas quem vai alfabetizar as crianças, já que a maioria nem sabe ler e escrever?

– Geisa e Otávio serão bons professores – aparteou Mateus.

Depois de visitarem todas as casas e sentirem as emoções daquelas mães de famílias sofridas que, apesar de tudo, souberam recebê-los com satisfação, eles penetraram no plantio de café e sem se importarem com as roupas poeirentas e suadas dos trabalhadores, abraçaram-lhes fraternalmente, pronunciando frases alusivas ao Natal, demonstração de como os ensinamentos de Jesus, contidos no evangelho, uma vez entendidos na sua essência, passam, consequentemente, à prática, ensejando novas mudanças no modo de viver e conviver.

Assim, todos retornaram à casa com os corações em festa, exceto Enrico que se mostrava entristecido. Notando, Mateus se aproximou e disse-lhe:

– Faça tudo conforme os impulsos do seu coração, mas não alimente sentimento de culpa, porque além de não poder voltar atrás, tomando como base a justiça divina, ninguém passa, absolutamente nada, sem merecer. Se assim não fosse, nós que aqui chegamos, fugindo de dificuldades, não encontraríamos tantas outras. Se assim aconteceu, é possível que se tratasse de ajustes necessários à reconciliação, o que vem ocorrendo, para a nossa satisfação.

Fez uma pausa enquanto observava a reação de Enrico e, em seguida, exclamou:

– Alegre-se! Afinal é Natal!

Já mudando a fisionomia, Enrico abraçou Mateus, falando:

– Você, menino Mateus, sempre você, como se fosse um pai tentando guiar um filho rude e indisciplinado.

– Agora eu sou pai de João Pedro. Mas como os sentimentos paternos e maternos podem prosseguir além da desencarnação...

* * *

A TARDE, AS mães chegaram com as crianças conforme foram convidadas. Cecília, que era uma pessoa alegre e gostava muito de cantar, agrupou as crianças e perguntou:

– Vocês gostam de cantar?

Sendo a resposta positiva, ela foi ao interior da casa, retornou com Mariana e falou:

– Vamos cantar uma música em homenagem ao aniversário de Jesus.

Mariana posicionou o violino e executou a música "Noite feliz" e, Cecília, então, perguntou:

– Vocês conhecem esta música?

Ninguém respondeu, porque aquelas crianças pouco ouviam falar do Natal.

– Então, vamos aprender!

De verso em verso, uma hora depois, Cecília e Mariana, acompanhadas pelo violino, começaram a cantar e para a surpresa delas, as crianças acabaram formando um coro infantil. Não era apenas de admirar, mas acima de tudo, perceber o quanto a criatura humana é capaz, quando despertadas para o bem. Aquelas crianças, malvestidas e algumas dentre elas, descalças, provavam que apenas um toque de amor nos corações pode despertar a capacidade de amar, o que todos recebemos de Deus no ato da criação.

Terminado o canto, elas, juntamente com Donatella, distribuíram os presentes escolhidos previamente com objetivo de suprir a necessidade de cada uma delas. Roupas, calçados, brinquedos, doces e tantos outros. E assim, Cecília, Mariana e Mateus, conseguiram proporcionar às crianças, a alegria que tanto lhes faltou na infância. De contrapartida, se sentiram realizados, participando da euforia, como se fossem algumas delas.

O sol lançava os seus últimos raios dourados anunciando que a noite ... Aquela noite se tornaria inesquecível a todos que ali se encontravam. Enrico se aproximou de Donatella:

– Vem comigo!

– Onde vamos? Já é quase noite!

– Ora, a minha cabeça ainda não está como deve! Quase esqueço de convidar Geisa, Otávio e Rafael para participarem conosco da comemoração do Natal.

Comentando as mudanças que experimentavam e tecendo gratidão a Mateus, quando perceberam, já se encontravam em frente a casa de Rafael que, ao vê-los, falou surpreendido:

– A que devo a honra de tão auspiciosa visita?

– Viemos convidá-lo para estar conosco na comemoração do Natal.

– Oh, patrão, me sinto honrado com o convite, mas, como a comemoração de Natal normalmente acontece em família, já que não faço parte dela, acho que a minha presença vai destoar.

– Ora, Rafael, somos a família de Deus! – exclamou Donatella.

Vivendo na simplicidade de si mesmo e ainda não conhecendo a dimensão da adesão feita a Jesus, por todos que se encontravam naqueles dias na casa de Enrico, Rafael respondeu, tentando se esquivar do convite:

– Na verdade eu não tenho uma roupa compatível com o nível das pessoas que lá se encontram e...

– Rafael, – interrompeu Enrico – não me diga que você se esqueceu de quando me disse um dia que Jesus vestia-se simplesmente e que isso não diminuía a sua grandeza e não impedia de estar com os pobres quanto com os ricos, que tentavam se destacar pelos ricos trajes que usavam. Será que você é ainda vaidoso?

Rafael sorriu contrafeito e respondeu:

– É possível, patrão, porque esse defeito exige tempo e esforço para ser eliminado.

– Oito horas da noite, lá conosco! Você, Rafael, faz parte da história da minha vida tanto quanto Mateus, Cecília, Mariana, Otávio e Geisa – repetiu, mais uma vez, o que não cansava de falar.

Momentos depois, chegavam à casa de Geisa. Ao vê-los se aproximando, Otávio foi encontrá-los demonstrando satisfação.

Depois de cumprimentá-los, Enrico foi logo falando:

– Aqui estamos, para tratar de dois assuntos. O primeiro se refere à decisão que tomamos de construir uma escola para alfabetizar as crianças, aqui, do cafezal. Mas há um problema que somente vocês poderão resolver, se puderem e quiserem, já que não são forçados: é tomar conta da escola e dar aula às crianças. Vocês podem até alegar que não são professores, mas nem precisa, porque basta passar para elas, o que vocês sabem. Aliás, sabedoria é o que não falta em vocês. Que me dizem?

Geisa se adiantou na resposta:

– Bem, apesar das transformações que vão ocorrer no cafezal e da responsabilidade de Otávio diante da futura cooperativa, nós não pretendemos continuar aqui por muito tempo, porque nossos filhos estão crescendo e vão precisar de uma escola onde possam avançar no estudo. Pensamos em retornar para Sergipe ou, quem sabe, mudar para Curitiba se encontrarmos lá, meio de vida! Mas da minha parte, enquanto estiver aqui, farei isso com toda satisfação e creio que também Otávio.

– Sim! – respondeu Otávio – há algo melhor do que uma oportunidade de servir aos nossos irmãos?

– Muito bem! Eu sabia que contaria com vocês. Mas enquanto estiverem por aqui, preparem alguém para ficar no lugar. E se quiserem residir em Curitiba, não lhes faltará meio de vida, porque Otávio contará com emprego certo ao lado de Mateus. Bem, o segundo motivo que nos trouxe aqui, não é apenas um convite, mas uma convocação para estarem conosco logo mais, nas comemorações do Natal, inclusive, uma ceia de confraternização. A presença de vocês sempre alegra o meu coração.

– Podemos levar as crianças? São seis!

Eles tinham três filhos biológicos e criavam mais três crianças órfãs.

– Todas! Se sentirem sono, têm onde dormir – respondeu Donatella.

24

UMA NOITE FELIZ

Enquanto a reconciliação pacifica, o amor simplifica e unifica.
Dizzi Akibah

OITO HORAS DA noite. Além do colorido ostentado pela ornamentação natalina, o perfume das flores expostas em jarros, em alguns cômodos da casa, harmonizava o ambiente justificando o bem-estar e a alegria, facilmente notados nas fisionomias, o que motivou a expressão de Donatella ao entrar na extensa sala, onde todos estavam conversando e o assunto versava sobre a vinda de Jesus à Terra.

– Gostaria que todos os dias fossem assim! Relembraremos desta noite, certamente, com muita saudade!

– E poderá se tornar inesquecível, se exteriorizarmos o bem-estar que sentimos neste momento, que pode ser através da música, da poesia ou simplesmente pela fala. Soube, inclusive, que os donos da casa costumavam cantar em dupla, uma música napolitana. Cabe então a eles, o privilégio de serem os primeiros!

– Menino Mateus, você não tem jeito! Sempre me põe em desafio – exclamou Enrico.

– Vamos, Enrico! Custa nada satisfazer a Mateus – falou Donatella, sem ocultar a alegria que sentia pela nova situação que começava a viver.

Mariana se aproximou, já com o violino posicionado para acompanhar a dupla.

Depois de entoada a canção napolitana, todos aplaudiram, demonstrando satisfação, não apenas pela música, mas sobretudo por verem Enrico e Donatella novamente unidos, depois de tantos anos distantes um do outro.

– Quem deseja nos trazer mais uma homenagem a Jesus, o nosso sublime aniversariante? – perguntou Mateus, espargindo alegria.

Depois de alguns minutos de silêncio, vencendo a inibição momentânea, Rafael falou em bom tom:

– Eu gostaria de declamar um pequeno poema que escrevi na noite do Natal passado:

Ele começou a declamação e Donatella traduzia para os que não conheciam o idioma português:

> – Em berços de ouro, nasceram,
> Embalados pelo poder e a glória.
> Mas, como do bem se esqueceram
> Relegados foram pela história.
>
> Guerreiros e heróis de um momento,
> Pelas multidões aplaudidos,
> Como o soar do vento
> Passaram e foram esquecidos.
>
> Mas em simples manjedoura,
> Reluziu divina luz,
> Mensagem consoladora,
> O nascimento de Jesus.

Reinados e impérios passaram
Nos séculos das ilusões.
Mas Jesus, a luz do mundo,
Vive em nossos corações.

RAFAEL TERMINOU DE recitar o poema e sentiu-se emocionado com o total aplauso de todos.

Em seguida, Nuno citou um versículo do evangelho e gostando da ideia, de um a um, todos repetiram as palavras de Jesus.

– Meus irmãos, convido a todos para juntos enviarmos um
pensamento de gratidão a Jesus e Maria Santíssima, pois creio
que o que recebemos do Alto neste momento, é pura misericórdia
do Divino Senhor do Universo.

Depois de breve pausa, Geisa voltou a falar:

– Embora tenhamos conhecimento da recomendação de exer-
citar a mediunidade num local apropriado, graças às harmoniza-
ções das mentes, as vibrações amorosas que fluem dos nossos corações, o espírito Antonella, mentora da mediunidade de Mateus,
falará para todos nós.

O silêncio era total. Ouvia-se apenas o ruído das águas ro-
lando riacho abaixo, enquanto a brisa suave da noite perpassava
pelas amplas janelas da sala, como se também, estivesse saturada
de vibrações amorosas. Minutos depois, Mateus ficou de pé e começou a expressar, mediunicamente, os pensamentos do espírito Antonella:

– Amados irmãos, não poderia perder esta oportunidade que
Jesus nos concede, nesta noite inesquecível, para uma saudação
a todos que aqui se encontram comemorando um acontecimento
de duplo sentido, o Natal e, enfim, o êxito alcançado da compreensão e da prática do perdão, uma das lições de Jesus que
nunca deve faltar em nossas vidas, conforme disse ele mesmo em
resposta ao apóstolo Pedro: *setenta vezes sete vezes ou* no nosso
entender, perdoar sempre!

Depois de uma rápida pausa, prosseguiu:

– Venho, há muitos anos, acompanhando toda essa história e, por isso, posso afirmar que o êxito alcançado nos enleva e nos proporciona muita alegria e sentimento de gratidão a Jesus pelo trabalho que nós, componentes de uma equipe de atividades espirituais, composta por encarnados e desencarnados, desenvolvemos em prol do perdão e da pacificação, cujo êxito encerra um capítulo da nossa história, ensejando o começo de outro, que poderá ser bem melhor se pusermos em prática as lições valiosas e as experiências adquiridas. Não poderia ser diferente, por causa das ligações psíquicas estabelecidas no passado, que nos fez reunirmo-nos, em família, desde algumas existências pretéritas sendo que a última se deu num período de profunda escuridão na Terra, a partir da Primeira Guerra Mundial quando experimentei muitas aflições, dentre elas, apoiar nos braços o meu irmão Salvatore e a minha cunhada Petrina que cerraram os olhos para aquela existência, vítimas da violência da guerra, deixando os filhos órfãos quando mais precisavam das suas presenças, pois Enrico que era o mais velho, contava, apenas, dezessete anos, seguindo, Nuno, Cornellius e o mais novo Cirus, com apenas cinco anos de idade. Acompanhei-os nas dificuldades da orfandade, de acordo com as minhas possibilidades, por causa das minhas atividades como enfermeira, servidora da Cruz Vermelha, por apenas um ano, já que também perdi a existência física vitimada pelos horrores da guerra.

Fez uma pausa e, instantes depois, voltou a falar:

– As informações que acabo de prestar, sem qualquer indício de queixa e nem de lamento, têm apenas o objetivo de me identificar e tornar ainda mais claro para todos, inclusive destacando os que porventura ainda mantêm dúvidas sobre a sobrevivência do ser pós-morte do corpo físico; que Deus nos criou imortais; que tudo passa e se modifica durante a longa trajetória, enquanto despertamos as qualidades inerentes ao espírito iluminado e plenamente feliz, o que se encontra por leis divinas, fadado a acontecer.

Depois de rápida pausa, continuou:

– Poderia me alongar, mas não seria de bom proveito, pois Mariana tem em mãos explicações oportunas referentes às situações vividas pelos personagens que deram origem a esta história, que somos todos nós, na condição de colheita do que semeamos, sem prestarmos atenção à qualidade das sementes e nem ao terreno onde elas foram postas.

Mais uma pausa e concluiu:

– Conforme fui anunciada antes desta conversa, chamo-me Antonella.

Terminada a comunicação do espírito, Mateus retornou ao lugar de antes e Mariana, então, depois de falar um pouco sobre o fenômeno da mediunidade e explicar como ocorre a psicografia, fez uma breve pausa e disse a seguir mostrando as folhas de papel que tinha em mãos:

– Aqui se encontram os relatos do espírito Antonella, explicando os porquês das situações vividas por esta família e tantas outras pessoas ligadas por circunstâncias diversas, o que podemos entender como efeitos de causas perpetradas no pretérito. Antes, porém, de começar a leitura, faço uma observação sob a orientação de Antonella. Segundo ela, a revelação dos nossos feitos no passado e dos consequentes efeitos no presente, não ocorreria, nesta oportunidade, se não houvesse as devidas condições. Entretanto, antes de decidir, ela, Antonella, auscultou-nos individualmente e constatou que todos estávamos em boas condições de entendimento sobre a lei de causa e efeito.

Fez mais uma pausa, enquanto observava a numeração das folhas de papel e começou a leitura:

"Depois de uma pesquisa minuciosa nos arquivos da organização espiritual, onde todos nós da família somos filiados, constatei que os conflitos entre Enrico e os irmãos tiveram início numa existência pretérita, em Roma, na época do império, quando eles viveram como irmãos consanguíneos, filhos de um senador, homem rico e de grande prestígio junto ao imperador. Do primeiro casal, nasceram três filhos que são os mesmos espíritos identificados agora pelos nomes: Nuno, Cornellius e Cirus. Tendo ficado viúvo, o senador casou-se novamente e deste segundo casamento teve apenas um filho que se chamava Domênico, hoje reencarnado com o nome de Enrico Fellipo."

Mariana fez uma rápida pausa, enquanto observava o efeito causado pelas revelações da psicografia de Antonella e, em seguida, prosseguiu no mesmo tom:

"Tão logo o senador retornou para o mundo espiritual, deixando uma rica herança, a mãe de Domênico também faleceu. Sem a presença da mãe que, enquanto viva, protegia-o dos irmãos que já o maltratavam desde quando haviam notado a clara preferência que o pai demonstrava manter por ele, a situação piorou. Assim foi que, dias depois, eles chamaram Domênico para uma conversa sobre a herança deixada pelos pais:

"Bem, – disse o mais velho deles – A partir de amanhã, esta casa não será mais a sua moradia. Tenho aqui, em mãos, os documentos de tudo que nosso pai deixou como herança e não há qualquer citação do seu nome como herdeiro. Apesar de você ter desfrutado da preferência de nosso pai, você não pode esquecer que é apenas um meio-irmão e talvez por isso ele não tenha lhe incluído na rica herança que, agora, em nosso poder, vamos desfrutar e gozar a vida sem qualquer preocupação. Você, entretanto, se não quiser morrer de fome, não deve relutar em ser vendido como escravo. Talvez as galeras de um navio qualquer, sejam para você uma boa opção.

"Domênico, depois de pegar algumas roupas, deixou o rico palácio onde antes desfrutava das alegrias da juventude e seguiu com o propósito de descobrir toda a trama e disposto a recomeçar a vida numa propriedade rural que a sua mãe lhe deixara como herança. Entretanto, em lá chegando, o lugar estava ocupado por mais de cinquenta pessoas que serviam à família na condição de escravos, mas tinham sido alforriados pelos seus irmãos. Vendo a sua última esperança fenecer, tentou retomar a propriedade, mas acabou sendo espancado impiedosamente e, posteriormente, preso no porão úmido e imundo da casa, onde experimentou profunda amargura... fome, sede e frio que, durante o inverno, congelava as mãos e os pés.

"Água, pelos deuses! – clamava ele.

"Enquanto que os escravos libertos gargalhavam e zombavam do seu sofrimento. Assim foi que, deserdado pelos irmãos e maltratado perversamente, Domênico desencarnou num estado lamentável de inenarrável desespero."

Mariana fez uma pausa na leitura, enquanto ingeria um pouco de água e prosseguiu lendo a psicografia de Antonella:

"Mas, já que a justiça divina funciona com perfeição, os mesmos componentes da conflituosa existência do passado, voltaram a compor uma nova família constituída por Salvatore (Mateus) e Petrina (Cecília) que, depois da referida desencarnação durante os horrores da guerra, reencarnaram no Brasil, onde deveriam, durante algum tempo passar, como passaram, pela experiência da pobreza material, com a finalidade de consolidarem a simplicidade e se voltarem a Jesus, como vêm dando fartas provas disso.

"Bem, para ser mais clara, Mateus é o mesmo espírito Salvatore e Cecília, Petrina, que retornaram pela reencarnação e acabaram reencontrando os filhos. Esta é a razão pela qual Mateus mantinha e ainda mantém por Enrico, o sentimento paternal, agora extensivo a Nuno e Cornellius. Cecília, impulsionada pelo sentimento materno, se empenhou em ajudar Enrico ao lado de Mariana, que foi sua irmã na existência anterior, deverá, a exemplo de Mateus, sentir uma grande emoção logo que conhecer Nuno e Cornellius[6].

---

6   Na época da psicografia, Cecília, ainda não havia se defrontado com os irmãos de Enrico.

"Como podemos perceber, todos retornaram bem próximos, em cumprimento às leis divinas e fica o entendimento de que Enrico, ao se apoderar da herança que pertencia, nesta existência, aos irmãos, não o fez por simples ganância, mas em cumprimento à lei de causa e efeito, já que os irmãos deveriam experimentar dissabores semelhantes, com diferença, apenas, das reações que, por serem individuais, são também diferentes entre si.

"Ante os fatos ocorridos no passado, podemos compreender a origem das dificuldades que os trabalhadores do cafezal sentem na convivência com Enrico, e vice-versa, porquanto, são aqueles que, em Roma, ajudaram na trama da herança e que confinaram Domênico no porão até a morte. Na presente existência, acabaram se reencontrando, sob o impulso da lei de causa e efeito, objetivando a reconciliação. Isto explica as razões deles terem renascido numa região do país onde ocorre, temporariamente, escassez de chuva e consequentemente, de alimento e de água, o que lhes motivou, na condição de retirantes, deixarem para trás o lugar onde renasceram. Entretanto, acabaram se encontrando com Domênico, o mesmo inimigo do passado, identificado na atual existência, como Enrico Fellipo."

Mariana fez nova pausa, enquanto passava para mais uma página escrita, e prosseguiu a leitura, sob a total atenção de todos:

"Como 'o amor cobre a multidão de pecados', conforme o evangelho, tocados pelas mensagens contidas nas cartas, muitas delas inspiradas a Mateus pela nossa equipe de trabalho, aos poucos, eles vêm abrandando as disposições conflituosas, ensejando o surgimento da fraternidade provinda da magia do amor do Cristo que, quando alojada no íntimo, ganha força nos corações. Isso nos dá a certeza de que, embora necessite de tempo e persistência, o bem será sempre o vencedor! Não é de admirar, pois, quem muda o modo de viver, baseado nos ensinamentos e exemplos de Jesus, jamais será como antes.

"Mas, apesar de tudo, as situações alimentadas pelo ódio exigiram da nossa equipe de trabalho cuidadosas soluções, como foi o caso de Esídio, que foi o idealizador e executor da trama da citada herança, conforme os conflitos do passado em Roma, como já narrado e acabou desencarnando, nesta última existência, sem alcançar a reconciliação. Não obstante, a justiça divina coloca-os agora, bem próximos, na condição de parentesco consanguíneo, porquanto, Enrico Fellipo Neto, filho de Mariana e Vincenzo, é Esídio que, além do aconchego dos braços do avô Enrico, terá a oportunidade de conviver com Gustavo, que foi por ele assassinado, cuja finalidade é apagar, na condição de irmãos consanguíneos, o ódio do passado com o cultivo do amor no presente. Gustavo, que já se encontra em preparo reencarnatório, renascerá no lar de Mariana e Vincenzo, pois será o segundo filho do casal. Além da necessidade de conviver com Esídio (Enrico Fellipo Neto), transformará a paixão doentia por Mariana, em amor filial."

Mariana fez nova pausa na leitura da psicografia de Antonella e disse em seguida:

"As explicações parecem complexas, entretanto, resumem-se, apenas, na compreensão da sementeira e da colheita, que vêm a ser o cumprimento da lei de causa e efeito. Mas sigamos em frente:

"Cirus, que também desencarnou sem se reconciliar com Enrico, foi quem mais sofreu a falta dos pais, Salvatore e Petrina, pois era o mais novo dentre os irmãos, também o primeiro entre eles a desencarnar, retorna à convivência amorosa dos pais, Cecília e Mateus (Salvatore e Petrina) e bem próximo a Enrico, que o considera neto. Além disso, ele, que agora se chama João Pedro, contará com uma educação baseada nos princípios cristãos o que, certamente, mudará os rumos da sua vida, distante das facilidades da porta larga, ainda preferida por muitos.

"A criatura humana, que é um espírito reencarnado em aprendizagem, durante a longa caminhada em busca do despertar, tantas vezes se engana e comete equívocos, dentre os mais simples aos mais graves, até que atinja o patamar de alta elevação. Enquanto isso, as leis divinas orientam, educam e conduzem o espírito, obra imortal do Divino Senhor do Universo, à finalidade para a qual foi criado.

"Estamos juntos irmãos queridos, laborando em prol da paz, do progresso moral e espiritual.

"Antonella, ínfima serva de Jesus."

Concluída a leitura, todos ficaram em silêncio, provavelmente refletindo sobre as informações e tentando compreender os mecanismos das lei imutáveis do Divino Criador. Depois de aproximadamente dez minutos de silêncio, visivelmente emocionado, Enrico se levantou e falou olhando na direção de Mateus e Cecília:

– Por favor, quero-os juntos do meu coração!

Com lágrimas descendo rosto abaixo, abraçou-os falando:

– *Padre* (pai) Salvatore e *madre* (mãe) Petrina. Entendo que, agora, vocês se encontram revestidos em corpos físicos diferentes, mas sendo os mesmos seres, deixem-me dizer o que venho repetindo há muitos anos: oh, como vocês fizeram falta a nós, seus filhos! Eu repetia isso, como agora mesmo, entre lágrimas, no silêncio da profunda saudade!

Fez rápida pausa e prosseguiu externando os seus sentimentos:

– Quero dizer, também, que embora os reencontre em outras circunstâncias, quero tê-los, doravante, sempre junto a mim com o mesmo sentimento do passado: menino Mateus, meu pai novo, e menina Cecília, minha mãe nova. Assim os quero, assim os amo.

Nuno se aproximou estatelado e sem voz. E mesmo que a tivesse, não saberia o que dizer naquele momento, para ele, não somente importante pelo reencontro dos pais de outrora, mas sobretudo, pela prova incontestável da reencarnação e do prosseguimento da vida. Somente minutos depois, dominou a emoção e conseguiu falar:

– *Padre* e *madre*, vocês, pela vontade de Deus, voltaram para a nossa alegria! Oh, Deus, grato por ter nos concedido essa ventura!

Cornellius se aproximou falando:

– Sinto-me, agora, na condição de um menino malcriado e ingrato, por causa do tratamento desagradável que lhe proporcionei lá em Veneza, – se expressou olhando para Mateus – mas que saibam, *padre* e *madre*, que nada poderia, nesta existência, me proporcionar maior alegria do que voltar a vê-los. Embora com outras aparências, são os meus pais pelo sentimento, que tanta falta fizeram às nossas vidas, – falou se referindo também aos irmãos – mas mesmo em tais circunstâncias, me aceitem senão como filho biológico, por não termos laços consanguíneos, mas na condição de tutelado. E já que ambos se encontram muito além de mim em conhecimento, seus conselhos e orientações que já começaram a mudar os rumos da minha vida, certamente continuarão abrindo para mim um novo horizonte.

Mateus, então, não menos emocionado, tomou a palavra:

– O que une, universalmente, os seres é o amor na sua totalidade. As denominações como amor materno, paterno, filial, conjugal ou fraternal se configuram, apenas, a uma maneira de condicionar e identificar a presença momentânea do amor na situação que vivenciamos. Vejam bem: há alguns anos fomos seus pais, hoje entretanto, somos amigos pelos laços da fraternidade, tanto que tratamos seu Enrico de pai Enrico. Somos todos atores da vida, apresentando cada um o seu papel no palco do mundo, onde somos lapidados pelas nossas próprias ações, objetivando o reluzir do amor na claridade da luz divina, pela eternidade afora.

Todos estavam emocionados, inclusive Luna e a filha Karen, por tomarem conhecimento de que João Pedro era Cirus reencarnado. Passados alguns minutos, Enrico se posicionou na frente de todos e começou a falar:

– Eu desejo dizer algumas palavras.

Depois de perceber que todos voltaram a atenção para ele, começou assim, a se expressar:

– Lembro-me que eu, quando era criança, gostava de ouvir histórias, ora contadas pela minha mãe, ora pelo meu pai e, principalmente, de ler nas revistinhas de quadrinhos, as histórias onde os personagens em destaque eram sempre o herói e o vilão. Pois é. Eu, que fui o vilão dessa história real que estamos, certamente, encerrando ou simplesmente guiando-a a um novo rumo, peço que entendam, pois antes eu não sabia, mas depois de tanta ajuda que recebi, o que agradeço aos que me ajudaram e principalmente a Jesus, que antes eu não sabia quem era e, acima de tudo, a Deus, que eu pensava que não existia, agora entretanto, depois de ouvir a leitura da psicografia de Antonella, que nessa última existência física foi minha tia, eu sei que, quem planta colhe!

"Mas mesmo tendo semeado espinheiros, enquanto colhe é possível preparar, paralelamente, novo plantio, selecionando sementes de melhor qualidade, que podem ser denominadas de um sorriso ao triste; palavras animadoras ao desanimado; aperto de mão, como gesto de fraternidade e união; abraço, que aproxima corações; olhar terno, que penetra o íntimo como bálsamo reconfortante e, enfim, mãos estendidas que levantam o caído, curam feridas e laboram em prol do progresso e do bem-estar de todos.

"Eu não sabia, mas agora eu sei, que somente amando é que pacificamos o íntimo, reconhecemos e respeitamos o direito do outro. – Eu não sabia, mas agora eu sei, que para ser feliz é preciso, antes, amar a Deus sobre todas as coisas e ao próximo como a nós mesmos, querendo para os outros somente o que desejamos para nós, o que estou disposto a fazer, não somente enquanto eu me encontrar aqui, mas pela vida afora.

"Antes, em vez de amar, eu me apegava egoisticamente à minha família. Eu não sabia, mas agora, finalmente, eu já sei, que somente o amor possibilita a harmonia entre todos os seres da criação divina, embora cada um desempenhando diferentemente o seu papel. Eu não sabia, mas agora eu sei, que o amor é o todo de tudo, pois é o próprio Deus."

Terminou de falar e a admiração de todos pela mudança imposta por Enrico, nele mesmo, no tocante à compreensão sobre o modo de viver, foi expressada com alegria numa salva de palmas.

Faltava menos de uma hora para a meia noite e todos que ali viviam aquela noite diferente, se pudessem parariam o tempo. Entretanto, mesmo que isso fosse possível, não seria necessário, pois mais fácil que parar o tempo é, enquanto ele passa, entender cada minuto ou segundo como dádiva divina e fazer o melhor ao alcance, conquanto que o fundamento das realizações encontre-se sempre no amor.

Logo que as palmas cessaram, Enrico disse, olhando na direção de Geisa:

– Gostaria muito de ouvi-la falar sobre Jesus. Mesmo que seja por alguns minutos, eu ficarei muito satisfeito.

– Bem, falar sobre Jesus é sempre bom. Todavia, por muito que falemos, jamais conseguiremos, sequer, descrever algumas das suas qualidades, já que a sua elevação se encontra muito longe da nossa percepção. Mas se desejamos nos referir a Jesus, sugiro ouvirmos também Mateus, pois já nos primeiros dias quando passou a integrar o nosso grupo de estudo do evangelho, ele já demonstrava uma admirável compreensão em relação às lições de Jesus.

– Oh, dona Geisa! O pouco que eu sei sobre Jesus, assimilei ouvindo-a, mas acato a sugestão com muita satisfação – aparteou Mateus.

– Proponho, então, dividirmos o tempo. Primeiro você fala sobre o sentido do nascimento de Jesus e eu atenderei o pedido de seu Enrico, falando sobre algumas passagens da missão do nosso divino Mestre aqui na Terra.

As falas dos dois estudiosos do evangelho foram como gotas de luz derramadas naquele ambiente que, graças a harmonização mental de todos que ali se encontravam, tornara-se ainda mais agradável. Tanto que, o silêncio era de tal forma, que parecia não haver ninguém na extensa sala, mesmo estando ela repleta, não apenas dos encarnados que ali se encontravam, mas sobretudo de espíritos desencarnados.

Além dos que laboraram, liderados por Antonella, para que a história da família tomasse outro rumo, muitos outros que foram atraídos pelas vibrações amorosas ali se encontravam, unidos pelos mesmos sentimentos e objetivos. Geisa era a única dentre os encarnados que, graças à mediunidade de vidência, se encantava com a beleza das cores dos raios luminosos deles dimanados, os quais formavam um feixe multicor cobrindo, como um manto, todas as pessoas que ali se encontravam. Depois de descrever, dentro da sua capacidade expressiva, o belo espetáculo, ela concluiu:

– Neste momento, olho para o alto e percebo que, em vez do telhado da casa, há estrelas faiscantes e, de uma delas, que parece maior e mais próxima de nós, desce uma faixa luminosa focando o presépio que representa o nascimento de Jesus e, para a minha mais profunda emoção, as imagens ali colocadas, representando Maria, José e o menino Jesus sob a claridade do foco que vem do alto, parecem-me vivas.

Com a finalidade de tornar ainda mais bela e emocionante a homenagem ao divino Mestre, os espíritos criaram através do fenômeno da ideoplastia, a imagem de Jesus, conforme descrições daqueles que tiveram a felicidade de conhecê-lo durante o tempo que ele esteve entre nós.

Otávio se levantou e disse:

– Fixemos as nossas mentes em Jesus, com sentimento de gratidão pelos caminhos que, doravante, passaremos a percorrer, mas sobretudo, pelo nascimento de Jesus, o divino Mestre, o que celebramos com os corações em festa.

Depois de alguns minutos, a voz de Mateus, soou suavemente, começando a externar, mediunicamente, os pensamentos de Antonella:

Jesus, mestre divino, este momento é para nós de muita alegria pela comprovação de que o amor foi o único remédio para os males morais, aos quais nos deixamos arrastar por muito tempo, originando uma história de quedas e dores, de lágrimas e de suor vertido em busca do soerguimento, mas quase sempre improfícuos por causa da obscuridade da ignorância.

Por isso mesmo, Senhor, aqui nos encontramos para levarmos ao teu doce coração os nossos sentimentos de gratidão, reconhecidos que somos de que nada conseguiríamos não fossem as lições de vida que nos legastes, pois, certamente, prosseguiríamos ainda por muito tempo à deriva de influenciações e emoções em desalinho, sem rumo e sem destino, como a folha seca ao sabor do vento. A gratidão que emitimos neste instante, desejosos que cheguem ao teu amável coração, refere-se ao término de um período de escuridão em nossas vidas, dando ensejo a uma nova história, pois as predisposições assinalam e apontam o caminho que será para nós, aquele mesmo, iluminado pelos teus rastros de luz que nos legastes, quando aqui estiveste entre nós.

Mas, ainda assim, Senhor, precisamos fixar o entendimento de que a vida é movimento, o movimento deve estar a caminho, e o caminho é a verdade. Já que és o caminho, a verdade e a vida, aponta-nos e socorre-nos com a tua divina bondade, se formos ameaçados pelas ondas avassaladoras do ódio e das fantasiosas ilusões que nos distanciam da verdade.

Olhai por nós, Senhor, e não nos deixeis cair na tentação da porta larga, já que todo bem requer esforço, coragem, renún-

cia e determinação, o que entendemos como a porta estreita, segundo os teus esclarecimentos.

Sim, Senhor, reiteramos a nossa súplica, para que receba os nossos sentimentos de gratidão, não somente pelo êxito alcançado em nossas tarefas, mas sobretudo por teres deixado, por um tempo, o teu reino de luz para nos legar mensagens e exemplos vivos do teu santo amor que é, para nós, pão da vida espiritual.

– Alarga o teu olhar, Mestre amado, aos que jazem nos cárceres das ilusões, presos e escravizados pela ilusão de ter, em detrimento do interesse de ser, hoje, um pouco melhor do que ontem e amanhã, ainda melhor do que hoje. Enfim, desejamos nesta noite, para nós inesquecível, assumir ante os reflexos das luzes do amor que iluminam os nossos corações, o compromisso de lutarmos sem trégua pelo estabelecimento da paz em cada coração, confiantes na tua promessa, de que estará conosco até o fim dos tempos.

Concluída a prece, ela fez uma pausa e, em seguida, dirigiu-se a todos que ali se encontravam:

– Caros irmãos, que todos os dias a mensagem do Natal seja-nos sempre um incentivo para aplainarmos o terreno do coração e nele colocarmos as sementes do amor.

O espírito Antonella terminou de falar e o silêncio novamente era total. A impressão era que a comemoração encerrava-se ali. Entretanto, a maior beleza da festa acontecia no lado espiritual. Flores luminosas formando movimentos ondulados ornavam o ambiente da sala, espetáculo de inigualável beleza. Os espíritos que ali se encontravam participando da alegria das comemorações passaram, com os raios luminosos que fluíam das extremidades dos dedos, a desenhar letras que se movimentavam harmoniosamente a exemplo de um balé clássico até formarem, dentro de uma faixa, cor idêntica aos raios dourados projetados pelo pôr do sol, a frase Feliz Natal e, com letras maiores, ostentando cores mais vivas, compuseram a frase síntese das atividades lideradas no plano material, por Mateus, e no espiritual, por Antonella, objetivando o estabelecimento da paz entre protagonistas e figurantes de mais uma história provinda da diversificação dos sentimentos e encenada pelas realidades da própria vida: "semeou, regou **e o amor floresceu"**.

Cumpriu-se assim, a indicação de Jesus de que nos reconciliemos enquanto estamos a caminho, porquanto, alguns anos depois de Enrico Fellipo e Donatella deixarem o lugar e retornarem para Veneza, via-se, em vez do cafezal vicejante, o matagal ensaiando a recomposição da mata de outrora e ouvia-se, não mais as vozes dos trabalhadores cantarolando enquanto cumpriam os seus deveres, mas, apenas a música do vento ao perpassar pela relva. A casa, condenada à ruína, já ostentava os sinais do abandono. Apesar da situação promissora, estabelecida por Enrico, de um a um, os trabalhadores, juntamente com as suas famílias, foram deixando o lugar e retornando para os locais de onde antes vieram.

Nada acontece por acaso ou simples coincidência. O cafezal foi apenas um local de reencontro, palco para o devido cumprimento da lei de causa e efeito, pois, assim que foi restabelecida a reconciliação através do perdão, as correntes do ódio gerado no passado foram quebradas dando asas à liberdade. E libertos, cada um seguiu o seu rumo. Ninguém foge das leis de Deus e nem da justiça divina, que faz valer a afirmação de Jesus: *a cada um, segundo as suas obras.*

CONHEÇA TAMBÉM

Nas trilhas do umbral – Fabrício
Mônica Aguieiras Cortat • Ariel e Fabrício (espíritos)
Romance mediúnico • 14x21 cm • 416 páginas

Neste terceiro (e derradeiro) volume de *Nas trilhas do umbral*, série que registrou a jornada de Ariel, Clara e Olívia por aquela região, caminharemos com a equipe socorrista para conhecer novos e intrigantes personagens com suas histórias, enquanto os leitores descobrem mais a respeito desta região transitória – torcendo para que Fabrício seja, enfim, encontrado para nos narrar sua experiência.

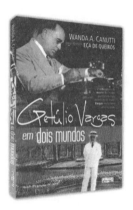

Getúlio Vargas em dois mundos
Wanda A. Canutti • Eça de Queirós (espírito)
Romance mediúnico • 16x22,5 cm • 344 páginas

Getúlio Vargas realmente suicidou-se? Como foi sua recepção no mundo espiritual? Qual o conteúdo da nova carta à nação, escrita após sua desencarnação? Saiba as respostas para estas e outras perguntas, agora em uma nova edição, com nova capa, novo formato e novo projeto gráfico.

Peça e receba – o Universo conspira a seu favor
José Lázaro Boberg
Estudo • 16x22,5 cm • páginas

José Lázaro Boberg reflete sobre a força do pensamento, com base nos estudos desenvolvidos pelos físicos quânticos, que trouxeram um volume extraordinário de ensinamentos a respeito da capacidade que cada ser tem de construir sua própria vida, amparando-se nas Leis do Universo.

Não encontrando os livros da **EME** na livraria de sua preferência, solicite o endereço de nosso distribuidor mais próximo de você através de
Fones: (19) 3491-7000 / 3491-5449
(claro) 9 9317-2800 (vivo) 9 9983-2575
E-mail: vendas@editoraeme.com.br – Site: www.editoraeme.com.br